HEILIGTÜMER
FÜR DIE
EWIGKEIT

Heiligtümer für die Ewigkeit

Ein Atlas der Kultstätten

James Harpur

Frederking & Thaler

Umwelt-Hinweis:
Dieses Buch und der Schutzumschlag wurden auf chlorfrei gebleichtem Papier gedruckt. Die Einschrumpffolie – zum Schutz vor Verschmutzung – ist aus umweltfreundlicher und recyclingfähiger PE-Folie.

Die Deutsche Bibliothek – CIP-Einheitsaufnahme

Heiligtümer für die Ewigkeit / James Harpur. Hrsg.: Monika Thaler. [Übers.: Konrad Dietzfelbinger]. – München : Frederking und Thaler, 1995
Einheitssacht.: The atlas of sacred places <dt.>
ISBN 3–89405–337–2
NE: Harpur, James; Thaler, Monika [Hrsg.]; EST

Originaltitel: The Atlas of Sacred Places
Die Idee, Zusammenstellung und Gestaltung des Buches stammt von Marshall Editions, 170 Piccadilly, London W1V 9DD

Übersetzung: Dr. Konrad Dietzfelbinger, München
Umschlagfoto: Silvestris GmbH, Kastl
Umschlaggestaltung: Nicole Bryan, München
Lektorat, Herstellung und Satz: VerlagsService Dr. Helmut Neuberger & Karl Schaumann GmbH, Heimstetten
Druck- und Bindearbeiten: Mohndruck Graphische Betriebe GmbH, Gütersloh
Printed in Germany
ISBN 3–89405–337–2

Fotos auf den Titelseiten: Heiliger Mann in Varanasi, Indien (Seite 1), Felsendom zu Jerusalem (Seite 2–3)

Inhalt

Die in diesem Buch für die heiligen Stätten verwendeten Symbole sind: Berg Sinai: die Tafeln des Gesetzes; Bodh Gaya: der Bodhibaum; Ephesus: die Artemis-Statue; Iona: ein Keltenkreuz; Felsendom: die Kuppel; Newgrange: ein Spiralenmuster; Mykene: die Maske des Agamemnon; Grabkomplex von Shi Huangdi: Terrakotta-Soldat; Pyramiden von Gizeh: Pyramiden; Oseberg: ein geschnitzter Tierkopf; Katakomben in Rom: christliches Fischsymbol.

Die Olgas: Kuppelfelsen; Tempel von Karnak: widderköpfige Sphinx; Teotihuacán: Antlitz des Quetzalcoatl; Olympia: Diskuswerfer; Cahokia: Vogelmensch; Pagan: Pyramidentempel; Cashel-Felsen: Ruine der Kathedrale; Grotten der tausend Buddhas: Bodhisattva;

Isfahan: ein Portal; Wat Phra Keo: Figur eines Wächters; Große Moschee von Córdoba: maurischer Bogen; Sulaimanija: Kuppel; Goldener Tempel: Khanda-Symbol des Sikhismus; San Vitale: Haupt Christi; Ise: hölzerner Schrein; Kölner Dom: Zwillingstürme;

Varanasi: Ghats, Treppen am Flußufer; Delphi: der Omphalos-Stein; Mekka: die Kaaba; Kailas: schneebedeckter Gipfel; Lourdes: Jungfrau Maria; Kathedrale von Canterbury: mittelalterlicher Pilger.

EINFÜHRUNG

»Ziehe deine Schuhe von deinen Füßen, denn der Ort, darauf du stehst, ist ein heilig Land!« So sprach der Herr zu Mose aus dem brennenden Dornbusch...

Der Glaube, daß bestimmte Orte heilig oder geweiht sind, ist auf der ganzen Erde und bei den verschiedensten Kulturen in Geschichte und Gegenwart verbreitet. Was aber macht die Besonderheit solcher Stätten aus? Gibt es objektive Maßstäbe, oder sind es nur Gefühle in der Seele des Besuchers? Zwei Gelehrte des 20. Jahrhunderts haben das Wesen des Heiligen in besonderer Weise erhellt. Es sind der Deutsche Rudolf Otto und der Rumäne Mircea Eliade. Otto prägte den Begriff »numinos«, um die ehrfurchtgebietende Macht einer göttlichen Offenbarung oder »Präsenz« zu kennzeichnen. Und dieses »Numinose« empfindet man tatsächlich an bestimmten traditionsgemäß heiligen Stätten der Erde, etwa im griechischen Delphi, einem inmitten steiler Felsen stehenden Orakelheiligtum, oder am Berg Kailas, einem symmetrisch geformten Gipfel in der Hochebene Westtibets.

Eliade sieht die »heilige Stätte« im Gegensatz zu dem, was er den »profanen Ort« nennt – profan heißt wörtlich: »außerhalb des Tempels« – und verwendet den Begriff »Hierophanie« für eine Manifestation des Heiligen. Für Animisten, etwa die Shintoisten, die daran glauben, daß die Natur von Geistern belebt ist, kann ein Baum oder ein Felsen eine »Hierophanie« sein, für Christen vollzieht sie sich in der Fleischwerdung Gottes in Jesus Christus. Häufig ist die Heiligung einer Stätte unmittelbare Folge einer Hierophanie: Dies gilt etwa für den Berg Sinai, wo der Herr dem Mose erschien, oder für Lourdes, wo sich die Jungfrau Maria in einer Vision einem Bauernmädchen zeigte.

Aber es gibt auch andere Gründe, die einen Ort zur »heiligen Stätte« machen – zum Beispiel Denkmäler und Landschaften, die geheiligt wurden, weil sich Heilige und geistige Lehrer dort aufhielten: z. B. Bodh Gaya in Indien, wo Siddharta Gautama die Erleuchtung empfing und zum Buddha wurde.

In alten Kulturen wurden auch Begräbnisplätze besonders heilig und in Ehren gehalten, da man glaubte, die Reise des Abgeschiedenen ins Totenreich und sein Aufenthalt dort hänge von der Unberührtheit des Grabes und der Grabbeigaben ab. Deshalb

Ein indischer Heiliger begrüßt in Varanasi, der heiligsten Stadt des Landes, die Morgenröte eines neuen Tages

werden hier auch alte Begräbnisstätten vorgestellt, angefangen von dem prähistorischen Ganggrab im irischen Newgrange bis zu den Pyramiden von Gizeh und den damit verbundenen Riten und Glaubensvorstellungen.

In der europäischen Romantik des 19. Jahrhunderts gelangte der Ruinenkult zur Hochblüte. Reisende erbauten sich an der morbiden Schönheit verfallener Triumphbögen und einsamer Säulen. Eine weit entfernte mythische Vergangenheit beschwören die heiligen Stätten versunkener Kulturen herauf, etwa die buddhistischen Tempel von Pagan in Myanmar (Birma). Das ehrwürdige Alter dieser Stätten unterstreicht nachdrücklich die Dimension des Numinosen.

Glühende Religiosität war schon immer eine Triebfeder für künstlerische Höchstleistungen und große menschliche Schöpfungen. »Zum Ruhme Gottes« wurden heilige Stätten mit Mauern umbaut, die man mit kunstvollen Ornamenten, Buntglasfenstern oder Blattgold, Gemälden oder Ikonen schmückte. Herrliche Tempel gibt es an vielen Orten der Erde, etwa die Safawiden-Moschee in Isfahan im Iran mit ihren weithin leuchtenden Kuppeln oder die byzantinische Kirche San Vitale in Ravenna, deren

Mosaike eine der ungewöhnlichsten Kostbarkeiten christlicher Kunst darstellen.

Ob bestimmte Orte von Natur aus heilige Kräfte in sich bergen oder ob sie die Menschen erst durch ihre Verehrung heiligen, läßt sich nicht entscheiden. Nach den Überlieferungen jedenfalls konzentriert sich in den Heiligen Stätten – in unterschiedlichem Maße und aus unterschiedlichen Gründen – spirituelle Energie. Und wann immer ein Ort geheiligt wurde, so bleibt er heilig für alle Zeit – wie T. S. Eliot schrieb: »Von einer solchen Stätte geht aus, was die Erde in alle Ewigkeit erneuert, obwohl es in alle Ewigkeit geleugnet werden wird.«

Auf den Spuren der Heiligen

Die Erde ist übersät mit Orten, die höchste Verehrung genießen, weil sie mit dem Leben großer Heiliger verknüpft sind. Besonders im Mittelalter schrieb man heiligen Reliquien, etwa den Gebeinen von Heiligen, segenbringende Kräfte zu, die in der Lage waren, Heilung und Glück zu bringen.
Auch heute noch spüren viele Menschen, daß bestimmte Orte infolge der Energie eines Heiligen oder eines geistigen Lehrers von der Aura der Heiligkeit umgeben sind. So wird auf der Sinai-Halbinsel der zerklüftete Dschebel Musa traditionsgemäß mit dem Berg Sinai identifiziert und immer wieder von Menschen erstiegen, die an ebenjener Stelle stehen wollen, an der Mose Gott begegnete und die Gesetzestafeln von Ihm in Empfang nahm.
Für den Buddhisten ist Bodh Gaya in Nordindien die heiligste Stätte auf Erden. Denn dort empfing Siddharta Gautama unter dem Bodhibaum die Erleuchtung und wurde zum Buddha.
Für die Christen ist das gesamte Heilige Land mit seinen unzähligen Bezügen zu den Berichten der Bibel geheiligt. Weniger bekannt, doch ebenfalls von sakraler Bedeutung ist Ephesus in der heutigen Türkei, das vor allem mit dem Wirken des hl. Paulus verknüpft ist. Der Apostel verbrachte zwei Jahre in dieser gräkoromanischen Stadt und verkündete das Evangelium Jesu Christi. Jahrhunderte nach Paulus wurde das Christentum von dem irischen Heiligen Columban nach Schottland gebracht. Sein spirituelles Zentrum befand sich auf dem Eiland Iona, dessen Hügel, Felder und Küsten bis heute die Erinnerung an ihn bewahren.
Auch die Muslime verehren heilige Stätten, die mit heiligen Gestalten in Verbindung stehen. Eine der meistverehrten dieser Stätten ist der Felsendom zu Jerusalem. Von hier aus soll der Prophet Mohammed gen Himmel gefahren und mit den Aufträgen Gottes wieder zur Erde zurückgekehrt sein.

Arkadenweg in Ephesus. In dieser Stadt predigte der hl. Paulus zwei Jahre lang.

ÄGYPTEN

Der Berg Sinai

»Der ganze Berg Sinai aber rauchte, darum daß der Herr herabfuhr mit Feuer…«
(Exodus 19,18).

Die Bibel überliefert, wie die Kinder Israel, nachdem Mose sie aus der Knechtschaft in Ägypten geführt hatte, auf ihrem beschwerlichen Weg durch die Wüste zum gelobten Land Kanaan zogen, gequält von Durst, Hunger und Zweifeln an ihrer Bestimmung. Die mühsame Wanderung führte durch das Gebiet der Halbinsel Sinai, ein großes, dreieckiges Wüstengebiet mit öden Ebenen und urweltlichen Bergen, eine Landbrücke zwischen den Kontinenten Afrika und Asien. Hier trafen Göttliches und Irdisches in einer dramatischen Begegnung aufeinander, und Mose sprach mit Gott auf einem Berg namens Sinai oder Horeb. Er empfing von ihm die Zehn Gebote, die Grundlage der jüdischen und christlichen Ethik.

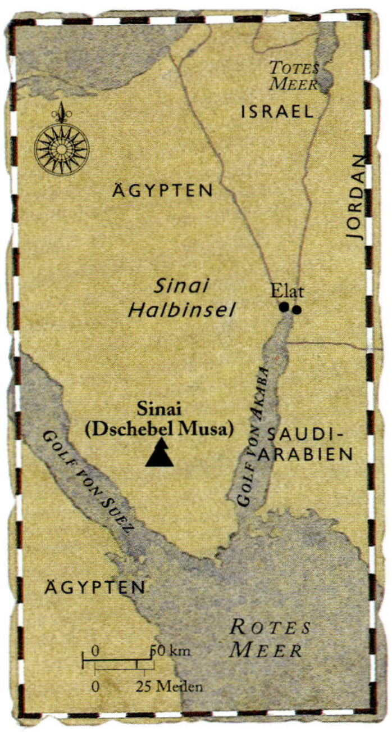

Die wirkliche Lage des Berges Sinai ist nicht mit Sicherheit bekannt, doch wird er von der Überlieferung meist mit einem Gipfel Dschebel Musa (Berg des Mose) im Süden der Halbinsel gleichgesetzt. In einer von vorzeitlicher vulkanischer Aktivität bizarr geprägten Landschaft ragt der Dschebel Musa 2300 Meter empor und erhebt sich aus einem Meer von kahlen Gipfeln aus erzhaltigem Gestein. Auf seiner Spitze begegneten sich Gott und Mensch.

Drei Monate waren Mose und die Israeliten durch die Wüste gewandert, bevor sie am Fuß des Berges ihr Lager aufschlugen. Nach Exodus 3 war Mose zuvor schon einmal an diesen Berg gelangt, als er die Herden seines Schwiegervaters Jethro gehütet hatte. Damals hatte Gott zu ihm aus den Flammen eines brennenden Dornbusches

Miniatur aus einer mittelalterlichen Bibel: Auf dem Berg Sinai übergibt Gott Mose die Gesetzestafeln. Lehrer, Prophet, politischer Führer und Feldherr, führte Mose die Kinder Israel aus der Knechtschaft in Ägypten. Er genoß so hohe Autorität, daß ihm die Verfasserschaft an der Thora, den ersten fünf Büchern der Bibel, zugeschrieben wird.

gesprochen, der wunderbarerweise doch nicht verbrannte, und ihm befohlen: »Ziehe deine Schuhe von deinen Füßen, denn der Ort, darauf du stehst, ist ein heilig Land!« Jetzt war Mose zum zweitenmal im Begriff, dieses heilige Gebiet zu betreten. Dieses Mal sollte er Gottes Offenbarung empfangen.

Vom Lager stieg Mose den Berg hinauf. Oben verhieß ihm Gott, daß die Israeliten, wenn sie den Bund mit Ihm hielten, ein »priesterlich Königreich und ein heiliges Volk sein« würden (Exodus 19,6). Weiterhin kündigte Er Mose an, Er werde drei Tage später dem Volk auf dem Sinai erscheinen. Jedermann solle sich zuvor reinigen und sich bei Todesstrafe hüten, den heiligen Berg zu »berühren«, bis es ihm erlaubt würde.

Am dritten Tag aber erhob sich ein Donnern und Blitzen und der ohrenbetäubende Klang einer Posaune, so daß die Israeliten erschraken und vor Gottes Gegenwart erzitterten. Vor ihren Augen

Der Dschebel Musa, ein Gipfel im Süden der Halbinsel Sinai, wird traditionsgemäß mit dem Berg Sinai gleichgesetzt, auf dem nach der Bibel Mose die Zehn Gebote von Gott empfing. Vom Gipfel aus hat man einen weiten Blick über die Wüstenlandschaft. Der Berg ist Juden, Christen und Moslems gleichermaßen heilig.

bedeckte eine dichte Wolke den Gipfel, und Gott fuhr herab mit Feuer. Rauch wie »ein Rauch vom Ofen« stieg auf, der ganze Berg bebte. Der Sinai war aus einer amorphen Felsmasse zu einer »Straße« zwischen den Dimensionen geworden, einem zwischen Erde und Himmel schwebenden heiligen Ort.

Und der Ton der Posaune wurde stärker und stärker, und Mose schrie zu Gott, und Gott antwortete ihm laut. »Als nun der Herr hernieder gekommen war..., forderte er Mose oben auf die Spitze des Berges und Mose stieg hinauf« (Exodus 19,20).

In einem Augenblick, der als Weltenwende bezeichnet werden könnte, übermittelte Gott Mose die Zehn Gebote, den Dekalog, der seitdem die Grundlage der jüdischen wie der christlichen Ethik bildet. Der Dekalog verpflichtet den Menschen insbesondere, Gott allein zu dienen, nicht zu töten, zu stehlen oder die Ehe zu brechen. In einer Reihe weiterer Offenbarungen schrieb Gott den Israeliten bestimmte rituelle Pflichten vor, die zusammen mit dem Dekalog das »Gesetz«, die Thora, bilden. Diese stellt den Kern der jüdischen Überlieferung dar.

Zuletzt gab Gott zwei »steinerne Tafeln des Zeugnisses«, die Er mit eigener Hand beschrieben hatte. Doch als Mose mit den Tafeln den Berg hinabstieg, drang aus dem

Am Fuß der Nordwand des Dschebel Musa liegt das griechisch-orthodoxe Kloster St. Katharina. Es ist vielleicht das älteste noch existierende Kloster der Welt. Mit seiner Bäckerei, den Magazinen, Brunnen und Gästehäusern versorgt es sich weitgehend selbst.

Südansicht der Felstürme des Dschebel Musa. Auf diesem Gemälde des britischen Künstlers Edward Lear (1812–1888), der den Ort im Januar 1849 besuchte, ragen sie steil aus der Ebene empor.

Auf dem Gipfel des Dschebel Musa steht diese christliche Kapelle neben einer kleinen Moschee. Manchmal finden dort auch Gottesdienste statt. So ist das wirkliche und symbolische Fundament des christlichen und des muslimischen Heiligtums ein Berg, der durch eine der großen Gestalten des Judentums geheiligt ist.

Lager aufrührerischer Lärm an sein Ohr. Er bemerkte mit Schrecken, daß sein Volk einen wilden Tanz um ein goldenes Kalb aufführte. Denn die Israeliten hatten in ihrem Kleinglauben Moses Bruder Aaron überredet, ihnen aus eingeschmolzenem Goldschmuck ein Götzenbild zu machen, das sie anbeten wollten.

Bei diesem Anblick »ergrimmte Mose im Zorn« und zerbrach die Tafeln. Er ergriff das goldene Kalb, schmolz es und zermahlte es zu Pulver, das er, mit Wasser vermischt, den Israeliten zu trinken gab.

Doch da das Volk noch immer murrte, bewaffnete Mose die Männer des Stammes Levi, die Gott treu geblieben waren, und befahl ihnen, »Bruder, Gefährten und Nachbarn« zu erschlagen. Etwa dreitausend Israeliten sollen dem Schwert zum Opfer gefallen sein. Als jedoch später das Volk bereute, erneuerte Gott seinen Bund mit ihm und grub seine Gebote auf neuen steinernen Tafeln ein.

Heute ist der Sinai mit seinen düster drohenden, zerklüfteten Felstürmen ein Ort der Stille. Doch seit den frühesten Tagen des Christentums hat der einsame, in majestätischem Frieden ruhende Riese Eremiten in seinen Bann gezogen, die sich in der Umgebung ansiedelten. Im Jahre 330 n. Chr. erbaute Helena, die Mutter des römischen Kaisers Konstantin des Großen, am Fuß des Berges an der Stelle, wo Mose der brennende Dornbusch erschienen sein soll, eine Kapelle.

Rings um diese Kapelle bildete sich bald eine Klostergemeinschaft. 530 ließ der byzantinische Kaiser Justinian die Mönchssiedlung gegen die Angriffe benachbarter Nomadenstämme mit einer starken Mauer befestigen. Er errichtete außerdem eine neue Basilika, die »Kirche der Verklärung Christi«, die bis auf den heutigen Tag den Besuchern des St. Katharinenklosters ihren Gruß entbietet.

Aber der Höhepunkt für diese modernen Pilger ist stets die Besteigung des Sinai auf den Spuren Moses. Hinter dem Kloster beginnt ein steiler Bergpfad, »der Pfad unseres Herrn Mose«, und führt an heiligen Stätten vorbei – einem Brunnen, einer der Jungfrau Maria geweihten Kapelle – bis zu zwei alten Toren. Man durchschreitet sie auf einer langen Treppe, deren Stufen aus dem Felsen gehauen sind.

Der steile Anstieg zum Gipfel wird belohnt durch den weiten Blick über ein Meer zerklüfteten Vulkangesteins. Wenn das Tageslicht wie ein Streifen glühender Lava am Horizont aufleuchtet, erglänzen Zacken und Zinnen in rötlichem Gold, und in stillen Augenblicken vernimmt man – auch ohne Rauch, Donner und Blitz – noch immer die Worte, die Gott zu Mose sprach, durch die sich die Israeliten auf immer von den heidnischen Nachbarvölkern schieden und die den Monotheismus des Westens begründeten: »Ich bin der Herr dein Gott ... du sollst keine anderen Götter neben mir haben.«

ZEITTAFEL

V. CHR.

1279–1213	REGIERUNGSZEIT RAMSES' II., DEN DIE ÜBERLIEFERUNG MIT DEM BIBLISCHEN PHARAO GLEICHSETZT. ER GESTATTETE MOSE NACH LANGEM HIN UND HER, DIE KINDER ISRAELS AUS ÄGYPTEN ZU FÜHREN.

N. CHR.

106	DIE HALBINSEL SINAI KOMMT UNTER RÖMISCHE HERRSCHAFT.
330	HELENA, MUTTER KONSTANTINS DES GROSSEN, ERRICHTET EINE KAPELLE AM FUSSE DES BERGES SINAI, AN DER STELLE, WO DER BRENNENDE BUSCH GESTANDEN HABEN SOLL.
530	JUSTINIAN UMGIBT HELENAS KAPELLE UND DIE ANDEREN KLOSTERGEBÄUDE MIT EINER MAUER.
1517	DIE HALBINSEL SINAI WIRD TEIL DES OTTOMANISCHEN REICHES.
1945	BAU EINER BIBLIOTHEK, IN DER DIE IM BESITZ DES KLOSTERS BEFINDLICHEN, VOR ALLEM GRIECHISCHEN UND ARABISCHEN MANUSKRIPTE, UNTERGEBRACHT WERDEN.
1975	HINTER EINER KLOSTERMAUER WERDEN ZUFÄLLIG DREITAUSEND MANUSKRIPTE ENTDECKT.

Der Weg ins Gelobte Land

Nach ihrem dramatischen Auszug aus Ägypten und der Flucht vor dem verfolgenden Heer des Pharao drangen Mose und die Israeliten tief in die öde Wildnis der Halbinsel Sinai ein. Um sie zu führen, erschien ihnen Gott bei Tag als Wolkensäule und bei Nacht als Feuersäule – wie unten in einem Gemälde des britischen Künstlers William West aus dem 19. Jahrhundert. Das eigentliche Ziel der Israeliten war Kanaan, das »Gelobte Land«, etwa 350 Kilometer im Osten gelegen. Es ist schwierig, ihren Weg nachzuverfolgen, da sich viele der im Buch Exodus genannten Orte nicht mehr identifizieren lassen. Die untenstehende Karte zeigt die überlieferte Route, die von der Wissenschaft als die wahrscheinlichste angesehen wird, und zwei Alternativen. Deren eine zieht sich direkt über die Halbinsel und berührt den Dschebel Helal, einen Gipfel, der manchmal ebenfalls für den biblischen Berg

Sinai gehalten wird, während die andere an der Nordküste entlangführt.

Die von der Tradition bevorzugte Route wendet sich südlich in die Wüste Sin und weiter zum Dschebel Musa, dem vermutlichen Berg Sinai. Von hier aus wandten sich die Israeliten ein Jahr nach ihrem Auszug aus Ägypten gen Norden, nach Ezjon-Geber und dann zur Oase Kadesch-Barnea. Von dort zogen sie entweder direkt nach Osten oder, was wahrscheinlicher ist, sie kehrten nach Ezjon-Geber zurück, umgingen Edom und streiften Moab, um das Land Kanaan im Norden des Toten Meeres zu betreten. Mose indessen war es nicht vergönnt, seinen Fuß ins Gelobte Land zu setzen: Er starb im Alter von 120 Jahren auf dem Berg Nebo und übergab sein Volk seinem Nachfolger Josua, der die Israeliten zu ihrem Sieg bei Jericho führte.

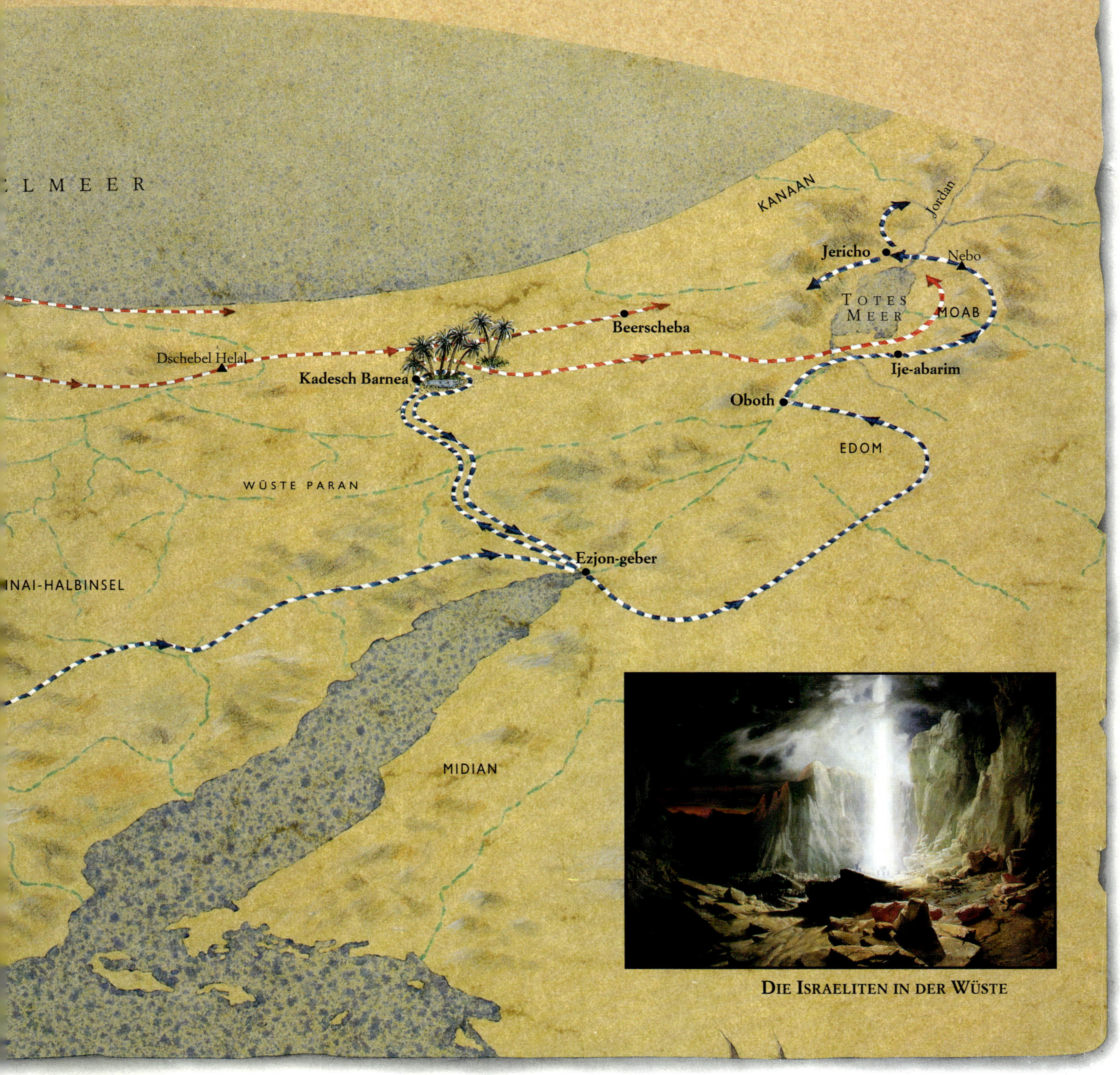

Die Israeliten in der Wüste

BODH GAYA

»Der Erhabene holte sich eine Handvoll frischgemähtes Gras, und als er den Fuß des großen, schicksalsträchtigen Baumes erreicht hatte, setzte er sich nieder und legte das Gelöbnis ab, nicht eher aufzustehen, als bis er der Erleuchtung teilhaftig geworden sei.«

DER INDISCHE DICHTER ASHVAGOSA (CA. 1. JAHRHUNDERT N. CHR.) IN SEINEM BERICHT ÜBER DIE ANKUNFT DES SIDDHARTA GAUTAMA BEIM FEIGENBAUM ZU BODH GAYA.

Ein Ereignis, das das religiöse Gesicht der Erde bis heute geprägt hat, fand vor etwa 2500 Jahren im heutigen Bodh Gaya, einem kleinen Dorf in Nordostindien, statt. Denn hier ließ sich ein indischer Prinz namens Siddharta Gautama unter den ausladenden Zweigen eines Feigenbaums nieder, nachdem er sechs Jahre lang vergeblich versucht hatte, den Sinn des Lebens zu ergründen. Er setzte sich mit gekreuzten Beinen und versank in tiefe Meditation. Im Verlauf einer mondhellen Nacht wurde ihm die ersehnte Erleuchtung, das Nirwana, zuteil, und er wurde zum Buddha, dem Erwachten, dessen Lehren das Leben von Millionen Menschen auf der ganzen Welt geprägt haben.

Der Baum, unter dessen schattigen Zweigen sich Gautama seiner schicksalhaften Meditation hingab, wurde später als der Bodhi- oder Bobaum (Bo = Erleuchtung) bekannt, und schon bald galt die Stelle den Jüngern des Buddha als heilig. Offizielle Verehrung erwies ihm als erster der große indische buddhistische Kaiser Ashoka (ca. 265–238 v. Chr.), der ihn mit einer Umfriedung von der übrigen Welt abschloß. Dieser errichtete auch ein Heiligtum in der Nähe, aus dem später der Mahabodhi-Tempel wurde. Dessen großer, 55 Meter hoher Turm aus ockerfarbenem Sandstein ragt noch heute hoch über das Heiligtum empor.

In den folgenden Jahrhunderten wurden noch viele andere, geringere Heiligtümer aus Ziegeln, dazu steinerne Stupas, kleinere Bauwerke mit Reliquien, errichtet. Und im 20. Jahrhundert erbauten Anhänger tibetischer, chinesischer, thailändischer und japanischer Strömungen des Buddhismus rund um das Heiligtum weitere Tempel, wodurch Bodh Gaya zu einem der großen internationalen buddhistischen Wallfahrtsorte wurde.

All diese Bauten fügen sich wunderbar in die natürliche Umgebung Bodh Gayas ein, wo sich Büsche und Kletterpflanzen, Palmen und Feigenbäume im Winde wiegen und die Gewässer des Falgos, der das Gelände im Osten umfließt, langsam dahinströmen. Im Zentrum des heiligen Bezirks befindet sich der Feigenbaum, der ein Nachkomme des ursprünglichen Bo-

Der Mahabodhi-Tempel ist das imposanteste Heiligtum Bodh Gayas. Nach dem chinesischen Pilger Hieuan-tsang aus dem 7. Jahrhundert war der Tempel einst reich mit Gold, Silber, Perlen und Edelsteinen geschmückt. In der Nähe wächst ein direkter Abkömmling des ursprünglichen Feigenbaums, unter dem eine kostbare vergoldete Buddha-Statue aufgestellt ist (oben).

Tibetische Gelugpa-Mönche, die sogenannten Gelb-Mützen, auf einer Prozession bei einem Fest in Bodh Gaya. Auf dem Areal liegt eine Reihe von Tempeln der verschiedenen buddhistischen Traditionen.

Baums sein soll. Er wächst im Schatten des Mahabodhi-Tempels – eine lebende Erinnerung an die Erleuchtung Gautamas.
Der Überlieferung nach wurde Siddharta Gautama im Jahr 566 v. Chr. im Lumbiniwald im heutigen Nepal geboren. Als Sohn eines Gaufürsten wuchs er in großem Luxus auf, abgeschirmt von der Härte und Not des täglichen Lebens. Doch im Alter von 29 Jahren geriet er in eine innere Krise, als er außerhalb der Palastmauern in vier verschiedenen Begegnungen mit einem Alten, einem Kranken, einem Leichnam und einem heiligen Mönch konfrontiert wurde. Von Sehnsucht überwältigt, die Ursache des menschlichen Leides zu ergründen und es zu überwinden, verließ er Frau und Kind und wanderte in die Fremde.
Sechs Jahre lang prüfte Gautama gewissenhaft die Weisheit heiliger Männer und gab sich asketischen Übungen hin, ohne aber die letzte Wahrheit finden zu können. Schließlich wandte er sich vom strengen Asketentum ab, setzte sich unter den Feigenbaum und beschloß, nicht zu weichen, ehe er die Erleuchtung erlangt hätte. In der folgenden Nacht wurde er von Mara, dem Bösen, heimgesucht, der versuchte, ihn mit seinen Scharen furchtbarer Dämonen und verführerischer Mädchen von seinem Weg abzubringen. Doch Gautama

Dieser stilisierte Fußabdruck des Buddha ist einer der vielen geweihten Gegenstände und Heiligtümer in Bodh Gaya. Fußabdruck, Lotos, Speichenrad, leerer Thron und Bodhibaum waren die Symbole, durch die buddhistische Künstler der Anfangszeit auf den Buddha hinwiesen. Erst später wurde er auch in Menschengestalt abgebildet.

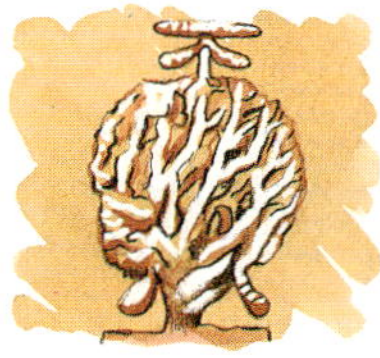

blieb unbewegt, und Mara mußte unverrichteter Dinge abziehen.

In tiefer Versenkung erschienen Gautama nun Bilder aus seinen früheren Leben, und er erkannte, daß alle lebenden Wesen sterben und immer wieder von neuem geboren werden. Und in den frühen Morgenstunden entdeckte er endlich die Ursache des menschlichen Leides – und den Weg, auf dem es überwunden werden kann. Beim Schein des Vollmonds, der die Feigenblätter silbern färbte, wurde Gautama zum Buddha.

In den darauf folgenden 45 Jahren zog er durch Nordindien und verkündete seine Lehre, daß der beste spirituelle Weg der mittlere Pfad zwischen den Extremen der Selbstkasteiung und des Lebensgenusses sei. So lehrte er bis ins hohe Alter von 80 Jahren und starb dann friedlich bei Kushinagara (dem modernen Kasia) nordwestlich von Bodh Gaya.

Auch Kushinagara wurde zu einem Wallfahrtsort, ebenso wie der Lumbiniwald und ein Hain in der Nähe von Varanasi (Benares), wo der Buddha seine erste Predigt hielt. Doch für die Buddhisten ist Bodh Gaya nach wie vor der heiligste dieser vier Orte. Der Tempel, der seine heutige Gestalt etwa im 7. Jahrhundert n. Chr. erhielt, ähnelt einer schmalen, oben abgeflachten Pyramide.

Innerhalb des Tempelbezirks befindet sich inmitten anderer Monumente ein kleines Heiligtum aus hellem, gebleichtem Backstein. Es markiert die Stelle, an der Buddha eine Woche unbeweglich gestanden und in Verzückung auf den Bo-Baum geblickt haben soll, ohne ein einziges Mal zu blinzeln.

Die einzelnen Monumente von Bodh Gaya werden durch die Gegenwart des Bo-Baumes zur Einheit verschmolzen und kreisen um diesen Baum wie die Planeten um die Sonne. Von diesem geistigen Magneten werden die Buddhisten aus aller Welt angezogen, und ihre safrangelben oder weinroten Gewänder leuchten vor dem Grün der Büsche und Sträucher wie exotische Blüten.

Wer einem Mönch zusieht, wie er mit gekreuzten Beinen unter dem Bodhibaum sitzt, die Augen geschlossen, den Rücken kerzengerade, reist in der Zeit zurück bis zu dem Augenblick, da Gautama das Wesen des Dukka, des Leidens, durchschaute. Seitdem ist aus seiner Lehre ein großer Baum der Erleuchtung geworden, dessen Wurzeln in die Tiefen des menschlichen Herzens hinabreichen.

Bunte Fahnen schlingen sich um den Feigenbaum in Bodh Gaya (links), der vom ursprünglichen Bo-Baum abstammen soll. Pilger hängen Schleifen an seine Zweige, verbrennen Weihrauch und legen Blumen und Lämpchen am Fuß des Stammes nieder. Gleich daneben liegt ein roter Sandsteinblock, der Vajrasana – »Diamantthron« –, auf dem der Buddha in Versenkung gesessen haben soll. Für die Buddhisten ist diese Stelle der Mittelpunkt des Universums.

Zeittafel

v. Chr.	
566	Nach der Überlieferung Geburtsdatum Siddharta Gautamas.
531	Gautama erlangt die Erleuchtung unter dem Bodhibaum und wird zum Buddha.
ca. 265 –238	Regierungszeit Kaiser Ashokas; Bodh Gaya wird offiziell als heilige Stätte des Buddhismus anerkannt.
n. Chr.	
7. Jh.	Der Mahabodhi-Tempel wird in der Form errichtet, in der er auch heute noch besteht.
15. Jh.	Bodh Gaya wird Hindu-Heiligtum, ist aber kein Wallfahrtsort mehr.
Ende 19. Jh.	Umfangreiche Renovierungsarbeiten.
1891	Bodh Gaya wird wieder Wallfahrtsort für buddhistische Pilger.
1958	Grosse Feier in Bodh Gaya (auch an anderen heiligen Stätten) zum 2500sten Geburtstag des Buddha.

TÜRKEI

EPHESUS

»Und ihr seht und hört, daß nicht allein zu Ephesus, sondern auch in fast ganz Asien dieser Paulus viel Volks abfällig macht, überredet und spricht, es sind Götter, welche von Händen gemacht sind.«

DER EPHESISCHE GOLDSCHMIED DEMETRIUS ÜBER PAULUS (APOSTELGESCHICHTE 19,26).

Heute eine betriebsame Hafenstadt mit 250 000 Einwohnern, beherbergte Ephesus, an der Westküste der heutigen Türkei gelegen, einst den Tempel der Artemis – eines der Sieben Weltwunder der Antike. Ephesus war auch das wichtigste Bank- und Handelszentrum Kleinasiens und eine der großen Metropolen der gräkoromanischen Welt.

Die Stadt war nicht nur Mittelpunkt des Artemis-Kultes, sondern zog auch noch alle möglichen Adepten der Magie – Wahrsager, Astrologen und Exorzisten – an. Im ersten Jahrhundert n. Chr. wurde sie außerdem zur Pflanzstätte der neuen christlichen Religion, die sich im Verlauf weniger Jahrhunderte als Staatsreligion des Römischen Reiches etablierte.

Die Überlieferung erzählt, daß der Apostel Johannes nach der Kreuzigung Jesu in Begleitung Mariens, der Mutter Jesu, nach Ephesus gekommen sei, wo beide ihre letzten Tage verbrachten. Nach der Apostelgeschichte hielt sich auch der hl. Paulus zwei Jahre in Ephesus auf und predigte dort das Evangelium.

Etwa 1000 Jahre vor Christi Geburt hatten sich in Ephesus ionische Griechen angesiedelt, die mit Schiffen über die Ägäis gekommen waren. Sie fanden dort den Kult der Kybele vor, eine Variante der im ganzen Nahen Osten und Westasien verehrten Muttergottheit, und identifizierten diese mit ihrer Göttin Artemis. So schufen sie das Zwitterwesen Artemisia-Ephesia, eine Göttin teils der Jagd, teils der Fruchtbarkeit.

Die bärtige Gestalt des Apostels Paulus schmückt vor einem goldenen Mosaikhintergrund das Innere einer griechisch-orthodoxen Kirche. Paulus hielt sich auf seiner dritten Missionsreise zwischen 50 und 60 n. Chr. zwei Jahre in Ephesus auf und predigte das Evangelium Jesu Christi. Es war die Krönung seiner Tätigkeit. Zu diesem Zeitpunkt trat auch seine Theologie in ihr reifstes Stadium, und es entstanden einige seiner bedeutendsten Briefe an die jungen christlichen Gemeinden.

Aufgrund seiner günstigen Lage an der Mündung des Caysters und des vorzüglichen Hafens entwickelte sich Ephesus im Lauf der Zeit zu einem bedeutenden Handelszentrum. Es bildete ein wichtiges Bindeglied zwischen dem Nahen Osten und Griechenland, in römischer Zeit auch zu Spanien, Sizilien und Ägypten.

Im Jahre 550 v. Chr. wurde die Stadt von König Krösus von Lydien, dessen Hauptstadt Sardes nur etwa 100 Kilometer östlich lag, erobert. Der für seinen legendären Reichtum berühmte Krösus ließ die zerstörte Stadt sogleich wieder aufbauen. Er spendete auch Säulen und goldene Kühe für einen neuen, noch größeren Artemistempel, das sogenannte Artemisium. Dieser Bau wurde von Herostratos in Brand gesteckt, der mit dieser Tat seinen Namen für alle Ewigkeit berühmt machen wollte. Doch ließen sich die Epheser von diesem Akt des Vandalismus nicht abschrecken, einen neuen Tempel zu bauen, der zu den Weltwundern der Antike gezählt wurde. Erbaut in der ersten Hälfte des 3. Jahrhunderts v. Chr., war er viermal so groß wie der Parthenon in Athen. Sein Dach wurde in etwa 18 Metern Höhe von 127 leuchtenden Marmorsäulen getragen, und der Altarraum im Innern enthielt die herr-

Die untergehende Sonne wirft ihren rötlichen Glanz auf das steinerne Amphitheater von Ephesus – Schauplatz einer Zusammenrottung gegen den hl. Paulus vor rund 2000 Jahren. Unterhalb des Theaters führt der gepflasterte Arkadenweg zu einem Gelände, auf dem sich einst der Hafen befand. Seit der Antike hat sich das Meer weit zurückgezogen.

lichsten Bildwerke. Das Heiligtum überdauerte 400 Jahre. Erst 263 n. Chr. wurde es von den Goten zerstört. Teilweise wieder aufgebaut, konnte es indessen seine frühere Bedeutung nie mehr zurückgewinnen, da das Christentum seinen Siegeszug in der römischen Welt antrat.
Im 6. Jahrhundert holten sich die Byzantiner Säulen aus dem Tempel und bauten sie in christliche Kirchen ein, und im Lauf der folgenden Jahrhunderte ließen Ablagerungen des Caysters den Hafen von Ephesus verlanden. So gingen die Tage des Ruhms zu Ende, und damit war auch das Schicksal des Tempels besiegelt. Heute sind nur noch die Grundmauern des Artemisiums übrig, die der britische Ingenieur J. T. Wood 1869 entdeckte.
Hatten die Bürger von Ephesus zunächst überwiegend die heimische Artemis verehrt, so machten im ersten Jahrtausend n. Chr. die Christen zunehmend ihren Einfluß geltend. Christen sind es auch, die heute regelmäßige Wallfahrten nach

Der Tempel des Hadrian aus dem 2. Jahrhundert gehörte zu den zahlreichen heidnischen Heiligtümern in Ephesus, ehe sich dort in den nächsten Jahrhunderten das Christentum durchsetzte.

Dieser ins Pflaster eingravierte Fußabdruck wies auf ein Bordell hin. Ephesus war eine lebenslustige Stadt.

Ephesus unternehmen. Ihre Verehrung gilt Maria, der gesegneten Jungfrau, und dem hl. Paulus.

Nach der Kreuzigung Jesu soll der Apostel Johannes mit Maria nach Ephesus gezogen sein, was im 5. Jahrhundert von Papst Zölestin bestätigt wurde. Das ungewöhnlichste Indiz für den Aufenthalt Mariens in Ephesus stammt jedoch aus neuerer Zeit. Eine deutsche Nonne, die stigmatisierte Visionärin Anna Katharina Emmerick (1774–1824), beschrieb in ihrem Buch »Das Leben der heiligen Jungfrau Maria«, das Haus der Jungfrau in Ephesus in allen Einzelheiten, obwohl sie selbst ihre Heimat niemals verlassen hatte.

Gegen Ende des 19. Jahrhunderts entdeckten katholische Priester in Smyrna (heute Izmir) das Buch und reisten 1891 nach Ephesus, um die Visionen zu verifizieren. Zu ihrer Überraschung entdeckten sie an einem Abhang, sechs Kilometer südlich der Ruinen der Stadt, ein kleines, kapellenähnliches Gebäude. Lage, Aufbau und Umgebung stimmten mit Katharinas Beschreibung nahezu völlig überein.

Sie stellten auch fest, daß jährlich am 15. August christlich-orthodoxe Pilger aus der Umgegend zu diesem Heiligtum wallfahrteten – das sie Panaya Kapula (»Pforte zur Jungfrau«) nannten –, um die »Dormitio Mariae« zu feiern. 1892 erklärte der Erzbischof von Smyrna das Haus offiziell zur Wallfahrtsstätte, und 1967 wurde die Heiligkeit des Ortes durch einen Besuch von Papst Paul VI. bestätigt.

Die andere bedeutende Persönlichkeit des Christentums in Ephesus war der hl. Paulus. Dieser hielt sich während seiner dritten Missionsreise durch Kleinasien und Griechenland für längere Zeit in Ephesus auf. Paulus, der das römische Bürgerrecht besaß, lehrte drei Monate lang in der Synagoge der jüdischen Gemeinde, geriet aber schließlich in Gegensatz zu einigen seiner Zuhörer. Nach der Apostelgeschichte verlegte er daraufhin seine Tätigkeit in den Vortragsraum eines Lehrers namens Tyrannus und predigte dort in den nächsten beiden Jahren Juden und Heiden. So groß war die Kraft, die von ihm ausging, daß man »Schweißtüchlein und Binden«,

Reihen eiförmiger Brüste schmücken den Oberkörper dieser in Ephesus gefundenen Statue der Göttin Artemis. Die Form der Brüste gab zu Vermutungen Anlaß, sie stellten Bieneneier – die Biene war das Symbol der Stadt Ephesus –, Datteln oder Hoden dar. Artemis, die Erd- und Jagdgöttin Diana der römischen Mythologie, wurde hier jedenfalls als Göttin der Fruchtbarkeit in einem der größten Tempel der Antike verehrt.

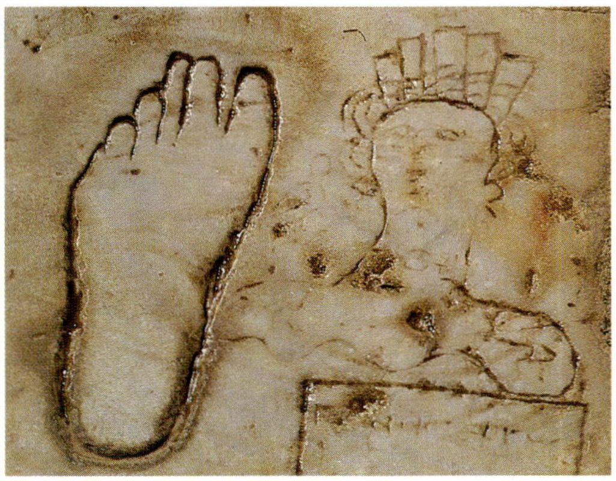

die er berührt hatte, über die Kranken hielt, worauf die Krankheiten von ihnen wichen. Sein Ruf verbreitete sich so rasch, daß einmal wandernde jüdische Exorzisten seinen und Jesu Namen anriefen, um einen Besessenen vom bösen Geist zu befreien. Doch zur größten Bestürzung dieser Heiler antwortete der böse Geist: »Jesus kenne ich, Paulus kenne ich, doch wer seid ihr?« Und der Kranke stürzte sich auf sie, riß ihre Kleider in Fetzen, und sie flohen in panischem Entsetzen.
Berichte über dieses Ereignis verbreiteten sich wie ein Lauffeuer und vermehrten den Ruhm des Paulus. Viele Magier schworen ihren Künsten ab, brachten ihre Zauberbücher und verbrannten sie. »Also mächtig wuchs das Wort des Herrn...«
Der berühmteste und gefährlichste Vorfall während des Paulus Aufenthalt in Ephesus aber ereignete sich, als dieser schon wieder nach Griechenland abreisen wollte (Apostelgeschichte 19, 23–40). Es begann damit, daß ein Goldschmied namens Demetrius die Handwerker seiner Zunft versammelte und über die Gefahr klagte, die Paulus' Wirken für sie bedeutete. Denn die Goldschmiede fertigten kleine Silbermodelle des Artemistempels an und verkauften sie an die Pilger. Demetrius warf dem Apostel vor, er zerstöre ihr Geschäft mit seiner Behauptung, von Händen gemachte Götter seien keine richtigen Götter. Außerdem schände er das Heiligtum der Göttin. Rasend vor Zorn schrien die Goldschmiede immer wieder: »Groß ist die Diana der Epheser!«

Mit einer Unzahl antiker Gebäude ist Ephesus (links oben) eine der größten archäologischen Stätten der Türkei. Die bedeutendsten Bauten sind die Bibliothek des Celsus (1) und der Arkadenweg (2), der zum alten Hafen hinunterführte (3). Das Theater (4) lag im Zentrum südlich des Stadions (5), das Artemisium (6) im Nordosten. Eine Straße (7) führt zum Haus der Jungfrau Maria.

Teils von Sonnenlicht überflutet, teils im Schatten hoher Bäume steht das Haus der Jungfrau Maria ein paar Kilometer südlich des alten Ephesus.

Bald war die ganze Stadt in hellem Aufruhr. In wütendem Eifer stürmte die Menge ein Theater mit 24 000 Sitzen und verschleppte zwei der Gefährten des Paulus, Gaius und Archistarchus. Paulus wollte den Freunden zu Hilfe eilen, wurde aber von ihm wohlgesinnten Beamten zurückgehalten, die fürchteten, daß der Apostel vom Mob in Stücke gerissen würde.

In der Zwischenzeit war im Theater das vollkommene Chaos ausgebrochen. Die Menschen brüllten durcheinander und tobten. Da stand ein Jude namens Alexander auf und versuchte sich Gehör zu verschaffen. Doch sie schrien ihn nieder und begannen wieder zu skandieren: »Groß ist die Diana der Epheser!« Das Ende des Massenwahns kam erst, als sich der Kanzler der Stadt erhob und erklärte, daß Paulus und seine Gefährten Artemis nicht gelästert hätten und daß die Stadt schließlich über Gerichte verfüge. Am wirkungsvollsten jedoch war seine Warnung vor den Repressalien der Römer, die zu erwarten wären, sollte in der Stadt ein Aufstand ausbrechen. Paulus aber segelte unverzüglich nach Mazedonien ab.

Heute können Besucher der Ruinen von Ephesus auf Straßen wandern, auf denen auch Paulus und vielleicht die Jungfrau Maria gegangen sind. Unter all den Gebäuden der Antike beschwört wohl am besten das Theater die Gestalt des Apostels herauf. Auf den steinernen Reihen sitzend, kann man sich vorstellen, wie die Worte des Goldschmieds Demetrius von den Rängen widerhallten – Schreckensschreie des Heidentums gegenüber der leisen, doch unwiderstehlichen Stimme Jesu Christi.

ZEITTAFEL

V. CHR.

CA. 1000	DIE ERSTEN GRIECHISCHEN SIEDLER GELANGEN NACH EPHESUS.
550	KRÖSUS VON LYDIEN EROBERT DIE STADT.
356	BRAND DES TEMPELS DER ARTEMIS.

N. CHR.

CA. 55	PAULUS KOMMT NACH EPHESUS.
CA. 65	PAULUS STIRBT DEN MÄRTYRERTOD IN ROM.
263	ZERSTÖRUNG DES ARTEMISIUMS DURCH DIE GOTEN.
1841	VERÖFFENTLICHUNG DES BUCHS DER KATHARINA EMMERICK, IN DEM DAS HAUS DER JUNGFRAU ZU EPHESUS BESCHRIEBEN WIRD.
1869	J. T. WOOD ENTDECKT DIE RUINEN DES ARTEMISIUMS.
1892	DAS HAUS DER JUNGFRAU WIRD VOM ERZBISCHOF VON SMYRNA ZUM WALLFAHRTSORT DEKLARIERT.
1967	PAPST PAUL VI. BESUCHT DAS HAUS DER JUNGFRAU.

Die dritte Missionsreise des Paulus

Überzeugt, es sei Gottes Wille, der ganzen Menschheit, Heiden wie Juden, die christliche Botschaft zu bringen, unternahm der Apostel Paulus in der Mitte des ersten Jahrhunderts mehrere lange Missionsreisen, um die Lehren Jesu Christi zu verbreiten. Unten ist die Route seiner dritten Reise mit einigen der wichtigeren Heiligtümer seiner Tage skizziert: Der Tempel Herodes' des Großen in Jerusalem, der Artemistempel in Ephesus und der Tempel des göttlichen Julius Cäsar in Rom. Paulus brach von Antiochien in Syrien auf. Sein Weg führte ihn nach Westen, durch verschiedene Städte, in denen es schon christliche Gemeinden gab, und dann nach Ephesus. Dort blieb er über zwei Jahre, bevor er von Asien über Troas nach Europa übersetzte.

Er reiste weiter nach Korinth, wo der wichtige Römerbrief entstand. Doch formierten sich auch hier die Gegner, und

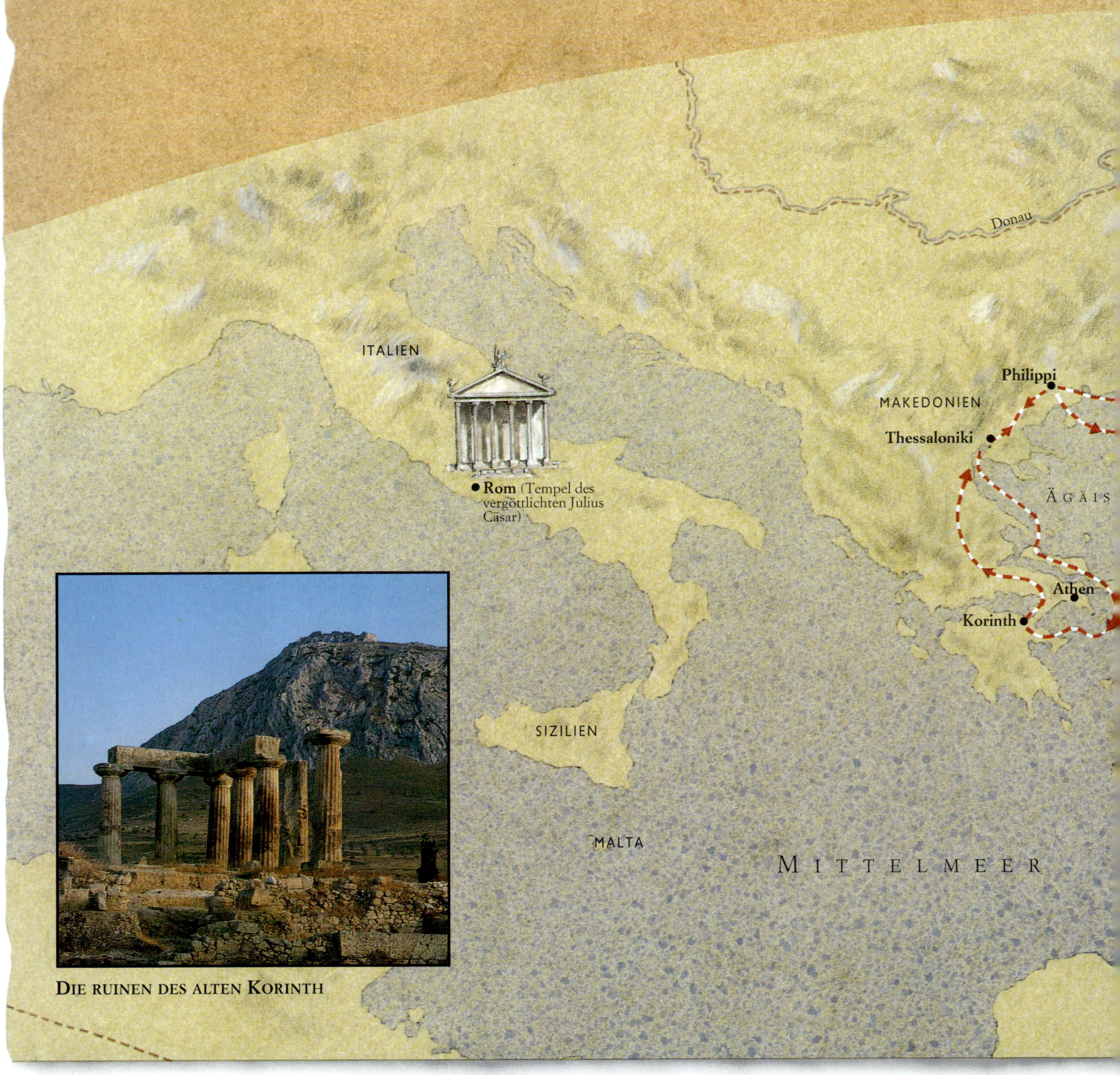

Die Ruinen des alten Korinth

als ein Anschlag ortsansässiger Juden Paulus daran hinderte, direkt nach Syrien weiterzusegeln, reiste er auf dem Festland über Mazedonien und dann per Schiff – auf einem römischen Handelsschiff – nach Tyrus, wo seine Missionsreise endete. In Tyrus wurde ihm angekündigt, man werde ihn in Jerusalem festnehmen, wenn er es wagen sollte, dorthin zurückzukehren. Paulus ließ sich jedoch nicht aufhalten. Doch die Vorhersage ging in Erfüllung: Einige Juden schürten den Aufruhr gegen ihn und warfen ihm vor, er habe einen Heiden in den Tempel mitgenommen und dadurch jüdisches Recht verletzt. Paulus wurde von den Römern verhaftet, pochte aber nach einem Verhör auf sein Recht, als römischer Bürger in Rom vor Gericht gestellt zu werden. Das wurde respektiert. Aber seine Reise in die größte Stadt der westlichen Welt war auch seine letzte: Etwa im Jahre 65 erlitt er, wie die Überlieferung berichtet, den Märtyrertod.

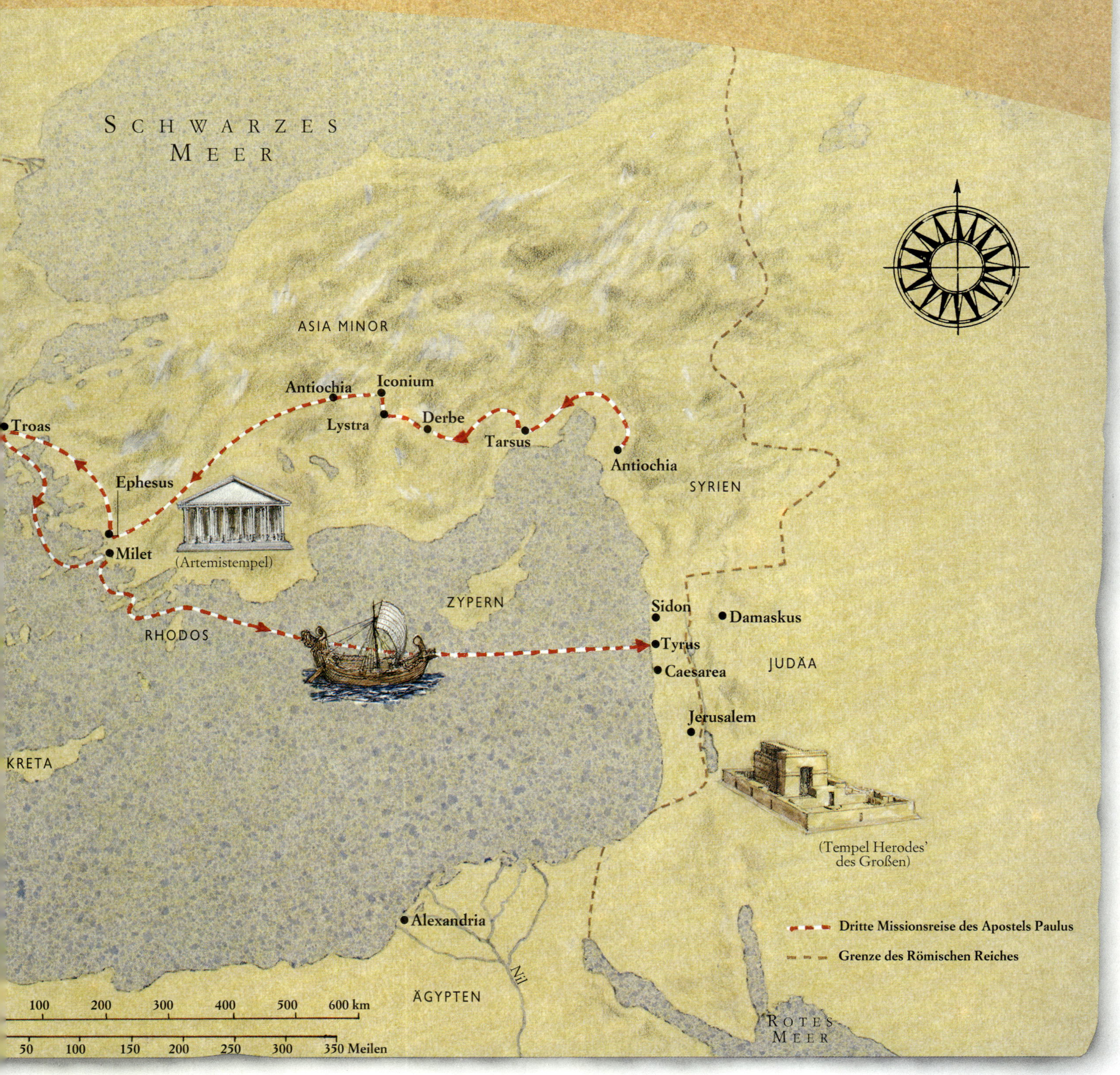

IONA

»Der Mann ist wahrlich nicht zu beneiden, dessen Vaterlandsliebe auf der Ebene Marathons nicht stärker erglühte und dessen Herz auf den Ruinen Ionas nicht frömmer schlüge.«

DER BRITISCHE SCHRIFTSTELLER DR. SAMUEL JOHNSON 1773

Kein Ort nimmt in der Geistesgeschichte Großbritanniens einen höheren Rang ein als Iona, die kleine, längliche Insel vor der Westküste Schottlands. Denn von diesem windzerzausten, meist völlig ebenen Streifen Landes brachte der große Heilige Columban (521–597) den heidnischen Pikten Schottlands das Licht des christlichen Glaubens.

Zwar fehlen Iona die majestätischen Täler und Wälder des schottischen Festlandes, aber es hat doch seinen eigenen, ganz besonderen Zauber. Das ebene Gelände und die bescheidenen Ausmaße erinnern den Besucher stets daran, daß er sich auf einer Insel befindet. Nach Westen erstreckt sich die silberne Flut des Atlantik, übersät mit kleinen Inseln, bis zum Horizont.

Unsichtbar im Süden liegen die nebelverhangenen Hügel Irlands, der Heimat Columbans, und im Osten erheben sich die pflaumenfarbenen Mull-Berge. Sie liegen auf der anderen Seite eines so engen Sundes, daß die Mönche nur hinüberzurufen brauchten, um den Fährmann zu holen.

Ionas Zauber beruht aber nicht nur auf der Schönheit seiner Natur, obwohl die Klarheit des Lichtes, die einsamen Buchten, der von den schäumenden Wellen weiß gewaschene Ufersand, die Nähe zu den Elementargewalten und der Sternenhimmel der Nächte stets eine Atmosphäre des Geheimnisvollen und des Wunderbaren erzeugen. Das Eiland ist vor allem heilig, weil es unlöslich mit dem Leben und den Taten Columbans und seiner Mönche verbunden ist.

An der Südspitze der Insel liegt die Stelle, wo Columban und seine zwölf Gefährten, zu Schiff aus Irland kommend, 563 landeten. Und von einem benachbarten Hügel spähte Columban zu seiner Heimat zurück, da er das Gelübde abgelegt hatte, sich erst an einem Ort niederzulassen, von dem aus Irland nicht mehr zu sehen war.

Jahrhundertelang blieb die Insel, auch nach Columbans Tod im Jahre 597, ein Zentrum irisch-christlicher Spiritualität. Missionare der columbanischen Kirche setzten in Nordengland und weiter südlich die Bekehrungsbemühungen des Heiligen fort, und erst als 794 die Plünderungszüge der Wikinger einsetzten, schwand ihr Einfluß allmählich. Weitere Überfälle der Wikinger fanden im 9. und 10. Jahrhundert statt,

Der hl. Columban, »Der Morgenstern des Schottenglaubens«, brachte im 6. Jahrhundert n. Chr. das Christentum ins heidnische Schottland. Dieses moderne Farbglasfenster in der Abtei von Iona zeigt ihn mit seinem keltischen Namen Columcille, das bedeutet »Säule der Kirche«.

Die mittelalterliche Abtei von Iona vor dem Hintergrund der Mull-Berge steht an der Stelle der ursprünglichen Siedlung Columbans. Vom 9. bis zum 11. Jahrhundert war der Abteifriedhof Begräbnisstätte für 48 schottische Könige, darunter Macbeth, dessen Name durch Shakespeare unsterblich wurde.

da die reichen Kirchenschätze der Mönche diese kampflustigen Skandinavier als leichte Beute lockten.
1203 wurde eine Benediktinerabtei auf der Insel errichtet, der Platz damit symbolisch von der römisch-katholischen Kirche in Besitz genommen. Diese unterschied sich in gewissen praktischen Fragen, z. B. dem Osterdatum und der Tonsur der Mönche, vom irischen Christentum, wie es Columban verkündet hatte, aber sie vertrat die Mehrheit der Christenheit. Von dieser Zeit an blieb die Spiritualität Ionas auf die Insel selbst beschränkt. Im Lauf der Jahrhunderte, vor allem nach der Reformation im 16. Jahrhundert, verfielen die Abteikirche und die anderen Gebäude allmählich, bis am Ende nur noch pittoreske Ruinen blieben, die als Sehenswürdigkeit Besucher anlockten. Schließlich begann man die Gemäuer in drei Phasen zu restaurieren: von 1874–1876, 1902–1910 und ab 1938.

Sonnenlicht vergoldet die schlanken Säulen des stillen Kreuzgangs, der das Herz der Abtei bildet. Er wird vom Kapitelhaus im Osten, dem Refektorium im Norden und der mittelalterlichen Abteikirche im Süden begrenzt.

Die mittelalterliche Abtei ist zwar die Hauptattraktion für Besucher. Was aber der Insel ihre Einzigartigkeit verleiht, ist der hier noch immer spürbare Geist Columbans. Dieser wurde 521 in einer wilden Bergregion Donegals in Nordwest-Irland geboren. Königliches Blut floß in seinen Adern, denn sein Vater war ein Nachkomme »Nialls von den neun Geiseln«, Hochkönig in Irland von 379–405. Der hl. Patrick (ca. 389–461) hatte einst das Christentum nach Irland gebracht, und der junge Columban erhielt in Klosterschulen eine sorgfältige christliche Erziehung. Im Alter von 25 gründete er das Kloster Derry (heute offiziell Londonderry) im heutigen Ulster (Nordirland).

In der Folgezeit zog Columban fünfzehn Jahre lang durchs Land und predigte die christliche Botschaft, wobei er Hunderte von Kirchen und Klöstern gründete, unter anderem Durrow und auch Kells, das berühmt ist für seine illuminierten Evangeliare.

Der Grund für Columbans Missionsreise nach Schottland liegt im dunkeln. Eine Überlieferung berichtet, er habe einen blutigen Zwist zwischen zwei mit ihm verwandten Clans provoziert. Von Reue geplagt habe er das Urteil einer Synode akzeptiert, ins Exil zu gehen und so viele Seelen zum Christentum zu bekehren, wie im Kampf gefallen waren. Allerdings taucht dieser Bericht in der Biographie Columbans nicht auf, die später von dem Mönch Adamnan (ca. 628–704) auf Iona verfaßt wurde. Dieser stellt nämlich nur fest, der Heilige habe Irland im Alter von 42 Jahren in Richtung Britannien verlassen, »weil er den Wunsch hatte, ein fremdes Land um Christi willen aufzusuchen«.

Jedenfalls segelte Columban 563 mit seinen zwölf Gefährten in einem »Coracle«, dem traditionellen irischen Boot aus mit Tierhäuten bespanntem Weidengerüst, gen Norden zu den schottischen Inseln. Zuerst landete Columban auf dem Eiland Oronsay, doch da er gelobt hatte, weiterzusegeln bis sein geliebtes Irland außer Sicht war, fuhr er weiter bis Iona. Hier erstieg er einen kleinen Hügel in der Nähe des Kieselstrandes, blickte in Richtung Irland und sah

Brandung flutet in den »Hafen des Coracle« an Ionas Südspitze, wo Columban und seine zwölf Gefährten 563 landeten. Diese kleine, abgelegene Bucht, flankiert von heidekrautbewachsenen Felsen, ist eine der heiligen Stellen der Insel, die die Pilger gerne aufsuchen. Man glaubte einst, ein Grashügel in der Bucht enthalte Columbans Coracle, was jedoch durch Ausgrabungen nicht bestätigt werden konnte.

Nahe bei der Abtei steht das Kreuz des hl. Martin. Es stammt aus dem 9. Jahrhundert. Die Westseite zeigt die Jungfrau mit Kind im Mittelpunkt, umgeben von Tieren und Menschen. Schlangen und runde Ornamente schmücken den unteren Teil des Schaftes.

nur den Horizont. Da beschloß er zu bleiben und diesen Ort zum Zentrum seines geistlichen Wirkens zu machen.

Columban und seine Gefährten gingen an die Arbeit, um Iona urbar zu machen. Sie fischten, weideten Vieh und bauten Feldfrüchte auf dem lockeren, kalkhaltigen Sandboden im Westen der Insel. Fleisch und Öl für ihre Lampen besorgten sie sich durch die Seehundjagd. Und ihre Hütten aus Holz und Weidengeflecht, ihre Kirche aus Eichenbohlen, Darre, Küche, Ställe, Mühle und Gästehaus umgaben sie mit Wall und Graben.

Von diesen Gebäuden ist nichts geblieben. Den mit Feuer und Schwert plündernden Wikingern und den wilden Regenstürmen des Atlantik konnten sie auf die Dauer nicht standhalten. Aber die Abtei und andere mittelalterliche Ruinen liegen zum Teil auf dem Gelände der Anlagen Columbans und setzen so die heilige Tradition des Ortes fort.

Als Columban nach und nach in den Ruf der Heiligkeit geriet, kamen immer mehr junge Anhänger nach Iona, und die Gemeinschaft florierte. Nach etwa zwei Jahren asketischen monastischen Lebens, ausgefüllt mit Beten, Feldarbeit und dem Kopieren heiliger Schriften, brach Columban zu seiner eigentlichen Mission auf – der Bekehrung des heidnischen Schottland zum Christentum.

Damals teilten sich vier Völker das heutige Schottland. Im Norden lebten die Pikten, ein wildes Keltenvolk, das einst sogar die Römer das Fürchten gelehrt hatte. Im Südwesten siedelten die keltischen Bretonen von Strathclyde, im Südosten die Angeln oder Engländer, die ursprünglich aus Germanien gekommen waren, und im Westen befand sich eine Kolonie irischer Kelten, bekannt als »Dal Riada«, die im 5. Jahrhundert aus Antrim in Nordwest-Irland eingewandert waren. Diese irischen Kelten, mit denen Columban stammesverwandt war, wurden auch Schotten genannt, und dieser Name ging später auf das ganze Land über.

Columban wußte, daß er zuerst die Führer für sich gewinnen mußte, und so machte er sich mit einigen Gefährten auf zur Burg König Brudes, des Herrschers über die nördlichen Pikten, dessen Reich in Inverness im Nordosten lag. Aber der König weigerte sich, Columban das Tor zu öffnen. Da schlug der Heilige das Kreuz, klopfte ans Tor – und dieses flog von selbst auf. Brude war von dieser Wundertat sehr beeindruckt, nicht weniger aber auch von Columbans Predigt über den einen wahren Gott. So nahm er den neuen Glauben an.

Das war jedoch nur der Anfang. Die folgenden Jahre verbrachte Columban meist unter den Pikten, um die Macht der druidischen Priester zu brechen. Und ständig folgten ihm weitere Mönche von Iona. Sie errichteten Kirchen, predigten das Evangelium und verwandelten Schottland allmählich in ein christliches Land. Columban selbst stand bald im Ruf eines starken, weitblickenden Staatsmanns, eines Weisen, an den sich Clan-Häuptlinge und Könige um Rat wandten. Doch bei all seinen Reisen und Abenteuern – unter anderem soll er auch eine gefährliche Begegnung mit dem Ungeheuer von Loch Ness bestanden haben – kehrte Columban immer wieder

1773 besuchte Dr. Samuel Johnson Iona und verbrachte die Nacht in einem Stall. Er nannte den Ort »das Licht Kaledoniens«.

nach Iona zurück. Hier unterwies er seine Mönche, predigte und meditierte, kopierte heilige Schriften (eine Kunst, für die er berühmt war) und studierte.

Und es war vor allem diese entlegene Insel, wo der Heilige mystische Erfahrungen machte und Wunder wirkte. So weiß die Legende zu berichten, daß er auf dem kleinen Hügel Cnoc an t-Sidhein von Engeln besucht wurde. Nach seinem Biographen Adamnan »kamen heilige Engel, Bewohner des heiligen Landes und gekleidet in weiße Gewänder, mit wunderbarer Schnelligkeit durch die Luft geflogen und stellten sich um den ins Gebet versunkenen Heiligen auf. Und nach einem kurzen Gespräch mit dem begnadeten Mann flog die himmlische Heerschar, wie nach einem Streich auf frischer Tat ertappt, eiligst zurück in die höchsten Himmel.«

Einmal betete ein Mönch namens Colga am Portal der Kirche auf Iona, als diese plötzlich »von himmlischem Licht erfüllt wurde, das unbeschreiblich schnell, wie ein Blitz, seinen Blicken wieder entschwand. Er wußte nicht, daß in diesem Augenblick Columban in der Kirche betete.«

Columbans irdisches Leben ging im Sommer 597 zu Ende. Der Heilige war zu dieser Zeit schon zu schwach, um noch größere Strecken zu Fuß zu gehen, und so bat er, als er den Tod herannahen fühlte, man möge ihn in einem Wagen zu den Feldern im Westen der Insel bringen, wo seine Brüder

Eine »Tauben-Krone« bildet eine schneeweiße Aureole über der Abteikirche. Der Vogel ist das Wappentier Columbans, dessen Name auf lateinisch »Taube« bedeutet. »Iona« hat im Hebräischen die gleiche Bedeutung.

arbeiteten, damit er ihnen eröffnen könne, daß er sie bald verlassen werde.

Wenig später rastete Columban auf dem Weg vom Kornspeicher zum Klostergebäude, als sein altes weißes Packpferd zu ihm trottete und ihm den Kopf an die Brust legte. Dabei klagte und weinte es wie ein Mensch. Diarmaid, Columbans Begleiter, wollte das treue Tier wegscheuchen, aber der Heilige verwehrte es ihm und erklärte, Gott habe dem Tier offenbart, daß sein Herr es nun verlassen werde.

Hierauf bestieg Columban einen Hügel, der über dem Kloster aufragte, segnete diese seine Gründung und sprach: »Diesem Ort, so klein und bescheiden er ist, werden nicht nur die Schottenkönige und ihr Volk, sondern auch die Herrscher fremder Barbarenvölker und ihre Untertanen große Ehren erweisen, und die Heiligen anderer Kirchen werden ihm huldigen.« Zurück in seiner Hütte, griff er noch einmal zur Feder und führte seine Arbeit, die Abschrift des Psalters, fort, bis er zu Psalm 34 Vers 10 kam. »Denn die den Herrn fürchten, haben keinen Mangel…« Hier hielt er inne.

Als in dieser Nacht die Glocken zur Mitternacht läuteten und die Mönche mit brennenden Fackeln zur Kirche strömten, fanden sie Columban sterbend vor dem Altar liegen. In den Armen des getreuen Diarmaid segnete Columban seine Brüder und gab dann den Geist auf. Nach drei Tagen der Trauer wurden die sterblichen Überreste des Heiligen in einem schlichten Grab bestattet. Der Überlieferung nach steht heute über dieser Stelle die kleine Kapelle, die als Columbans-Schrein bekannt ist, direkt neben dem Hauptportal der Abtei.

»Wenn ich einmal die vielen Menschen nicht mehr ertrage… und mich nach Einsamkeit sehne, werde ich an Iona denken…«, schrieb der deutsche Komponist Felix Mendelssohn-Bartholdy. Die »Schottische Symphonie« verleiht der wildzerklüfteten schottische Landschaft musikalischen Ausdruck.

Bis heute ist die Insel nachhaltig vom Charisma des Heiligen geprägt. Denn immer wieder wurden die Besucher, die nach Iona kamen, von der dort spürbaren heiligen Atmosphäre in ihren Bann gezogen, unter anderem der britische Schriftsteller und Gelehrte Dr. Samuel Johnson (1709–1784) und der deutsche Komponist Felix Mendelssohn-Bartholdy (1809–1847). In einem Brief beschrieb Mendelssohn den romantischen Zauber der Insel und meinte prophetisch: »Wohnte ich auf Iona und lebte von Melancholie wie andere von ihrer Rente, wäre es mein dunkelster Augenblick, wenn in dieser Weite mit nichts als Klippen und Möwen plötzlich eine Rauchsäule aufstiege, gefolgt von einem Dampfer und einer lärmenden Schar in Schleier und Frack, die ein Stündchen die Ruinen, Gräber und drei kleinen Hütten hier betrachteten, um dann wieder zu verschwinden.«

Der moderne Tourismus scheint die Befürchtungen Mendelssohns zu bestätigen. Aber trotzdem hat die Stille Ionas nicht ihresgleichen. Und vielleicht kommt eine Zeit, wo diese kleine Insel wieder zu einem Zentrum der Spiritualität wird, wie es Columban vorhersah: »In Iona, dem Juwel meines Herzens, wird bald statt dem Gesang der Mönche das Muhen der Rinder ertönen. Doch bevor die Welt endet, wird Iona wieder sein, was es einst war.«

ZEITTAFEL

N. CHR.

521	GEBURT DES HL. COLUMBAN IN DONEGAL, IRLAND.
563	COLUMBAN UND SEINE ZWÖLF GEFÄHRTEN LANDEN IM »HAFEN DES CORACLE« AUF IONA.
597	TOD COLUMBANS.
794	ERSTE ANGRIFFE DER WIKINGER AUF IONA.
986	MÖNCHE AUS IONA WERDEN VON WIKINGERN NIEDERGEMETZELT.
1203	AN DER STELLE DER ERSTEN SIEDLUNG COLUMBANS WIRD EINE BENEDIKTINERABTEI ERRICHTET.
1561	IM ZUGE DER REFORMATION ERLASST DAS SCHOTTISCHE PARLAMENT EINE ANORDNUNG, REPRESSALIEN GEGEN DIE KLÖSTER DURCHZUFÜHREN. IONAS GEBÄUDE VERFALLEN.
1874	BEGINN DER RESTAURIERUNG DER ABTEIKIRCHE.
1938	REV. GEORGE MCLEOD GRÜNDET DIE IONA COMMUNITY, DIE MIT DER KIRCHE VON SCHOTTLAND VERBUNDEN IST. DIESE RESTAURIERT DIE GEBÄUDE DER ABTEI.

ISRAEL

Der Felsendom

»Bei Tagesanbruch, wenn das Sonnenlicht die Kuppel streift und der Tambour in seinen Strahlen erglänzt, bietet dieses Bauwerk einen hinreißenden Anblick…«

Der islamische Chronist Muqaddasi (10. Jahrhundert)

Wendet man den Blick vom Ölberg nach Südwesten, so sieht man hinter der Altstadt Jerusalems in der Ferne eine gelb-bräunliche Landschaft, unterbrochen von den weißen Rechtecken der Häuser und den dunkelgrünen Flammen der Zypressen. Im Vordergrund aber zieht sich eine sandsteinfarbene, zinnenbewehrte Mauer über die Hügel, die ein trapezförmiges Areal unschließt. Sie grenzt das als »Tempelberg« bekannte Gelände von der Altstadt ab.

Der Berg ist von alters her eine heilige Stätte. Hier erbaute im 10. Jahrhundert v. Chr. König Salomo seinen prächtigen Tempel, in dessen Allerheiligstem die Bundeslade aufbewahrt wurde, bewacht von zwei sphinxartigen Cherubim. Salomos Tempel und die beiden späteren, die an dieser Stätte errichtet wurden, sind seit langem Geschichte. Heute steht an ihrer Stelle das Heiligtum eines anderen Glaubens: der Felsendom, von den Moslems als die Stelle verehrt, von der aus der Prophet Mohammed seine legendäre Himmelfahrt unternahm.

Seit 1300 Jahren läßt die tiefstehende Sonne das Gold der Kuppel erglühen. So lange steht das Bauwerk schon, seit es im Jahre 691 n. Chr. vom Kalifen Abd al-Malik aus der Dynastie der Omaijaden, dessen Hauptstadt Damaskus in Syrien war, vollendet wurde. Mit ihrer gewölbten Oberfläche, deren Ränder sich in durchsichtige Luft aufzulösen scheinen, erhebt sich die Kuppel über einem zylindrischen Tambour mit umlaufendem

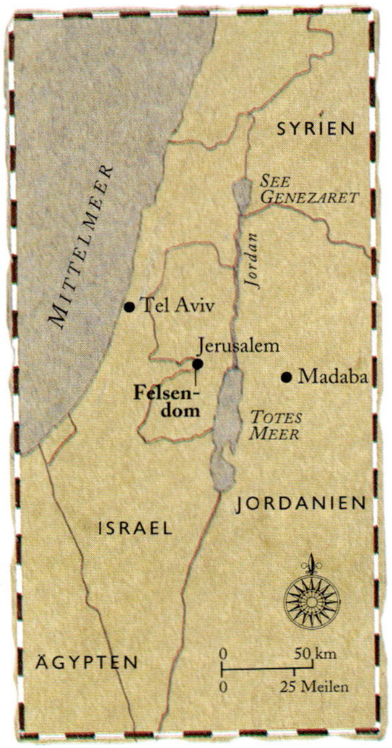

Eine Goldknospe, die über Jerusalem aufspringt: Der Felsendom ist eines der größten Heiligtümer des Islam. Im 6. Jahrhundert n. Chr. errichtet, überwölbt die Kuppel einen Felsen, der Mohammedanern, Juden und Christen gleichermaßen heilig ist. Für die Moslems ist er der Ausgangspunkt der legendären Himmelfahrt des Propheten Mohammed.

Im Innern des Doms läuft eine Säulenarkade rings um den Felsen. Die Säulen stammen aus den Ruinen Jerusalemer Kirchen, die 611 von den Persern zerstört wurden. An dem Felsen sieht man, wie es heißt, den Fußabdruck Mohammeds, den er hinterließ, als er sich kraftvoll in Richtung Himmel abstieß. Auch sind die Spuren der Hände des Engels Gabriel zu erkennen. Er mußte den Felsen, der von ungeheurer Sehnsucht erfüllt war, dem Propheten zu folgen, mit Gewalt zurückhalten.

Dieses Luftbild zeigt den Tempelberg und seine Lage in der Altstadt Jerusalems. Vor der Goldkuppel des Felsendoms ragt die Kuppel der Al-Aksa-Moschee auf. Sie wurde Anfang des 8. Jahrhunderts errichtet, von einem Erdbeben zerstört und 1035 in ihrer heutigen Gestalt wiederaufgebaut. Die Kreuzritter benutzten sie als Kirche. 1168 spendete Saladin eine Kanzel aus Elfenbein und Perlmutt. 1969 wurde sie durch einen Brand zerstört.

Gesims und einem achteckigen Unterbau, der mit Marmor und meist blauglasierten Fliesenplatten verkleidet ist.

Von ferne gesehen, verleihen die harmonischen Proportionen und die Übergänge vom Oktogon zum Tambour und von dort zur Kuppel diesem Juwel des Islam eine Art Schwerelosigkeit, fast als ob die Kuppel vom Boden abheben und wie ein goldener Heißluftballon langsam zum Himmel aufsteigen wollte. Die schlichten Linien und die klar gegliederten Flächen lassen gleichermaßen an einen Bau des Weltraumzeitalters wie an ein Heiligtum der Antike denken. Denn der Felsendom ist ein Heiligtum und keine Moschee, wie man gemeinhin denkt, und zwar das drittheiligste des Islam nach der Kaaba in Mekka und der Großen Moschee in Medina. Im Mittelpunkt der Verehrung steht, was die goldene Kuppel kunstvoll verhüllt: ein länglicher Felsbrocken, 17 × 13 Meter, laut Überlieferung der Gipfel des biblischen Berges Moria, wo Abraham seinen Sohn Isaak opfern sollte.

Doch obwohl die Muslime Abraham als großen Propheten achten, bezieht sich ihre Verehrung des Felsens mehr auf die Nachtfahrt Mohammeds. Darüber wird kurz zu Beginn der Sure (Kapitel) 17 des Koran berichtet: »Gepriesen sei der, der mit seinem Diener bei Nacht von der heiligen Stätte (der Kaaba in Mekka) nach der fernen Kultstätte (dem Tempel in Jerusalem), deren Umgebung wir gesegnet haben, reiste, um ihn etwas von unserem Zeichen sehen zu lassen!«

Die mündliche Überlieferung hat die dürren Verse des Koran lebendig ausgeschmückt: Als sich der Prophet einige Zeit vor seiner Flucht nach Medina im Jahre 622 in Mekka aufhielt, wurde er eines Nachts vom Engel Gabriel geweckt. Dieser zeigte Mohammed ein seltsames Himmelswesen mit Flügeln und dem Antlitz einer Frau, dessen Rumpf eine Mischung aus Pferd und Esel darstellte: al-Buraq (Blitz).

In einem flammenden Heiligenschein verläßt der Prophet Mohammed den von Wolken umgebenen Felsen und erhebt sich auf al-Buraq, einem seltsamen Mischwesen mit dem Leib eines geflügelten Pferdes und dem Kopf einer Frau, in die Lüfte. Engel umschweben ihn als Augenzeugen seiner Himmelsreise. Diese persische Miniatur entstand während des 16. Jahrhunderts.

Die zarten Farben dieses Bildes »Pilger auf dem Weg nach Jerusalem« von David Roberts (1796–1864) lassen die heilige Stadt sehr romantisch erscheinen. Damals war Palästina Teil des osmanischen Reiches, das im 19. Jahrhundert bereits im Niedergang begriffen war. So zeigten sich die Türken außerstande, große Städte in den Provinzen ihres Reiches wie Jerusalem vor dem Verfall zu bewahren. Ein europäischer Reisender schrieb nach einem Besuch 1883, die Straßen der Stadt seien »eng und fast unpassierbar wegen lose herumliegender Steine und Häuserruinen«.

Mohammed bestieg das merkwürdige Geschöpf und ritt durch die Luft nach Jerusalem, wo er Abraham, Mose, Jesus und anderen Propheten begegnete und mit ihnen an der Stelle betete, wo einst der Tempel Salomos stand – am heiligen Felsen des Tempelberges.

Sodann stieg Mohammed auf einer Leiter von Licht durch die sieben Himmel empor, bis er vor Allah trat, der den Propheten die Kunst des richtigen Gebets lehrte. Noch in der gleichen Nacht flog der Prophet auf al-Buraq nach Mekka zurück, wo er vor Ende der Nacht ankam.

Heute fällt auf den Felsen – den Ausgangspunkt von Mohammeds Himmelsreise – gedämpftes Licht aus farbigen Glasfenstern mit symmetrischen Mustern. Er ist von einem wunderbar geschnitzten Holzschirm umgeben, in den ein mit einer Kuppel gekrönter rechteckiger Schrein eingelassen ist. Dieser enthält Reliquien des Propheten, unter anderem Haar von seinem Haupt. Zwei kreisförmige Arkaden aus Marmorsäulen und Pfeilern bilden ein inneres und äußeres Ambulatorium, wo die Pilger ihren rituellen Rundgang vollziehen können (Tawaf), der auch bei der Kaaba in Mekka obligatorisch ist.

Das größte Wunder aber ist die Innenseite der Kuppel. Goldene und rote Arabesken ziehen sich vom äußeren Rand zur Mitte hin, wobei sie konvergierend immer kleiner werden und das Auge zu einem siebten Himmel von höchster künstlerischer Vollkommenheit emporführen. Vom Mittelpunkt hängt eine Kette herab, die einst einen Leuchter trug. Und wie ein Band läuft nahe der Spitze eine Inschrift aus dem Koran um die Kuppel, die in kufischer

Wie ein faszinierendes Kaleidoskop aus Gold und Stuck erhebt sich die Kuppel 21 Meter über dem Fußboden.

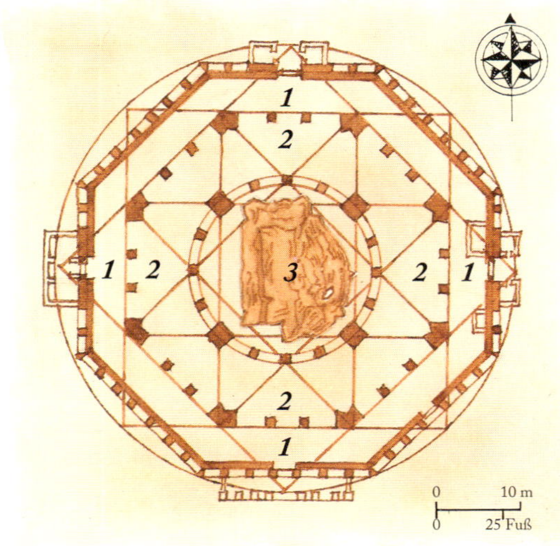

Der längliche Felsen (3) im Dom liegt in der Mitte des oktogonalen Grundrisses. Die achteckige Form geht auf römische Vorbilder zurück. Neu jedoch war ihre Kombination mit Tambour und Kuppel. In vier von acht Seiten befinden sich Portale, die Säulen bilden einen inneren und äußeren Umlauf (1 und 2) für rituelle Rundgänge.

Schrift verkündet: »Gott, es ist kein Gott außer Ihm, dem Lebendigen, der sich selbst genug ist. Schlummer befällt Ihn nicht, noch Schlaf, Sein ist alles, was im Himmel und auf Erden ist.«

Zugang zum Tempelberg erhielten die Moslems erstmals 638, als ein arabisches Heer unter dem Kalifen Omar Ibn al-Khattab den Patriarchen des byzantinisch beherrschten Jerusalem, Sophronius, zur Übergabe zwang. Der fromme, ernste Omar drang mit seinen Kriegern in die Stadt ein, und die Einwohner zitterten um ihr Leben. Doch das Blutbad, das die Perser 24 Jahre zuvor in Jerusalem angerichtet hatten, wiederholte sich nicht.

Vielmehr verlangte der Kalif durch die Stadt und zu den heiligen Stätten geführt zu werden, vor allem auch zur Kirche des heiligen Grabes, dem heiligsten Tempel der

Christenheit. Sophronius lud ihn ein, in der Kirche zu beten, aber der Kalif schlug das Angebot höflich aus, womit er seine Achtung für das Christentum bekundete. Denn, so erklärte er, würde er dort beten, würde dies seine Nachfolger ermutigen, die Kirche in eine Moschee umzuwandeln. Bestürzt zeigte sich der Kalif über die Vernachlässigung des Tempelberges, der von Abfällen übersät war. Omar ordnete die sofortige Säuberung an und verbot, dort zu beten, ehe das Terrain vom Regen reingewaschen war.

Es dauerte noch 53 Jahre, bis nach Jerusalem wandernde islamische Pilger von der vertrauten goldenen Kuppel begrüßt wurden. Das Heiligtum wurde 691 fertiggestellt. Es greift auf Elemente der traditionellen byzantinischen Baukunst zurück, doch das Dekor ist eindeutig islamisch. Finanziert wurde das Meisterwerk aus den Einkünften der islamischen Provinz Ägypten. In sieben Jahren kam genug Gold zusammen, um die Kuppel zu vergolden.

Aus der Epoche der omaijadischen Kalifen (die bis zum Jahre 750 n. Chr. dauerte) gibt es keine Beschreibung des Domes. Erst Anfang des 11. Jahrhunderts berichtete ein islamischer Schriftsteller namens Ibn al-Faqih, jede Nacht erhellten 300 Lampen das Heiligtum, es sei mit weißem Marmor verkleidet, die Kuppel mit rotem Gold. Man reinige es mit Wasser, dem Rosenöl, Moschus und Safran beigefügt wären, und fördere die Andacht durch Weihrauchduft und andere herrliche Gerüche.

Von den Tagen seiner Errichtung bis zur Gegenwart ist der Dom häufig restauriert und umgestaltet worden. Trotzdem sind

Auf diesem deutschen Kupferstich aus dem 16. Jahrhundert liegt Jerusalem im Mittelpunkt der Kontinente Europa, Asien und Afrika. Die Vorstellung, Jerusalem sei eine heilige Stadt im Zentrum der Welt, trug sehr zur Begeisterung der Kreuzritter bei.

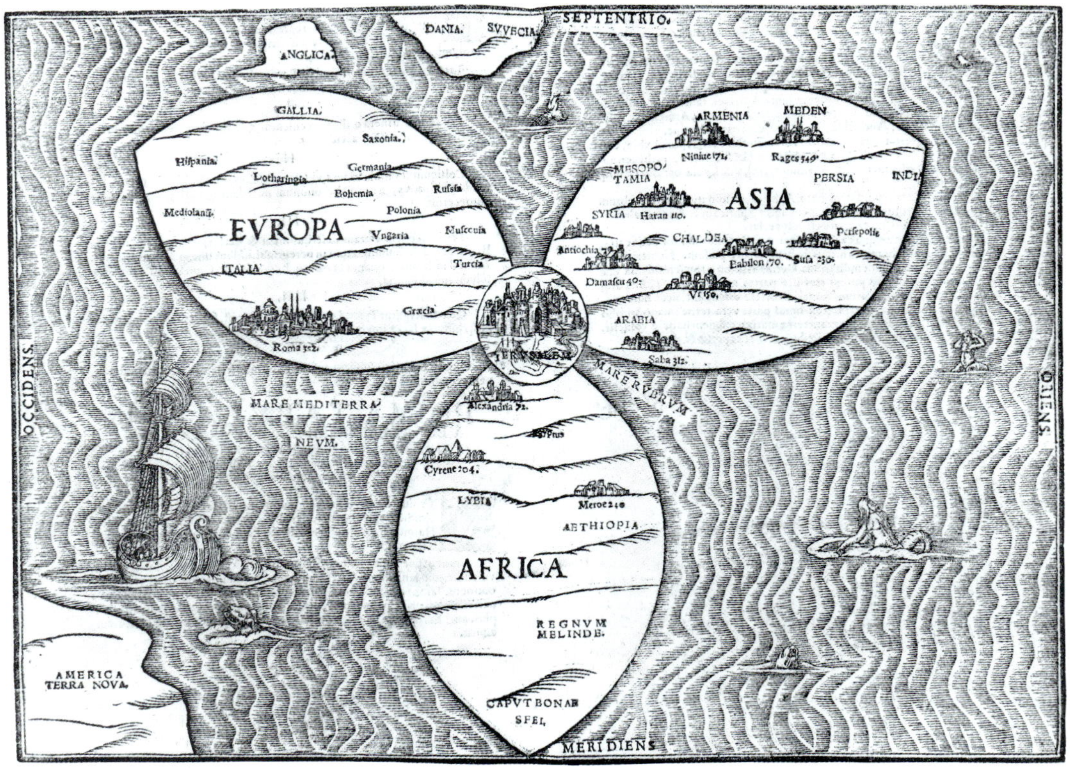

Architektur und Verzierungen im wesentlichen unverändert geblieben. Im Jahre 1016, während der Regierungszeit der Fatimiden-Dynastie, stürzte die Kuppel ein, wurde aber bald wieder aufgebaut. Nachdem 1099 die christlichen Kreuzritter Jerusalem erstürmt hatten, wobei sie ein furchtbares Blutbad anrichteten, wandelten sie den Dom in ein christliches Heiligtum um, das sie Templum Domini (Tempel unseres Herrn) nannten.

Die Kreuzritter ersetzten den islamischen Halbmond auf der Spitze der Kuppel durch ein goldenes Kreuz, stellten einen Altar auf den Felsen und schlugen Stufen, die zu diesem hinaufführten. Aber das war nicht die einzige Verstümmelung, die dem Felsen widerfuhr. In der Folge machten es sich christliche Pilger zur Gewohnheit, als Andenken Stücke aus dem Felsen zu schlagen oder diese als Reliquien zu verkaufen, so daß dieser durch eine Marmorverkleidung vor dem Vandalismus geschützt werden mußte. Diese wurde wieder entfernt, nachdem Saladin 1187 Jerusalem zurückerobert hatte, und zwölf Jahre später wurde der hölzerne Schirm aufgestellt, der auch heute noch zu sehen ist.

Die Mosaike am Tambour und den oberen Wänden des Oktogons ersetzte man im 16. Jahrhundert durch farbig leuchtende Fliesen aus Kasan in Persien, und 1874 wurden das Gebälk der Kuppel und die Mosaike erneuert, die Kuppel neu verbleit. Zwischen 1956 und 1962 wurde das ganze Bauwerk gründlich renoviert, die Bleischicht der Kuppel durch einen Überzug aus goldfarbenem Aluminium ersetzt.

Bis zum heutigen Tag bildet der Felsendom die Mitte Jerusalems. Konturen und Proportionen des Heiligtums verweisen auf ein universelles göttliches Prinzip – ein Weltwunder heute wie vor 1000 Jahren, als der islamische Chronist Muqaddasi beim Anblick der goldenen Kuppel ausrief: »Das ist ein Anblick, der in der ganzen islamischen Welt nicht seinesgleichen hat!«

Fromme Moslems auf dem Tempelberg wenden sich nach Mekka und verrichten eines der vom Islam vorgeschriebenen fünf täglichen Gebete. Der Anblick des Felsendoms erfüllt sie mit tiefer Andacht. Denn der Dom ist immer noch ein spirituelles Zentrum für die muslimischen Araber, die in und um Jerusalem leben, vor allem seit dem Sechstagekrieg 1967, als die Israelis die Stadt eroberten.

ZEITTAFEL

v. Chr.

ca. 950	Der Tempel Salomos wird auf dem heutigen Tempelberg zu Jerusalem erbaut.
587/86	Die Babylonier plündern Jerusalem und zerstören den Tempel.

n. Chr.

70	Die Römer erstürmen Jerusalem und machen den Tempel Herodes' des Grossen dem Erdboden gleich.
570	Geburt Mohammeds, des Propheten des Islam.
638	Jerusalem kapituliert vor einem moslemisch-arabischen Heer.
ab 687	Bau des Felsendoms.
1099	Die Kreuzritter erobern Jerusalem.
1537	Sulaiman der Prächtige renoviert den Dom.
1948	Gründung des Staates Israel.
1967	Im Sechstagekrieg besetzen die Israelis die Altstadt Jerusalems und den Tempelberg.

Zu Ehren der Toten

Für die Menschen der alten Kulturen war das Grab nicht nur ein Ruheplatz der Toten, sondern auch das Tor zu einer anderen Welt. Hier begann für die Dahingeschiedenen das Leben im Jenseits, von wo aus sie, wie man hoffte, den Lebenden Segen bringen sollten.

In vielen Kulturen war es üblich, dem Verstorbenen – vor allem wenn er königlichen und adligen Geblütes war – bei der Bestattung sowohl Gegenstände des täglichen Gebrauchs als auch Kostbarkeiten mit ins Grab zu geben, von denen man glaubte, sie wären ihm im Leben nach dem Tod von Nutzen. So fand z. B. der deutsche Archäologe Heinrich Schliemann im Gräberkreis A zu Mykene in Griechenland einen Schatz goldener Grabbeigaben, unter anderem eine Gesichtsmaske, die, wie er annahm, dem legendären griechischen König Agamemnon gehörte.

In ähnlicher Weise entdeckte man in einer Schiffsbegräbnisstätte der Wikinger zu Oseberg in Norwegen einen Hort reichgeschnitzter Artefakte aus Holz. Der Grabkomplex Shi Huangdis, des ersten chinesischen Kaisers, ist berühmt für das Heer von Tonsoldaten, die man in Gräben rings um den bis heute noch nicht geöffneten Begräbnishügel des Kaisers fand. Wahrscheinlich enthält auch dieser Hügel selbst weitere Schätze. Aber am deutlichsten drückt sich der Glaube an ein Leben nach dem Tod in zwei Begräbnisplätzen aus, die aus so gegensätzlichen Kulturen wie dem alten Ägypten und dem Christentum stammen: Die Pyramiden von Gizeh sind die größten Grabdenkmäler der Welt und bargen einst die Mumien der Pharaonen, die, wie die Ägypter glaubten, nach ihrem Tod zum Sonnengott wanderten. Weit bescheidener geben sich die Katakomben zu Rom, die Gräber der ersten Christen, und die heilige Kunst auf ihren Wänden zeugt vom Sieg Jesu Christi über den Tod.

Die Pyramiden von Gizeh bei Kairo, die letzten Ruhestätten der Pharaonen und eins der Sieben Weltwunder der Antike.

NEWGRANGE

»Bedenkt man, wie viele Hände an diesem Bauwerk mitwirkten und wie lange seine Errichtung dauerte, wird man beklagen, daß die Namen derer vergessen sind, denen es Dauer verleihen sollte.«

DER ALTERTUMSFORSCHER SIR THOMAS POWNALL 1769

Am 21. Dezember 1969 stand der irische Archäologe Michael O'Kelly in der dunklen, höhlenartigen Hauptkammer des prähistorischen Grabhügels von Newgrange in Nordost-Irland. O'Kelly wollte seine Erlebnisse auf Band festhalten und wartete am kürzesten Tag des Jahres auf den Sonnenaufgang. Denn während seiner 1962 begonnenen Ausgrabungen am Hügel war er auf lokale Überlieferungen gestoßen, wonach zu bestimmten Zeiten des Jahres ein Sonnenstrahl genau in die zwanzig Meter lange Passage des Erdgrabs einfallen und den ganz hinten gelegenen Raum erhellen sollte.

Einige Minuten vor 9 Uhr morgens wurde O'Kelly mit einem Erlebnis belohnt, das den Erbauern von Newgrange vor 5000 Jahren wohlvertraut gewesen sein muß: »Genau um 8.54 Uhr Weltzeit schob sich der äußerste Rand der Sonnenscheibe über den Horizont, und um 8.58 Uhr schoß der erste Strahl des Sonnenlichts durch das ›Dachfenster‹ und die Passage, bis er den Boden der Grabkammer erreichte… Und als das dünne Rinnsal des Lichtes anschwoll, wurde das Grab heller und heller.«

O'Kelly hatte diese Sonnenoffenbarung schon 1967 erlebt, aber zwei Jahre später hielt er seine Eindrücke für die Nachwelt fest und bestätigte, daß auch Newgrange, wie die Megalithen von Stonehenge, bewußt auf einen Schlüsselmoment des Sonnenkalenders ausgerichtet worden war.

Für die Erbauer von Newgrange dürfte das Wintersolstitium den Zeitpunkt markiert haben, wo die Tage im Jahreszyklus wieder

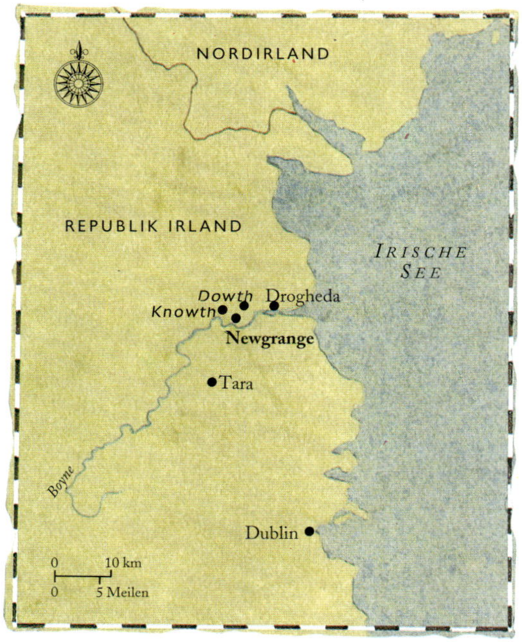

Verkleidet mit funkelnd weißem Quarz und an die neun Meter hoch, ist Newgrange eines der schönsten prähistorischen Ganggräber Europas. Der Hügel wurde aus ungefähr 200 000 etwa apfelgroßen Flußsteinen erbaut, zwischen die Torfschichten eingeschoben waren, so daß der Aufbau besser hielt. Umgeben war der Hügel von einem Kreis aufrecht stehender Steine. Einer davon ist auf dem Bild links zu sehen.

Von geheimnisvollem Kerzenlicht erleuchtet, liegt die aus Kragsteinen erbaute Kammer Newgranges am Ende einer 19 Meter langen Passage. In der Kammer fand man die Überreste menschlicher Gebeine, teils verbrannt, teils unversehrt, sowie Steatit-»Marmor«, Gehänge, Perlen und einen Meißel aus Knochen – alles wahrscheinlich Grabbeigaben. Doch das Leben und die Kultur der vorgeschichtlichen Erbauer des Hügels sind immer noch in Nebel gehüllt.

länger werden, während es symbolisch den Sieg des Lichtes über die Finsternis, des Lebens über den Tod bedeutete.

Newgrange, Irlands besterhaltenes prähistorisches Monument, ist eins der berühmtesten Ganggräber Westeuropas. Mit etwa neun Metern Höhe und 75 Metern Durchmesser ähnelt der Grabhügel einer fliegenden Untertasse, die auf einer kleinen, auf eine Windung des Boyne hinabschauenden Anhöhe gelandet ist. Umgeben ist das Grab von mehr als zwanzig kleineren, rundum verstreuten Satellitengräbern und von den imposanten Erdhügeln Dowth und Knowth. Zusammen bilden diese Anlagen eine Begräbnisstätte der Steinzeit, die etwa aus dem Jahre 3200 v. Chr. datiert.

Innerhalb des Hügels führt eine enge, etwa einen Meter breite und 19 Meter lange Passage, überdacht und gesäumt von Steinplatten, in die Hauptkammer, von der drei höhlenartige Vertiefungen wie Blätter eines Kleeblatts abzweigen. Das Gewölbe der Kammer, das als eins der vielen Wunder von Newgrange gilt, ist aus Kragsteinen errichtet: Jede horizontale Steinschicht überlappt etwas die darunterliegende, bis sechs Meter über dem Fußboden der ganze Bau mit einem einzelnen Schließstein abgedeckt wird.

Man redet sich immer noch die Köpfe heiß über den Sinn dieses Grabhügels und die Kultur der Menschen, die ihn vor etwa 5000 Jahren erbauten. Doch die uralten

irischen Volkssagen nennen Newgrange »Bru na Boinne«, was so viel heißt wie »Wohnung« oder »Residenz des Boyne«, und bringen es mit dem irischen Gott Dagda, dem »Guten Gott«, in Verbindung. Dagda war der Gott eines überirdischen Volkes, der Tuatha De Danaan, die Irland bis zur Ankunft der Kelten in der zweiten Hälfte des ersten Jahrtausends bewohnt haben sollen. Danach verschwanden sie geheimnisvoll in den »Feenhügeln« des Landes.

Abgesehen von der Assoziation des Erdhügels mit dem Tod existiert auch eine Überlieferung, die besagt, er sei noch in historischen Zeiten, bevor das Land vom 5. Jahrhundert an christianisiert wurde, als Begräbnisstätte der irischen Hochkönige von Tara benutzt worden. Tara liegt etwa zwanzig Kilometer südwestlich von Newgrange. Einer dieser Könige, Cormac mac Airt (ca. 4. Jahrhundert n. Chr.) soll strengstens verboten haben, seinen Leichnam im Bru zu begraben. Er nannte den Bru einen »Götzenfriedhof«. Die Nachfolger des Königs ignorierten jedoch das Verbot und brachten den königlichen Leichnam doch zum Bru. Als sie sich aber dem Boyne näherten, schwoll dieser wie durch Zauber dreimal an, so daß sie dreimal vergebens versuchten, ihn zu überqueren. Deshalb begruben sie Cormac nun doch an der Südseite des Flusses.

In neueren Zeiten wurde Newgrange erst 1699 wiederentdeckt, als ein Gutsbesitzer, Charles Campbell, Steine aus dem Hügel brach, um damit eine Straße zu bauen. Dabei entdeckte er den Eingang. Einer der ersten, die die Stätte genauer untersuchten, war der Altertumsforscher Edward Lhuyd (1660–1708) aus Wales, der sich zufällig in der Gegend aufhielt. Lhuyd beschrieb den Hügel als eine »höchst bemerkenswerte Kuriosität«. In den nächsten Jahren kam noch eine ganze Reihe von Forschern und

Ein durch das »Dachfenster« einfallender goldener Strahl des Sonnenlichts erhellt das Innere des Hügels am 21. Dezember, der Wintersonnenwende.

Dieser Kupferstich des Altertumsforschers Charles Vallency aus dem 18. Jahrhundert zeigt die Kragsteinkammer und den Gang von Newgrange im Querschnitt.

Den Eingang zum Hügel bewacht der riesige, mit Ornamenten reich verzierte Schwellenstein. Die spiralen- und rautenförmigen Muster kehren in der Kunst der Ganggräber immer wieder.

stellte Untersuchungen an. Anfang des 18. Jahrhunderts behauptete Thomas Molyneux, »Professor of Physick« am Trinity College Dublin, das Erdgrab sei von dänischen Invasoren im Mittelalter errichtet worden. Auch andere Forscher des 18. und 19. Jahrhunderts schrieben den Bau anderen Völkern zu, etwa den Ägyptern und Indern.

In unserem Jahrhundert hielt man Newgrange, Dowth und Knowth und andere Passagengräber für das Werk bretonischer oder iberischer Kolonisten. Dort war man nämlich auf megalithische Architekturen und Gravuren gestoßen, die den in Irland gefundenen gleichen, und es ist durchaus denkbar, daß die Anregung für die irischen Gräber von Siedlern oder Eindringlingen ausging, die vom Festland kamen. Doch neigen die Wissenschaftler heute eher zu der Annahme, zumindest der Bau selbst sei von Einheimischen durchgeführt worden.

Der zeitgenössische irisch-amerikanische Kunsthistoriker Martin Brennan hat die These aufgestellt, Newgrange und andere Erdhügel hätten gar nicht primär zu Bestattungszwecken gedient. Nach seinen Forschungen sind neben Newgrange auch andere Erdhügel, z. B. Knowth, auf Sonnenauf- und -untergänge an den Sonnwenden und Tag- und Nachtgleichen ausgerichtet. Er stellte überdies fest, daß zu bestimmten Zeiten der Mond ähnlich eindrucksvoll wie die Sonne in die Erdhügel hineinscheint.

Diese Sachverhalte führten Brennan zu dem Schluß, daß es sich bei den Hügeln vor allem um Sonnen- bzw. Mondtempel oder gar Observatorien gehandelt haben muß. Zur Stützung seiner These wies er auf die zahlreichen eingravierten Symbole hin, die er als Mond- und Sonnenmotive deutet. Auch Dagda, der einstige »Eigentümer« von Newgrange, konnte als Sonnengott identifiziert werden.

Das Geheimnis von Newgrange wird wohl niemals endgültig gelüftet werden. Vielleicht war es Ziel und Zweck der Erbauer, daß die Sonne des neugeborenen Jahres ihre Strahlen in die dunkle, schoßähnliche Kammer schickte, in der die sterblichen Überreste ihrer königlichen Vorfahren ruhten. Womöglich hofften sie, daß durch diese mystische Alchimie eine Vereinigung des Sonnengottes mit den Abgeschiedenen erfolgen sollte, die ihr Weiterleben sicherte und so den Segen der königlichen Totengeister für die Erde bewahrte.

Zeittafel

v. Chr.

ca. 3200	Newgrange wird am Ufer des Boyne errichtet.

n. Chr.

4. Jh.	Der Leichnam von König Cormac mac Airt wird, wie die Sage überliefert, am Südufer des Boyne, gegenüber Newgrange, verbrannt.
1699	Wiederentdeckung des Hügels. Als erster untersucht ihn der waliser Edward Lhuyd.
1725	Thomas Molyneux behauptet, Newgrange sei zwischen dem 8. und 9. Jahrhundert von den Dänen angelegt worden.
1890	Der irische Archäologe George Coffey beginnt mit seiner Pionierarbeit.
1962	Newgrange wird von Michael O'Kelly ausgegraben und restauriert.
1967	Am 21. Dezember, der Wintersonnenwende, beobachtet O'Kelly zum erstenmal, wie das Sonnenlicht in die Grabkammer eindringt.
1983	Martin Brennan vermutet in seinem Buch »Sterne und Steine«, Newgrange sei eher Sonnentempel als Grablege.

Die Welt der Steinzeit

Das prähistorische Europa erstreckte sich von der Küste des Atlantik im Westen bis zum Schwarzen Meer im Osten. Die zahlreichen Völker, die dieses riesige Gebiet bewohnten, kannten noch keine Schrift: Ihre Geschichte ist nur durch die materiellen Spuren überliefert, die sie hinterlassen haben. Die eindrucksvollsten sind die megalithischen Denkmäler. Diese mächtigen Bauten – oft in einsamen, öden Landstrichen stehend – wurden meist zwischen 4500 und 1500 v. Chr. errichtet. Manche, etwa die Ganggräber, wurden als Hügel erbaut. Gegen Ende des 4. Jahrtausends traten allmählich im Kreis aufgerichtete oder reihenförmig angeordnete Steine (sogenannte Alignements), aber auch einzeln stehende Steine, die Menhire, in Erscheinung, besonders in Frankreich und auf den Britischen Inseln.

Die religiösen Überzeugungen und Riten der megalithischen Baumeister liegen noch immer im Dunkeln. Immerhin scheint festzustehen, daß einige der Bauten auf

jahreszeitliche und astronomische Ereignisse ausgerichtet waren, etwa den Aufgang und Untergang von Sonne, Mond und einzelnen Sternen, zum Beispiel des Sirius. In Stonehenge in Großbritannien decken sich bei der Sommersonnenwende die Strahlen der aufgehenden Sonne mit der Achse des Steinkreises. Und vielleicht stehen die zwölf großen, aus fast 3000 Steinen bestehenden »Alleen« in Carnac in Nordfrankreich in irgendeiner Verbindung mit den Phasen des Mondes.

Die untenstehende Karte zeigt die Verteilung der wichtigsten megalithischen Denkmale im prähistorischen Europa, wobei die bedeutenderen mit Namen versehen und illustriert sind. Es handelt sich um Stonehenge, Newgrange, das Ganggrab von Anta do Silval, die Begräbnisstätte oder »Naveta« von Els Tudons und die lange Steinkammer, die als »Hunebed« in der Nähe von Borger bekannt ist. Die Fotografie zeigt die langgestreckten Alignements von Carnac.

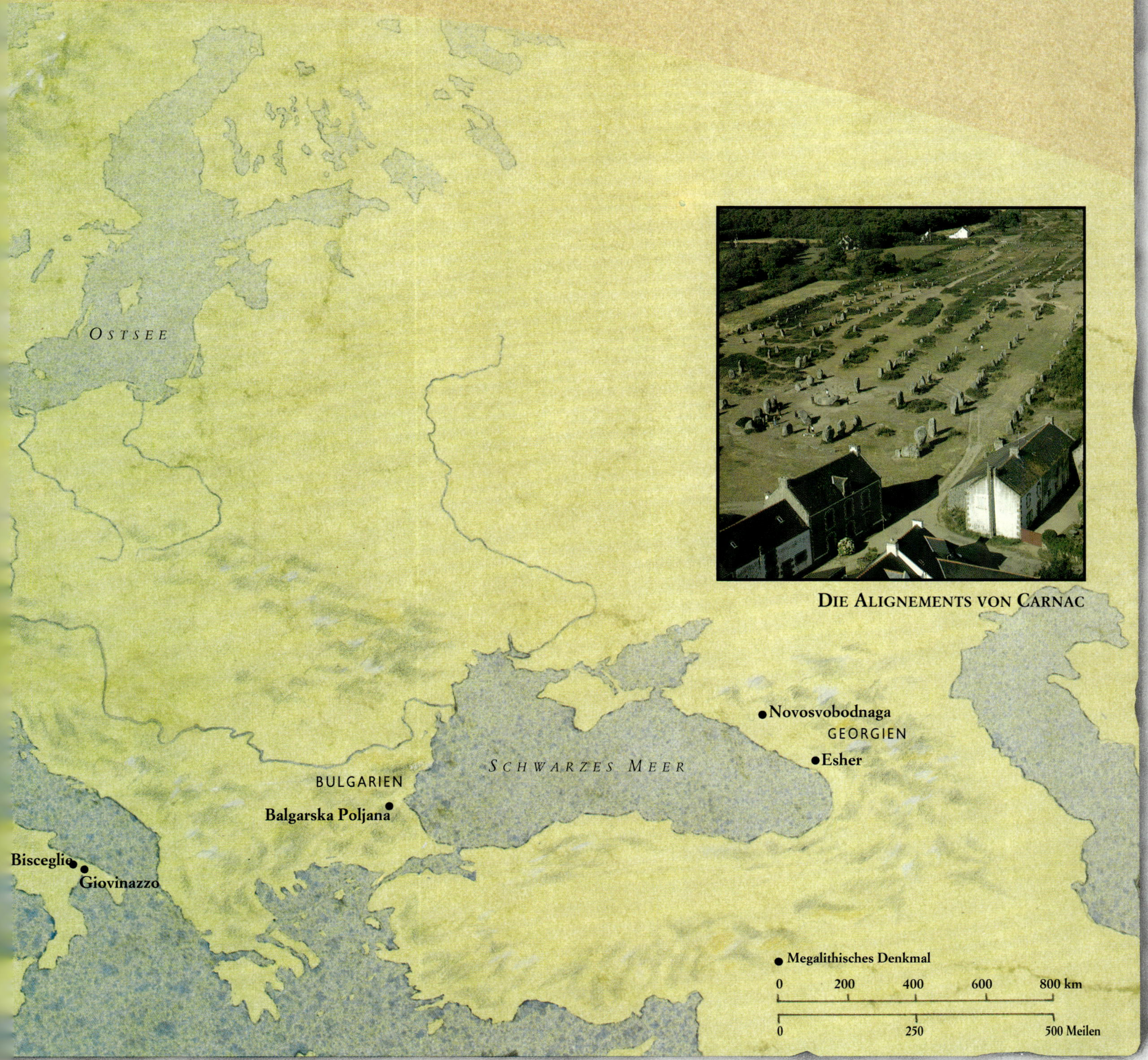

DIE ALIGNEMENTS VON CARNAC

GRIECHENLAND

MYKENE

»Es ist mir eine Ehre, Ihro Majestät meine Entdeckung der Gräber anzeigen zu können, die nach der Überlieferung die Gräber Agamemnons, Kassandras, Eurymedons und ihrer Gefährten sein müssen...«

TELEGRAMM HEINRICH SCHLIEMANNS AN DEN GRIECHISCHEN KÖNIG IM JAHRE 1876.

Schwer brütet die Luft über dem alten Mykene, schwerer als an jedem anderen Ort Griechenlands. Wie ein Gespenst wandert der Tod über diese 3500 Jahre alten Ruinen der Bronzezeit, wirft seinen Schatten über die sonnenbeschienenen Steine und die lohfarbene, wie ein Giraffenfell gemusterte Landschaft. Tod geistert auch durch die Sagen, die die Stadt umranken, und die materiellen Spuren des Todes in Form von Gräbern, Grabhügeln und Grabbeigaben haben seit langem die Aufmerksamkeit der Archäologenteams auf sich gezogen, die an dieser Stelle vom dritten Viertel des 19. Jahrhunderts an bis zur Gegenwart ihre Grabungen durchführten.

Die Festung Mykene krönt einen kleinen Hügel, der sich zwischen zwei zerklüfteten Gipfeln auf der Peloponnes in Südgriechenland erhebt. Ihre gewaltigen, trutzigen Mauern, der Sage nach ein Werk der einäugigen Zyklopen, folgen getreulich den Konturen des Felsrückens. Sie umgeben die Akropolis, den Burgberg, auf dessen Spitze noch die Fundamente des einstigen Palastes erkennbar sind. Darunter erstreckt sich die staubige Ebene von Argos, gesprenkelt mit Ölbäumen, südwärts ein paar Kilometer zum Meer hinunter.

Der Sage nach war Mykene die Stadt der Atriden, der Nachkommen des Pelops, von dem die Peloponnes (»Insel des Pelops«) ihren Namen hat. Die blutige Geschichte dieser Dynastie – eine Kette von Verwandtenmorden, Inzesten und Kannibalismus, stellt die Grausamkeiten der Gegenwart weit in den Schatten. So rächte sich Atreus an seinem Bruder Thyestes für dessen Ehebruch mit seiner Frau, indem er ihn bei einem Gastmahl mit einem Gericht bewirtete, das aus dem Fleisch von dessen eigenen Kindern zubereitet war.

Das berühmteste Mitglied der Familie aber war Atreus' Sohn Agamemnon, König von Mykene. Nach der Ilias, verfaßt von dem großen epischen Dichter Homer (ca. 800 v. Chr.), führte Agamemnon das griechische Heer nach Troja in Kleinasien, um seine Schwägerin, die schöne Helena, zurückzuführen, die von dem trojanischen

Mykene, von dem epischen Dichter Homer als »breitstraßig« und »golden« apostrophiert, war die Stadt des sagenumwobenen Agamemnon. An der Spitze des Löwentores (rechts) befindet sich die Skulptur zweier aufrecht stehender Löwinnen. Dahinter liegt der Gräberkreis A.

Klytaimnestra steht mit blutiger Hand – symbolisiert durch einen roten Handschuh – über den in einem Netz gefangenen Leichen Agamemnons und dessen trojanischer Sklavin Kassandra. Die Szene stammt aus der »Orestie« des Aischylos, die Anfang der achtziger Jahre vom British National Theatre aufgeführt wurde.
Während Agamemnons Abwesenheit im Trojanischen Krieg legte sich Klytaimnestra einen Liebhaber namens Aigisthos zu. Als Agamemnon nach Mykene zurückkehrte, ermordeten sie ihn. Orestes, Sohn des Agamemnon und der Klytaimnestra, rächte später den Vater und tötete sie.

Fürstensohn Paris entführt worden war. Nach dem zehn Jahre dauernden Krieg, der mit der Zerstörung Trojas endete, kehrte Agamemnon in die Heimat zurück. Man kann sich denken, daß er einen entsprechend triumphalen Empfang erwartete.
Aber dieser große Krieger, ein »Führer der Männer«, konnte nicht wissen, daß sich während seiner Abwesenheit sein Weib Klytaimnestra einen Liebhaber genommen hatte: Aigisthos, den Vetter Agamemnons. Diese beiden hatten sich verschworen, den zurückkehrenden Helden zu töten – unter anderem auch, um die Tochter Iphigenie zu rächen, die Agamemnon rücksichtslos geopfert hatte, um eine von den Göttern gegen die griechische Flotte verhängte Windstille zu brechen. Auch der Anblick Kassandras, einer trojanischen Sklavin, die ihr Gatte als Kriegsbeute mit sich schleppte, mag Klytaimnestra in ihrem ruchlosen Vorhaben bestärkt haben. Denn diese Kassandra war ein faszinierendes Geschöpf mit wilden Augen, das seltsam düstere Prophezeiungen ausstieß.
Wie auch immer: Der nichtsahnende Agamemnon wurde im Bad – nach einer anderen Version beim Tafeln – gemeuchelt. Doch die Mörder konnten sich ihres Sieges nicht lange erfreuen, denn Agamemnons Sohn Orestes, gedrängt von seiner Schwester Elektra, rächte den Tod des Vaters, indem er seine Mutter Klytaimnestra samt Liebhaber erschlug.
Die Geschichten über den Trojanischen Krieg hielten Homer und die Griechen des klassischen Zeitalters (ca. 500–300 v. Chr.) in ihrem Bann und lassen auch noch uns Heutige erschauern. Aber bis weit ins 19. Jahrhundert hinein waren die Gelehrten der allgemeinen Ansicht, daß die homerischen Helden Trojas und Mykenes nicht historisch seien.
Erst Heinrich Schliemann (1822–1890) nahm Homers »Ilias« und »Odyssee« ernst und hielt sich genau an deren geographische Angaben. Scheinbar gegen jede Vernunft begann er mit Grabungen bei Hissarlik in der heutigen Türkei und förderte die Reste einer großen Stadt zutage,

Heinrich Schliemann, ein Selfmade-Millionär und Sprachgenie, begann 1876 mit Ausgrabungen in Mykene, nachdem er schon das alte Troja entdeckt hatte. Als er 1890 starb, seufzte ein Gelehrter: »Der Frühling ist ausgezogen.«

von der man heute überzeugt ist, daß es wirklich Troja ist. Auch entdeckte er einen großen Goldschatz, den er irrtümlich für den Schatz des Königs Priamos hielt. Es war ein spektaktulärer Fund, und er machte den Autodidakten Schliemann mit einem Schlag zu einer legendären Gestalt der Archäologie.

Als Sohn eines armen Pfarrers hatte sich Schliemann zunächst als Laufbursche eines Handelshauses über Wasser gehalten. Im Krimkrieg (1853–1856) hatte er sich als Nachschublieferant bewährt und nicht zuletzt dank seines ungewöhnlichen Sprachtalents (er beherrschte fließend ein Dutzend Sprachen) ein riesiges Vermögen angehäuft. Im Alter von 36 widmete er sich nur noch der Archäologie, und fünfzehn Jahre später gelangen ihm jene Entdekkungen in Troja, die ihn berühmt machten. Aber die Erzählungen Homers beschäftigten ihn weiterhin. Als nächstes wandte er sich dem griechischen Festland und Mykene zu. Im August 1876 begann er mit Ausgrabungen innerhalb der Festungsmauern, hatte doch Pausanias, ein Reisender der Antike (143–176 n. Chr.), geschrieben, Agamemnons Grab befinde sich wohl innerhalb der Burgtore, die Gräber der Klytaimnestra und des Aigisthos dagegen außerhalb. Wieder stieß Schliemann auf eine Goldader. In einem großen Kreis von Steinplatten legten seine Arbeiter fünf Schachtgräber frei, aus denen ein erstaunlicher Vorrat an goldenen Gegenständen zum Vorschein kam. So wurde Homers Beschreibung Mykenes als einer »Stadt, reich an Gold« voll bestätigt.

Neben den zerfallenen Gebeinen von sechzehn Menschen lagen goldene Kelche und Teller in der Erde, goldene Kronen, Diademe und Halsbänder, Vasen und vieles mehr. Am beeindruckendsten aber waren die Goldmasken, die die Gesichter der Toten bedeckten. Besonders eine Maske, deren edle Züge, gestutzter Schnurrbart und Bart und stilles Lächeln majestätische Würde ausstrahlten, überzeugte Schlie-

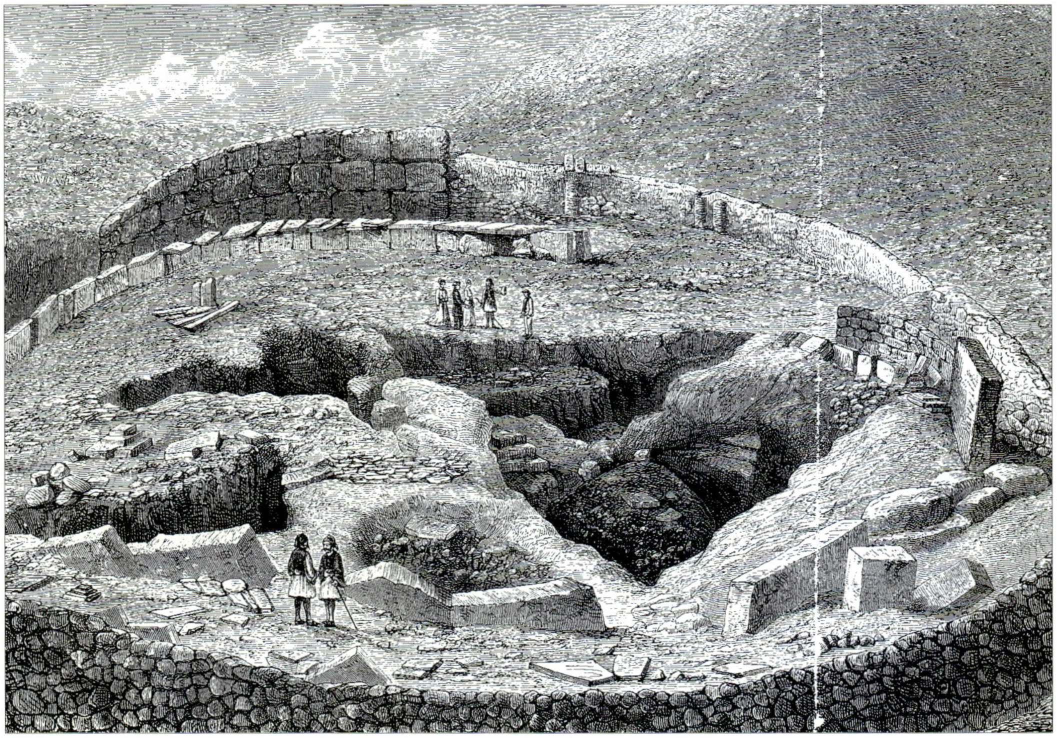

In diesem zeitgenössischen Kupferstich wird Schliemanns Ausgrabung des Gräberkreises A dargestellt. Hier entdeckten seine Arbeiter in einem Kreis aufrecht stehender Steinplatten fünf Schachtgräber (später wurde noch ein sechstes gefunden), in denen sechzehn Verstorbene mit einer Fülle goldener Grabbeigaben bestattet waren. Hinter dem Kreis erhebt sich der noch unausgegrabene Festungshügel.

Die Festung Mykene erhebt sich auf einer zerklüfteten Anhöhe, die zu steilen Schluchten abfällt und von den Hügeln Elias und Sara (außerhalb des Bildes) flankiert wird. Ihre strategisch günstige Lage über der Argos-Ebene wurde noch durch gewaltige Mauern unterstützt, die bis zu zwölf Meter hoch und sechs Meter dick waren.

mann, er habe die Maske Agamemnons selbst vor sich.

Hatte Schliemann recht? Bestätigten seine Funde die historische Wahrheit der homerischen Erzählungen? Heute datiert man die Schachtgräber und ihren goldenen Inhalt in eine Periode 300 Jahre vor der wahrscheinlichen Lebenszeit des Agamemnon. Die Eroberung Trojas durch die Griechen, wenn sie denn stattgefunden hat, wird auf etwa 1250 v. Chr. angesetzt. Doch die Gräber gehören ins 16. Jahrhundert. Wer auch immer für die Masken Modell stand, es war nicht der stolze Agamemnon.

Mehr als siebzig Jahre nach Schliemanns Entdeckung des Gräberkreises »A«, wie man ihn später bezeichnete, fand man eine andere, noch ältere Grabstätte außerhalb der Stadtmauern und nannte sie Gräberkreis »B«. Doch die neuen Gräber enthielten keine Goldschätze wie die im ersten Kreis. Beide Begräbnisstätten bildeten aber offenbar ein zusammenhängendes Gräberfeld, worin die einzelnen Gräber von aufrecht stehenden Steinplatten markiert waren, in die man Figuren und abstrakte Motive eingraviert hatte.

Dabei muß Kreis »A« besonders heiliger Grund gewesen sein. Denn er wurde in die Stadt mit einbezogen, als im 13. Jahrhundert v. Chr. zur Befestigung der Burg die großen Steinmauern erbaut wurden, die auch heute noch sichtbar sind. Dieser heilige Gräberbezirk wurde dann von den weltlichen Teilen der Festung durch einen doppelten Ring aus Kalksteinplatten abgegrenzt.

Aber die beiden Gräberkreise sind nicht der einzige Beweis dafür, daß in Mykene Könige begraben liegen. Noch spektakulärer ihrer Architektur nach, obwohl weniger reich an Grabbeigaben, sind die großen gewölbten Tholos-Gräber, die in Mykene das erstemal um 1500 v. Chr. auftauchten und möglicherweise einen Wechsel der Dynastie anzeigen.

Tholos-Gräber, die man auch in anderen mykenischen Siedlungen des griechischen Festlands gefunden hat, bestehen in der Regel aus einer kreisförmigen, in eine Felswand gehauenen Kammer, die an einen altertümlichen Bienenkorb oder kegelförmigen Helm erinnert. Die inneren Mauern sind aus Kragsteinen erbaut. Ein heiliger Gang, der sogenannte Dromos, der ohne Überdachung unter freiem Himmel verläuft und zu beiden Seiten von senkrecht stehenden Steinmauern begrenzt ist, führt zum Eingang.

Es gibt neun solcher Tholoi in Mykene. Der prächtigste ist das fälschlich so ge-

nannte »Schatzhaus des Atreus«. Es ist aus dem Berghang westlich der Festung herausgehauen und datiert aus der Mitte des 13. Jahrhunderts. Am Ende des 36 Meter langen Dromos wartet das dunkle Rechteck des offenen Eingangs, einst von gravierten Steinsäulen flankiert und auch heute noch von einem langen, über hundert Tonnen schweren Türsturz bedeckt.
Drinnen wird das Sonnenlicht unvermittelt von einer grabesstillen, finsteren Höhle verschluckt. Die Temperatur sinkt, und flüsternde Echos hallen durch die Kammer. Hat sich das Auge aber an die Dunkelheit gewöhnt, lassen sich 33 Steinlagen erkennen, die bis in eine Höhe von fast vierzehn Metern hinaufreichen. An den gewölbten Wänden fanden sich Bronzenägel, was den Schluß nahelegt, daß das Grab möglicherweise mit Gold- oder Bronzerosetten geschmückt war, die den Glanz von Fackeln und Flammen spiegelten. Aber weder hier noch in dem kleinen Neben-

Das »Schatzhaus des Atreus«, in eine Felswand gehauen, ist das größte Tholos-Grab Mykenes. Eine 36 Meter lange Passage, ein sogenannter Dromos, führt zum einst von Pilastern flankierten Eingang. Der dreieckige Raum über dem Portal war ursprünglich mit einem großen Stein verschlossen.

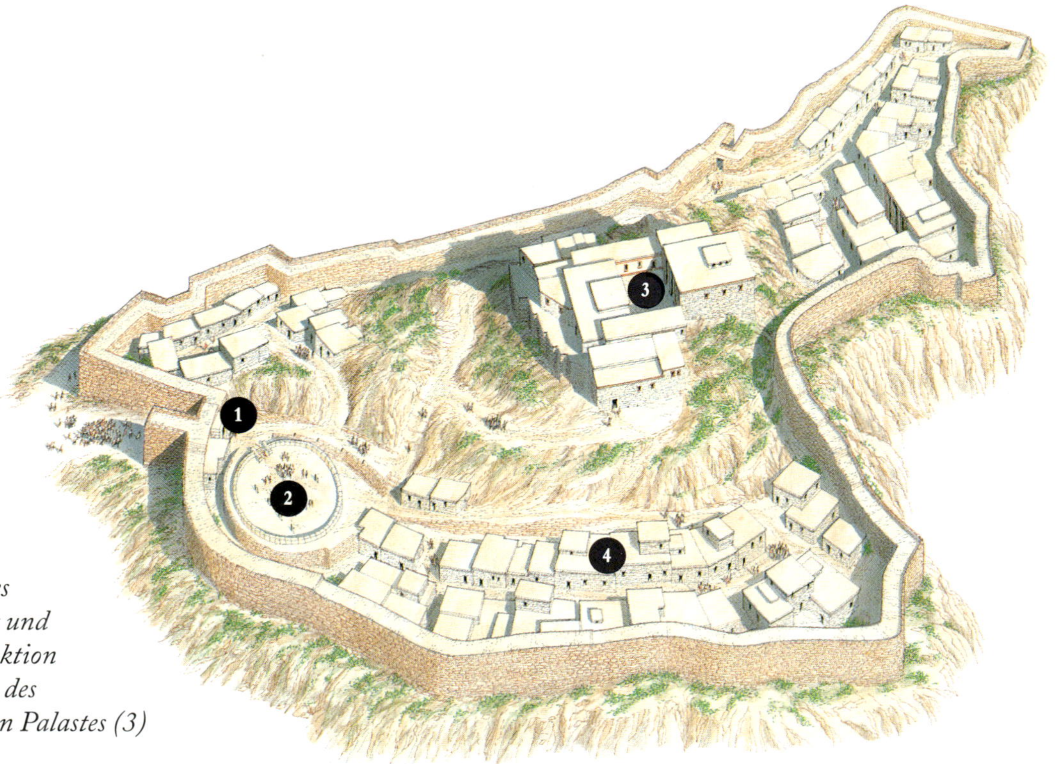

Mykene von etwa 1600 bis 1100 v. Chr. Die beherrschende Stadt des griechischen Festlandes war Palast und Festung zugleich. Diese Rekonstruktion zeigt die Lage des Löwentores (1), des Gräberkreises A (2), des königlichen Palastes (3) und der Häuser der Adligen (4).

raum, der sich an den Tholos anschließt, wurde ein Leichnam entdeckt. Die Größe des Grabes läßt vermuten, daß dieser höchstwahrscheinlich ein König, vielleicht ein Vorfahre des Agamemnon, eventuell Atreus selbst gewesen ist.

Lord William Taylour, ein britischer Archäologe des 20. Jahrhunderts, hat anhand von Indizien aus einer Anzahl von Tholos-Gräbern versucht, eine solche Begräbniszeremonie zu rekonstruieren. Vermutlich wurde der Leichnam des Königs zuerst auf einer Bahre von einem Pferdegespann durch den Dromos des Grabes gezogen. Die bronzenen Türflügel des Eingangs standen weit offen, das Tageslicht strömte hinein und spiegelte sich in den bronzeverkleideten Wänden.

Man legte nun den Leichnam des Königs auf einen Goldteppich und umgab ihn mit Lebensmitteln, Wein, Salben und zahlreichen Waffen – Gegenständen, die nach damaligem Glauben für das Leben nach dem Tod unentbehrlich waren. Die Pferde, die den Wagen gezogen hatten, wurden rituell geschlachtet, weitere Tiere geopfert, ihr Fleisch für den Leichenschmaus gebraten. Am Ende der Zeremonie wurde das Grab versiegelt und der Dromos mit Steinen ausgefüllt.

Auch was die Mykener über das Leben nach dem Tod glaubten, läßt sich nur

Sonnenlicht fällt auf den Eingang zum »Schatzhaus des Atreus«, dem größten Tholos Mykenes, einem »Bienenkorb-Grab«. Während seiner Ausgrabungen staffierte Schliemann zur Unterhaltung Kaiser Pedros II. von Brasilien, der zu Besuch gekommen war, das Grab mit einem Tisch, Teppichen, Silbergeräten, Sofas und Lampen aus.

Auf dieser bronzenen Dolchklinge, die man im Schachtgrab 4 im Gräberkreis A fand, schicken sich mykenische Krieger an, einen Löwen zu töten. Die Klinge zeigt Einlegearbeiten aus Gold, Bernstein und Niello.

Der Stolz des archäologischen Museums in Athen ist diese goldene Maske. Schliemann glaubte, er habe die Totenmaske des Agamemnon gefunden, doch setzt man heute die Entstehung dieser Maske ca. 300 Jahre vor dem Trojanischen Krieg an. Die starke Nase, der dünne, rätselhaft lächelnde Mund, die sorgfältig nachgezogenen Augenbrauen und der gepflegte Schnurrbart weisen jedenfalls darauf hin, daß es sich um einen mächtigen mykenischen Herrscher gehandelt haben dürfte.

vermuten. Jedenfalls tauchen die Namen der homerischen und der späteren klassischen Götter – Zeus, Poseidon, Hera und Artemis – auch in der mykenischen Schrift auf, die man als »Linear B« bezeichnet. Dennoch lassen sich Homers Epen nicht unkritisch als Quellen für die späte Bronzezeit heranziehen. Während beispielsweise die Mykener ihre Toten begruben, werden sie in den homerischen Erzählungen verbrannt.

Trotzdem findet sich bei Homer noch ein Nachhall der mykenischen Ära, der durch archäologische Funde bestätigt wird. Die Mykener glaubten wohl bereits an die noch bei Homer lebendige Vorstellung von einem Hades, einer düsteren Unterwelt der Toten. Auch müssen sie die Notwendigkeit empfunden haben, angemessene Begräbnisriten zu zelebrieren, um den Geist des Verstorbenen so angemessen ins Jenseits zu geleiten, daß er nicht mehr als übelwollendes Wesen zurückkehrte.

Der moderne griechische Gelehrte G. E. Mylonas vermutet, daß für die Mykener die Reise des Abgeschiedenen zum Hades beendet gewesen sei, sobald das Fleisch verwest war. Damit konnte sein Geist den Lebenden nichts mehr anhaben. Aus dieser Vorstellung wird auch erklärlich, daß die Schachtgräber, Tholos-Gräber und schlichten Kammer-Gräber (einfache, aus dem Felsen gehauene Gräber), immer wieder neu belegt wurden, wobei man den sterblichen Überresten der zuvor Bestatteten wenig Aufmerksamkeit schenkte.

Die Grabbeigaben der Tholos-Gräber Mykenes sind längst der Zeit oder Grabräubern zum Opfer gefallen. Doch haben zumindest die Schachtgräber der Nachwelt ungeheure Goldschätze bewahrt. So wurde der Glaube Schliemanns an die historische Wahrheit der homerischen Epen belohnt. Der größte Schatz, die Maske des Agamemnon, nimmt nun einen Ehrenplatz im Nationalmuseum in Athen ein. Ihr goldenes Antlitz grüßt den Besucher mit rätselhaft lächelnden Lippen, die zweifellos Geschichten von Schand- und Heldentaten erzählen könnten, vielleicht sogar von Aufstieg und Fall des stolzen Mykene.

Zeittafel

v. Chr. (ca.)

1600	Mykene ist die beherrschende Stadt des griechischen Festlands.
1600 –1500	Schachtgräber werden in Mykene errichtet.
1500	Zum erstenmal erscheinen Tholos-Gräber in Mykene.
1300 –1200	Gewaltige Schutzmauern werden rings um die Festung erbaut.
1100	Mykene wird eingeäschert, vielleicht durch eindringende Dorer.
468	Das benachbarte Argos zerstört Mykene.
n. Chr.	
ca. 160	Der griechische Reisende Pausanias kommt nach Mykene und stößt auf die Ruinen.
1876	Heinrich Schliemann gräbt Gräberkeis A aus und entdeckt eine Reihe von Schachtgräbern.

CHINA

Der Grabhügel des Shi Huangdi

»Als der Erste Kaiser König von Qin wurde, begann er mit dem Bau seines Mausoleums am Li-Berg … Mehr als 700 000 Zwangsarbeiter … wurden eingesetzt.«

Sima Qian, Historiker der Han-Zeit (ca. 145–90 v. Chr.).

Im Schatten des Li-Berges, in der Nähe von Xi'an im nördlichen Zentralchina, liegt ein massiges Hügelgrab. Unter den Schätzen der Welt, die noch der Entdeckung harren, birgt es vielleicht einen der größten. Denn diese künstlich aufgeschüttete Erhebung, mehr als 2000 Jahre alt, bedeckt das Grab einer der größten Gestalten der chinesischen Geschichte: Shi Huangdis, des Ersten Kaisers.

Shi Huangdi, zeit seines Lebens von panischer Todesfurcht gequält, ordnete sofort, nachdem er 247 v. Chr. im zarten Alter von dreizehn Jahren König des Staates Qin geworden war, den Bau seines Grabes an. Mehr als eine halbe Million Arbeiter setzte er ein, um das prächtigste Mausoleum Chinas errichten zu lassen. Die Zeit wird lehren, ob er sein Ziel erreicht hat, denn derzeit liegt das Grab noch unangetastet unter dem baumbestandenen Hügel.

Doch die rings um die Begräbnisstätte angelegten Gruben haben bereits außergewöhnliche Funde preisgegeben. 1974 stießen Bauern, die einen Brunnenschacht bohrten, auf einem Gelände, das heute »Grube 1« genannt wird und etwa einen Kilometer östlich des Hügels liegt, auf ein Heer von etwa 6000 Terrakotta-Soldaten, alle in Überlebensgröße. In Schlachtordnung aufgestellt und einst mit wirklichen Waffen in den Händen, hatten sie zwanzig Jahrhunderte lang das Grab des Kaisers bewacht. Ihre Gesichter, von denen nicht zwei einander gleichen, zeigen auf gespenstische Art die individuellen Physiognomien lebendiger Menschen.

Ein schmaler Pfad führt zu der Grabstätte, die sich einmal als die reichste Gruft Chinas erweisen könnte. Der noch unausgegrabene Hügel erhebt sich über dem Grab, in dem Chinas erster Kaiser Shi Huangdi ruht. Er starb vor mehr als 2000 Jahren.

Geisterkrieger entsteigen dem Nebel der Vergangenheit: Jeder dieser Terrakotta-Soldaten, die als unterirdische Wächter für Shi Huangdis Grab Posten standen, hat seine eigene Physiognomie. Hier ein Wagenlenker, gefolgt von Offizieren. Die Halsbinden wurden verwendet, damit die Rüstung nicht scheuerte.

Diese phantastische Armee von Tonsoldaten läßt für das Grab selbst einiges erwarten, obwohl durchaus die Möglichkeit besteht, daß es schon von Räubern geplündert wurde. Vor etwa 2000 Jahren hat Sima Qian, ein Historiker der Han-Zeit, die Ausstattung der Gruft beschrieben. Nach seiner Schilderung arbeiteten Hunderttausende von Arbeitern an der Grabanlage, und man scheute weder Aufwand noch Mühe. Künstler malten einen sternfunkelnden Himmel an die Decke, während den Boden ein dreidimensionales Modell der kaiserlichen Domänen zierte mit Nachbildungen der Paläste, Türme und anderen Gebäude. Diese standen in einer von silbernen Flüssen durchzogenen und einem silbernen Meer umgebenen Landschaft. Für die Darstellung der Gewässer verwendete man Quecksilber, und ein Mechanismus ließ die Quecksilberströme naturgetreu in ihren Betten fließen.

Shi Huangdi führte umfangreiche Reformen durch, wurde aber später wegen seiner Bücherverbrennung im Jahre 213 v. Chr. verurteilt, mit der er die kritischen konfuzianischen Gelehrten ausschalten wollte.

Um eventuelle Grabräuber zu bekämpfen, wurden gespannte Armbrüste aufgestellt, die ihre tödlichen Bolzen abschossen, sobald ein Eindringling den entsprechenden Mechanismus auslöste. Um größtmögliche Sicherheit zu gewährleisten, sperrte man die unglücklichen Handwerker nach Fertigstellung des Grabes dort ein – ebenso die Konkubinen des Kaisers. Und schließlich wurde das Mausoleum mit Bäumen und Büschen bepflanzt, so daß es wie ein natürlicher Hügel aussah.

Es war die letzte Ruhestätte eines der erbarmungslosesten, energischsten und einflußreichsten chinesischen Herrscher. Geboren etwa 258 v. Chr., wurde Shi Huangdi – damals noch unter dem Namen Zheng – König von Qin zu einer Zeit, da China ein brodelnder Hexenkessel einander bekämpfender Feudalstaaten war. Qin schwang sich durch harten Militarismus, eiserne Disziplin und strikte Gesetzestreue zum mächtigsten dieser Staaten auf. Der Staat war nach den Grundsätzen autokratischer Herrschaft, strenger Gesetze und schwerer Strafen geordnet. Im Jahre 221 v. Chr. hatte Zheng »wie ein Seidenwurm, der Blätter verzehrt« Qin zum Sieg über all seine Rivalen geführt.

Chinesisches Fußvolk aus Qin. Hinter der Spitze der Abteilung ein vierspänniger Wagen, dahinter das Gros der Truppe in Reih und Glied.

Als Shi Huangdi, Chinas Erster Kaiser, reformierte Zheng das Reich nach seinen eigenen Vorstellungen. Beraten von seinem klugen Großkanzler Li Si, schuf er eine straffe Zentralverwaltung, zerschlug das Feudalsystem und zwang die adeligen Familien, sich in seiner Hauptstadt Xianyang, heute Teil von Xi'an, niederzulassen. Er standardisierte Gewichte, Maße und das Münzwesen, ja sogar die Länge der Wagenachsen. Im Norden koordinierte er die regionalen Verteidigungsmaßnahmen und erbaute die große Mauer zur Abwehr der Überfälle barbarischer Nomaden.

Zwar war Shi Huangdi pragmatisch und von großer Tatkraft, aber auch ungeheuer

abergläubisch. Er beschäftigte an die 300 Astrologen, die für ihn den Himmel beobachten mußten. Seine Todesfurcht beherrschte ihn vollständig – nicht ganz zu Unrecht, wie drei Attentate auf ihn bewiesen. Auf seiner Suche nach dem ewigen Leben rüstete er eine Expedition zu einer sagenhaften Insel vor der Ostküste Chinas aus, die, wie es hieß, von Unsterblichen bewohnt wurde, die im Besitz eines Lebenselixiers waren. Die Expeditionsteilnehmer kehrten freilich nie zurück.

210 aber starb der Kaiser an einer Krankheit, während er seine Ostprovinzen bereiste. Er wurde heimlich in seine Hauptstadt überführt und in seinem vorbereiteten Grab bestattet.

Mehr als zwei Jahrtausende blieb Shi Huangdis letzte Ruhestätte unter dem Erdhügel begraben. Aber seit 1974 haben Ausgrabungen in Grube 1 und zwei anderen benachbarten Gruben nicht nur Tausende von Tonkriegern freigelegt, sondern auch Wagen, Bogen, Pfeile, Speere, Schwerter, landwirtschaftliche Geräte aus Eisen, Bronzepferde und Leder- und Bronzebroschen.

Betrachtet man diese Phalanx von Phantom-Kriegern, so staunt man über die gute Ausrüstung und Disziplin des Qinheeres. Noch mehr aber darüber, bis wohin ein Mensch sich versteigen konnte, nur um sein Grab und seine Reise ins Jenseits abzusichern.

Heute, mehr als 2000 Jahre nach dem Tod ihres Herrschers, hat die Terrakotta-Armee dem »Tiger von Qin« weltweiten Ruhm eingebracht – vielleicht doch eine Art Genugtuung für einen Mann, der glaubte, seine Dynastie würde 10 000 Generationen überdauern, obwohl sie gerade fünfzehn Jahre lang regierte.

Die leeren Hände der Tonsoldaten trugen einst echte Waffen. Die heute überdachte Grube besteht aus elf parallelen Gängen, jeder an die 200 Meter lang.

Zeittafel

v. Chr.

247	Der dreizehnjährige Zheng wird zum König des Staates Qin gekrönt und beginnt mit dem Bau seines Grabes.
221	Zheng eint China und herrscht als Shi Huangdi, der Erste Kaiser.
210	Shi Huangdi stirbt eines natürlichen Todes und löst eine politische Krise aus.
206	Die Han-Dynastie löst die Qin-Dynastie ab.

n. Chr.

1974	Beim Graben eines Brunnens am Berg Li entdecken Bauern Terrakotta-Soldaten, an der Stelle, die heute Grube I heisst.
1976	Zwei weitere Gruben mit noch mehr lebensgrossen Tonfiguren werden entdeckt.
1979	Des Kaisers Terrakotta-Armee wird zum erstenmal dem Publikum zur Besichtigung freigegeben.
1980	Im Westen des Grabhügels entdeckt man ein Paar Bronzequadrigen, jede mit einem Wagenlenker besetzt.

Die Pyramiden von Gizeh

»Eine Treppe zum Himmel ist bereitet.
Steige alsbald empor ...«

Aus dem Pyramidentext Nr. 619.

Kairos wimmelnde Vorstädte sind kein besonders verheißungsvoller Auftakt für eine Reise, die 4500 Jahre in die Vergangenheit zurückführt: zu dem einzigen der insgesamt Sieben Weltwunder der Antike, das die Zeiten überdauert hat. Sobald die Bezirke mit modernen Bauten abrupt aufhören und die Wüstenstreifen des Plateaus von Gizeh in der Ferne auftauchen, erkennt man die mächtigen Pyramidensilhouetten am Horizont. Wenn ihre scharfumrissenen Konturen auf der einen Seite vom Sonnenlicht vergoldet und auf der anderen von gezackten schwarzen Schatten verdüstert werden, sehen sie von weitem wie riesige, halb im Wüstensand vergrabene Diamanten aus.

Drei Pyramiden stehen bei Gizeh. Sie alle wurden von Königen der vierten Dynastie erbaut – einer Epoche, die man als das »Alte Reich« bezeichnet (ca. 2575–2130 v. Chr.). Die älteste und größte ist die Große Pyramide, die 147 Meter hoch aufragt und für König Khufu errichtet wurde, besser bekannt unter seinem griechischen Namen »Cheops«. Genau südlich davon erhebt sich die Pyramide von Khufus Sohn und Nachfolger Khafre (griechisch Chephren). Sie wirkt, obwohl etwas niedriger als die Große Pyramide, doch größer, da sie etwas höher liegt. Die dritte Pyramide, deutlich kleiner als die beiden anderen, wurde von König Menkaure (griechisch Mykerinos), wahrscheinlich einem Bruder Khafres, erbaut. Zusammen bilden sie das größte Bauensemble der Welt und haben als machtvolles Symbol des alten Ägypten und

Als Symbole der Ewigkeit liegen die Pyramiden von Gizeh einige Kilometer westlich des Nils am Rande Kairos. In der Mitte des dritten Jahrtausends v. Chr. erbaut, waren sie für die Römer bereits ebenso alt, wie es die römische Kultur für uns Heutige ist. Sie sind nach den Pharaonen, ihren Erbauern, benannt - von rechts nach links: Khufu-, Khafre- und Menkaure-Pyramide.

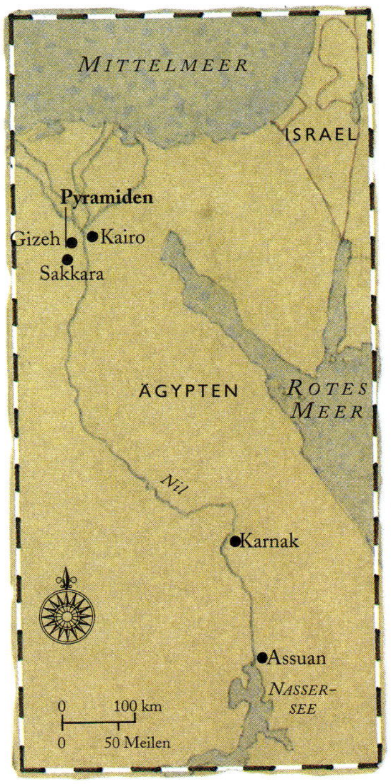

seiner Gottkönige, der Pharaonen, die Zeiten überdauert.
In anderen Kulturen, alten und neuen, handelt es sich bei großen Monumentalbauten meist um Tempel, Paläste oder Vergnügungsstätten. Die Pyramiden jedoch gehen über solche bloß zeitlichen Funktionen hinaus. Es sind Häuser der Ewigkeit, gigantische Gräber, erbaut für den König, der durch sie ins Jenseits eintreten und dort fortleben sollte. Für viele historische Beobachter aber, unter anderem den römischen Naturkundigen Plinius den Älteren (23–79 n. Chr.), waren die Dimensionen dieser Grabdenkmäler dermaßen überwältigend, daß sie es vorzogen, sie als Symptome des Größenwahns aufzufassen.
Tatsächlich haben in Superlativen schwelgende Statistiken immer wieder illustriert, was man eine pharaonische »Folie de grandeur« nennen könnte. So haben Gelehrte ausgerechnet, daß die Große Pyramide ursprünglich aus etwa 2 300 000 Steinblöcken bestand, die im Durchschnitt jeweils zwei Tonnen wogen. Man hat geschätzt, daß diese einzige Pyramide den Petersdom in Rom, die St. Pauls Cathedral und Westminster Abbey in London gleichzeitig schlucken könnte und dann noch Platz für die Dome von Florenz und Mailand hätte.
Napoleon soll während des Feldzugs in Ägypten (1798–1799) seinen Offizieren vorgerechnet haben, daß man aus dem Gestein der Pyramiden eine drei Meter hohe und dreißig Zentimeter breite Mauer um ganz Frankreich ziehen könnte.
Das Urteil des Plinius über die Pyramiden jedoch lautete: »Eitle, überhebliche Zeugnisse einer vermessenen Selbstdarstellung.« Doch läßt sich zu ihren Gunsten anführen, daß sie Zehntausenden von Menschen Brot und Arbeit gaben, besonders während der dreimonatigen Periode der alljährlichen Nilüberschwemmung, in der jede Feldarbeit im Flußtal ruhte.
Da im Glauben der Ägypter den Gräbern eine Schlüsselrolle für das Wohl und Wehe der Abgeschiedenen zukam und auch die Lebenden vom Segen profitierten, den die halbgöttlichen Pharaonen aus dem Jenseits stifteten, war der Bau der Pyramiden für das ganze Volk von praktischem Nutzen. Sie waren der Stolz aller Ägypter, wie der Parthenon der Stolz der alten Athener war.
Wenig weiß man über die drei Pharaonen, die die Pyramiden erbauten. Ihre Mumien

König Khafre war der erste Herrscher der 4. Dynastie Ägyptens. Er erbaute die zweite Pyramide von Gizeh. Diese schwarze Diorit-Statue zeigt ihn auf dem Thron sitzend. Hinter seinem Kopf steht der Falkengott Horus, der ihn mit ausgebreiteten Flügeln beschützt.

Die geheimnisvoll erleuchtete Große Galerie führt ins Herz der Großen Pyramide. Mehr als 45 Meter lang und fast neun Meter hoch, besteht die Galerie aus Kalkmauern mit einem überkragenden Gewölbe. Sie verbindet den aufwärtsführenden Korridor mit der Königskammer, wo der Leichnam des Königs aufgebahrt wurde.

Zwar fehlen ihr Bart und Nase, aber auf dem Antlitz der Sphinx liegt immer noch eine unbeschreibliche, geheimnisvolle Ruhe. Für den französischen Schriftsteller Alexandre Dumas war sie ein »gigantischer Hund, der seine Herde aus Granit bewacht«. Aus Kalkstein gehauen, erhebt sich die große Sphinx zwanzig Meter hoch und verkörpert einen Aspekt des Sonnengottes. Sie trägt das Antlitz eines Pharaos der 4. Dynastie, vermutlich Khafres, da sie neben dem Taltempel und der Allee der Khafrepyramide steht, die auf dem Bild hinter ihr emporragt.

wurden nie gefunden. Denn die Grabkammern der Pyramiden waren längst von Räubern geplündert, noch ehe sie der erste Archäologe betrat – vermutlich schon in den ersten drei Jahrhunderten nach ihrer Errichtung. Und das geschah trotz aller Versuche der Architekten, die Eingänge zu tarnen und die Gänge mit Granitblöcken zu versperren. Immer wieder in der Geschichte Ägyptens setzten Räuber Leib und Leben daran, die Grabbeigaben zu stehlen, besonders wertvollen Schmuck und Juwelen, die in dem Grab deponiert worden waren.

In welcher Gestalt lebten die toten Pharaonen im Jenseits weiter? Man weiß nicht genau, wie die Ägypter darüber dachten. Ihre Texte sprechen von einem immateriellen Geist, dem sogenannten »Ba«, der im Tod den Körper verließ, jedoch der Erhaltung des stofflichen Körpers bedurfte, um fortzuleben. Das erklärt den ungeheueren Aufwand, den die Ägypter trieben, um den Leichnam einzubalsamieren und vor jeder Gefahr zu schützen. Weiterhin gab es in ihrer Glaubenswelt eine Wesenheit namens Ka, eine Art persönlicher Lebenskraft, manchmal »Seele« und »Persönlichkeit« oder auch »Selbst« genannt, die mit der Geburt des Menschen ins Dasein trat und nach dem Tod fortlebte. Regelmäßige Gaben von Speise und Trank, auch in Form von an die Grabwände gemalten Symbolen, dienten dazu, den Ka am Leben zu halten. Ein ägyptischer Name für »Grab« war auch »Haus des Ka«. So war also das Grab nicht nur ein Aufbewahrungsort für den Leichnam, sondern auch ein Raum, in dem das Unsterbliche des Königs wohnte. Dieser mußte daher mit allen Annehmlichkeiten

Die Sonnenbarke König Khufus, das älteste erhaltene Schiff der Welt, wurde 1954 in zerfallenem Zustand in einer Grube bei der Großen Pyramide gefunden. Das 42 Meter lange Schiff sollte den König ins Jenseits tragen.

des Lebens versehen werden, damit auch im Jenseits eine seinem Rang entsprechende Lebenshaltung gesichert war.
Ironischerweise zogen gerade die Luxusgegenstände, die im Grab deponiert wurden und die den König nach dem Tod erfreuen sollten, Grabräuber an, die nicht nur die Gräber plünderten, sondern auch die Mumien zerstörten. Niemals ließen sie sich durch physische Hindernisse aufhalten, und auch durch magische Zeichen und Formeln an den Grabwänden waren sie nicht abzuschrecken. Vielmehr gingen sie mit vollkommener Pietätlosigkeit zu Werk und zerhackten hemmungslos die mit Binden umwickelten, einbalsamierten Leichname, um an den überall am Körper angebrachten Schmuck zu kommen. Und in einem Gemeinschaftsgrab in Theben in Südägypten fanden die Archäologen Hinweise darauf, daß die Räuber Kindermumien angezündet hatten, um für ihr verbrecherisches Treiben genügend Licht zu haben.
Die Techniken des Pyramidenbaus sind immer noch nicht völlig geklärt. Vermutlich wurde der Granit von Assuan im Süden per Schiff flußabwärts herbeigeschafft. Steinbrüche in der Umgebung lieferten Baumaterial für das Innere. Glänzend weiße Tura-Kalksandsteinblöcke aus den Muqattam-Hügeln über dem Nil, Gizeh gegenüber, wurden verwendet, um die Pyramiden mit einer glatten Oberfläche zu überziehen. Diese Verkleidung wurde im Lauf der Jahrhunderte von Generationen zum Bau ihrer Häuser genutzt, so daß heute nur noch ein kleines Stück an der Spitze der Pyramide des Khafre übrig ist. Wie es scheint, wurden die Steinblöcke von Scharen von Arbeitern mit Seilen, Schlitten und Walzen zur Baustelle transportiert. Über Lehmrampen, die man mit Wasser gleitfähig machte, zog man dann die Steine hinauf.
Bei allen drei Pyramiden führten Zugänge zur Grabkammer des Pharao. In den Pyramiden des Khafre und Menkaure wurden die Kammern aus der Felsunterlage herausgehauen, während in der des Khufu die Königskammer im Zentrum des Baus liegt. Man erreicht sie durch einen abwärtsführenden Korridor, der etwa siebzehn Meter über dem Erdboden beginnt und nach unten führt. Heutige Besucher

Die Stufenpyramide von Sakkara, einige Kilometer südlich Gizehs gelegen, war ein Vorläufer der eigentlichen, glatten Pyramide. Die Sakkara-Pyramide, das Grab Djosers, des zweiten Königs der 3. Dynastie (ca. 2650–2575), ist der älteste Steinbau dieser Größe. Ihre Form entwickelte sich aus dem Mastaba-Grab, einem einfachen, länglichen Bau, der eine darunterliegende Grabkammer bedeckte.

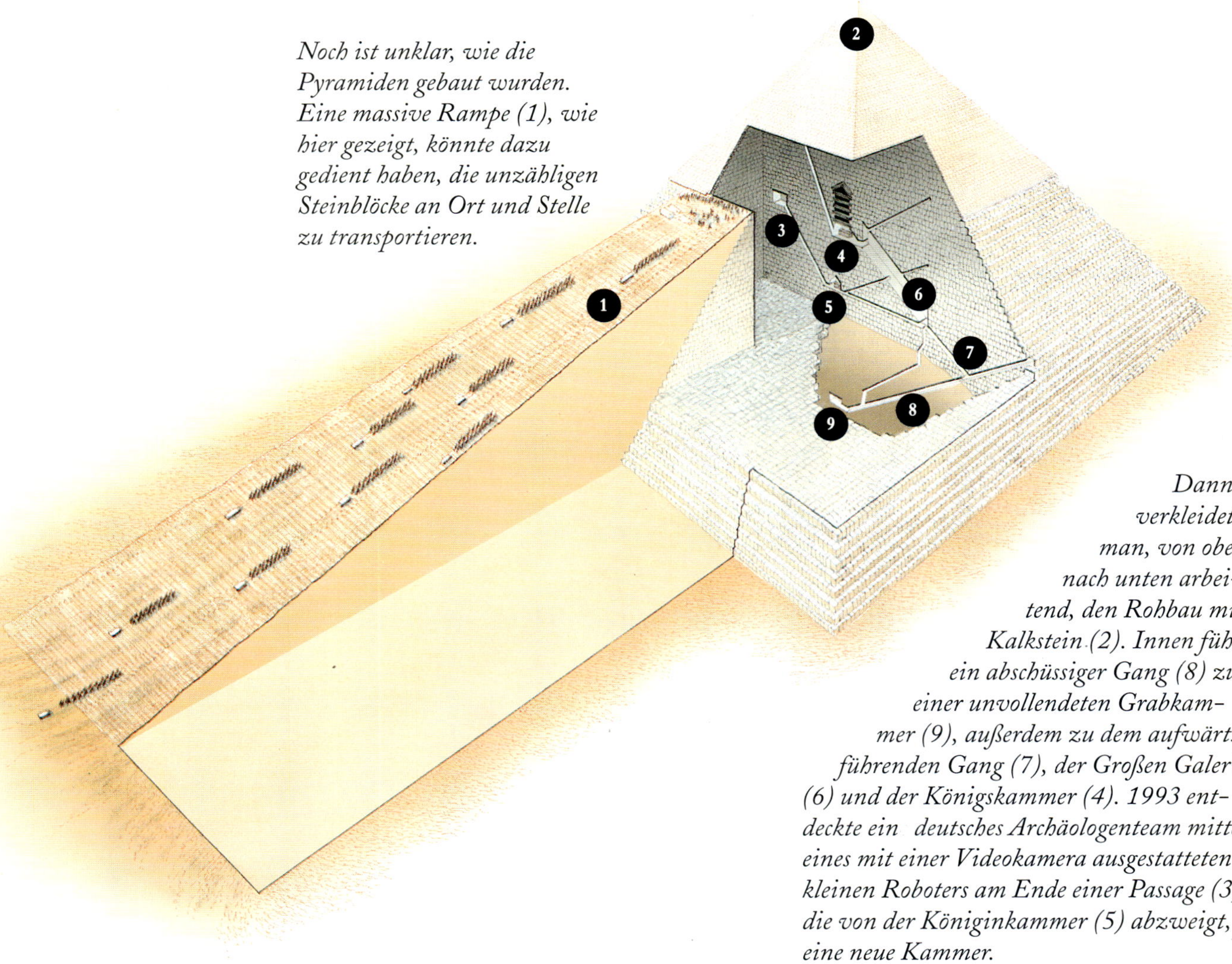

Noch ist unklar, wie die Pyramiden gebaut wurden. Eine massive Rampe (1), wie hier gezeigt, könnte dazu gedient haben, die unzähligen Steinblöcke an Ort und Stelle zu transportieren.

Dann verkleidete man, von oben nach unten arbeitend, den Rohbau mit Kalkstein (2). Innen führt ein abschüssiger Gang (8) zu einer unvollendeten Grabkammer (9), außerdem zu dem aufwärtsführenden Gang (7), der Großen Galerie (6) und der Königskammer (4). 1993 entdeckte ein deutsches Archäologenteam mittels eines mit einer Videokamera ausgestatteten kleinen Roboters am Ende einer Passage (3), die von der Königinkammer (5) abzweigt, eine neue Kammer.

gelangen durch einen Zugang ins Innere, der im Mittelalter von Eindringlingen ausgehauen wurde.

Von diesem Zugang zweigt ein anderer, aufwärts führender Korridor in stumpfem Winkel zum Zentrum der Pyramide ab und führt in die 46 Meter lange »Galerie«. Diese ist knapp neun Meter hoch, hat Wände aus poliertem Kalkstein und ein Kraggewölbe.

Von der Galerie geht es dann schließlich zur Königskammer, einem aus Granit gebauten Raum mit einem Grundriß von etwa zehn mal fünf Metern und fast sechs Metern Höhe. Der Granitsarkophag, der einst die Mumie des Königs barg, steht dicht an der Westwand. Er ist längst leer, und niemand weiß, welches Schicksal die Grabschänder der Mumie bereitet haben mögen.

Warum haben die Ägypter für ihre Königsgräber gerade die Form der Pyramide gewählt? Die Historiker vermuten, daß sich die »echte« Pyramide mit glatten Seiten aus der »Stufenpyramide« entwickelt haben dürfte. Das besterhaltene Beispiel für eine solche ist die Pyramide des Königs Djoser, des zweiten Königs der dritten Dynastie (ca. 2650–2575 v. Chr.), in Sakkara, einige Kilometer südlich von Gizeh. Die Stufenpyramide ihrerseits ist wohl eine erweiterte Version der sogenannten Mastaba, eines Grabtyps, der aus einem niedrigen, rechteckigen Ziegelbau über einer aus dem Fels gehauenen Grabkammer besteht. Ein Schacht führt von diesem Ziegelbau ins Grab selbst hinunter.

Der britische Ägyptologe I. E. S. Edwards vertritt die These, daß die Pyramiden eine vorwiegend symbolische Bedeutung hatten. Denn die Dreiecksform der Pyramide erinnert an eine himmelwärts führende Treppe, und diese Vorstellung entspricht dem ägyptischen Sonnenkult.

Die Sonne wurde in verschiedenen Variationen verehrt, vor allem in Gestalt des Gottes Re, der, wie man glaubte, täglich in seiner Barke über den Himmel segelte – ein naheliegendes Bild in einem Land, in dem der Nil den Hauptverkehrsweg bildete. Im

Sphinx und Pyramide, hier von dem britischen Künstler David Roberts 1849 dargestellt, beschäftigten die Phantasie vieler Reisender im 19. Jahrhundert. Eine ganze Reihe von ihnen erstieg die Spitze der Großen Pyramide, um die großartige Aussicht zu genießen. 1843 entzündete der deutsche Ägyptologe Richard Lepsius sogar ganz oben ein Feuer und feierte Weihnachten.

Sonnenstrahlen, die durch die Wolken brechen (rechts), könnten für die Form der Pyramiden Modell gestanden haben. Pyramidentexte sprechen für diese Vermutung. Dort heißt es: »Diesen Deinen Sonnenstrahl habe ich mir als Treppe unter die Füße gelegt, um darauf emporzusteigen…«

Lauf der Zeit absorbierte dieser Kult Elemente des Osiriskults und wurde schließlich ganz von diesem überlagert. Von Osiris heißt es in der Mythologie, er sei von seinem Bruder Seth ermördet worden.

Und während Isis, Gattin und Schwester des Osiris, die Totenwache hielt, fand der furchtbare Seth den Leichnam, riß ihn in Stücke und verstreute die Teile anschließend über ganz Ägypten. Aber Isis erweckte den Leichnam des Gatten zu neuem Leben, und Osiris wurde König im Totenreich. Horus, Sohn des Osiris und der Isis, rächte den Vater und wurde der neue König.

Beide, Re und Osiris, verkörperten für die Ägypter ein persönliches Weiterleben nach dem Tod, sofern man die vorgeschriebenen Bestattungsrituale vollzog. Im Sonnenkult war die Unsterblichkeit zunächst nur das Privileg der Angehörigen der königlichen Familie. Nach dem Tod reiste der König zu einer im Osten gelegenen Himmelsregion, wo er sich Re auf dessen täglicher Fahrt über den Himmel anschloß.

Nach einer Inschrift, die man in Pyramiden der Spätphase des Alten Reiches fand, führt der Weg zum himmlischen Reich über eine »Treppe«. Es könnte daher gut sein, daß die Stufenpyramide als steinerne Treppe zum Himmel gedacht war.

Die Form der Pyramide erinnert weiterhin an das kegelfömige, »Benben« genannte Symbol des Sonnengottes, wie es sich in dessen Tempel zu Heliopolis östlich von Gizeh findet. Edwards vermutet, daß sowohl die Pyramide als auch das Benben einem Naturphänomen nachgebildet sind, das manchmal in Gizeh zu bewundern ist. Dann brechen Sonnenstrahlen wie ein spitzer, dreieckiger Lichtschacht durch die Wolken und bilden eine eindrucksvolle Lichtpyramide. Ganz phantastisch ist diese Idee keineswegs, gibt es doch Pyramidentexte, die davon sprechen, daß der König auf einer »Rampe« aus Sonnenlicht in den Himmel emporsteigt. Vielleicht hat ein solcher Strahl als Inspiration vom Himmel einem Baumeister jene Form offenbart, die er zum ewigen Denkmal verwirklichte.

Zeittafel

v. Chr. (ca.)

2630 Bau der Stufenpyramide von Sakkara durch König Djoser, 3. Dynastie.

2575 Beginn des Alten Reiches der ägyptischen Geschichte.

2575–2465 Regierungszeit der Könige der 4. Dynastie. In dieser Periode wurden die Pyramiden von Gizeh errichtet.

2130 Ende des Alten Reiches.

n. Chr.

1798 Napoleon Bonaparte auf seinem Feldzug in Ägypten. Die ihn begleitenden Wissenschaftler und Gelehrten beginnen mit ihrer ausführlichen Bestandsaufnahme der alten Monumente Ägyptens.

1818 Der italienische Ägyptologe G.B. Belzoni entdeckt den Eingang zur Khafre-Pyramide.

1880 Der britische Ägyptologe Sir Flinders Petrie macht sich an seine bahnbrechende Untersuchung der Grossen Pyramide.

1993 Mit einem Miniaturroboter und einer Videokamera entdeckt ein deutsches Team in der Grossen Pyramide eine weitere Kammer .

OSEBERG

»Alsbald brachte man sie zum Schiff. Sie streifte ihre zwei Armreifen ab und gab sie der alten Frau, dem ›Engel des Todes‹, der sie töten sollte…«

BESCHREIBUNG EINES LEICHENBEGÄNGNISSES VON WIKINGERN IN RUSSLAND IM JAHR 922 DURCH DEN ARABISCHEN DIPLOMATEN IBN FADLAN.

Wer das Wikingerschiff-Museum in Oslo besucht und das schlanke, Schiff betrachtet, das aus einem Grabhügel bei Oseberg, 65 Kilometer südlich der Stadt, geborgen wurde, der gewinnt einen nachhaltigen Eindruck von der Kraft und Schönheit der Wikingerschiffe. Diese stehen symbolhaft für die Epoche der Wikinger (ca. 800–1100 n. Chr.) und damit für eine der ungewöhnlichsten Phasen der europäischen Geschichte.

Das Oseberg-Schiff ist 22 Meter lang und fünf Meter breit, aus Eichenholz gezimmert und mit kunstvollen Schnitzereien verziert. So pflügte es durch die eisigen Wogen des Nordmeers, und sein hochaufragender Steven erhob sich wie ein Drache über die schäumende Flut.

Die Wikinger oder Nordmänner (Normannen) waren verwegene heidnische Krieger aus Skandinavien, die ab etwa 800 fast drei Jahrhunderte lang Jahr für Jahr auf ihren seetüchtigen Schiffen auf Raub auszogen. Grundlage ihrer Seemacht war das Langskip, das »lange Schiff«.

Dieses Langschiff, ausgestattet mit einem großen, rechteckigen Rahsegel und einer Ruderreihe, war schnell und wendig. Mit seinem flachen Kiel erlaubte es den Wikingern, die Flüsse weit hinaufzufahren

Das Oseberg-Schiff in neuem Glanz im Wikingerschiffsmuseum. Es ist etwa 22 Meter lang und an die 1200 Jahre alt. Dieses »Drachenschiff«, mit dem man segeln und rudern konnte, war kultischer Bestandteil der Begräbnisriten für eine Frau, möglicherweise eine Wikingerkönigin.

Furchterregende geschnitzte Drachenköpfe setzten die Wikinger auf die hochaufragenden Steven ihrer Schiffe, wenn es ins Gefecht ging. Der überaus feinen Schnitzkunst wegen wurde der unbekannte Schöpfer »der Akademiker« genannt.

und tief im Innern an Land zu gehen, um sogar große Städte wie Paris und London zu überfallen. Dieses Schiff spielte die entscheidende Rolle nicht nur im Leben der Wikinger, sondern auch im Tod. Zwar variieren deren Begräbnisriten von Region zu Region, doch überall in ihren Gemeinschaften wurde das Schiff, real oder symbolisch, klein oder groß, vergraben oder verbrannt als letzte Ruhestätte ihrer Toten.
Einige Begräbnisstätten, etwa jene von Oseberg und nahe Gokstad, enthielten wirkliche, in Erdhügeln vergrabene Boote. Anderenorts, z. B. auf der Insel Gotland oder bei Lindholm Høje in Dänemark, sind die Gräber durch Steinsetzungen in Form von Schiffen markiert. Manche Schiffsgräber wurden verbrannt, andere blieben ganz und wurden vergraben – mit Gaben beladen, die die Abgeschiedenen ins Leben nach dem Tod begleiten sollten.

Aber das Oseberg-Schiff erblickte wieder das Licht des Tages, als Landarbeiter im Jahre 1903 einen grasbewachsenen Hügel, etwa sechs Meter hoch und knapp vierzig Meter im Durchmesser, aufgruben, der sich aus einer Ebene am Flußufer erhob. Am 8. August berichtete man Gabriel Gustafsson, dem Direktor des archäologischen Museums in Oslo, man habe einen Erdhügel mit einem Schiff entdeckt. Ohne Aufschub organisierte er die notwendigen Ausgrabungsarbeiten.
Aber zu seiner großen Überraschung fand Gustafsson nicht nur ein prächtiges, mehr als tausend Jahre altes Schiff, sondern auch unglaublich reiche Grabbeigaben, viele davon von hohem künstlerischem Wert. Im Sommer 1904 machte er sich mit einem großen Team endgültig an die Arbeit.
Obwohl bereits im Mittelalter Räuber ins Grab eingedrungen waren, hatten Torf und

So mag das Oseberg-Schiff auf hoher See ausgesehen haben. Das Wikingerschiff, das die nordischen Dichter als »Ruderroß« oder »den Ozean pflügenden Stier« bezeichneten, war eine gefürchtete Waffe. Ein irischer Mönch aus dem 9. Jahrhundert schrieb an den Rand seines Manuskripts: »Der Sturm geht wild heute Nacht und peitscht die Wellen. So besorge ich nicht, daß die Wikingerhorden an dieser Küste landen.«

blauer Lehm um das Schiff herum dieses selbst und seinen Inhalt bemerkenswert gut konserviert. Man fand Walnüsse, Weizen und eine Kiste mit wilden Äpfeln, dazu die größte Sammlung an Holzgegenständen, die jemals in einem Wikingergrab entdeckt wurde. Darunter befanden sich ein fein geschnitzter, vierrädriger Wagen, Eimer, Fässer, Betten, Schlitten, Kisten, Schachteln und ein Stuhl. Am eindrucksvollsten aber waren Holzpfosten, deren Enden in zähnefletschenden Tierköpfen ausliefen.

Die Archäologen fanden außerdem die Gebeine zweier Frauen in einer Grabkammer am Heck des Schiffes, zusammen mit Kissen, Decken und Daunen. Die eine war etwas älter, die andere mußte nur zwischen 25 und 30 Jahre alt geworden sein. Da sich die Räuber vor allem für die jüngere interessiert hatten – was aus dem traurigen Zustand ihrer sterblichen Überreste hervorging –, vermuten die Historiker, daß es sich um eine edelgeborene Frau, wahrscheinlich aus königlicher Familie, handelte und daß dieses prächtige Begräbnis für sie veranstaltet worden war. Manche glauben sogar, es könnte sich um Königin Asa handeln, die Großmutter Harald Schönhaars, der Ende des 9. Jahrhunderts einen Großteil Norwegens unter seine

Herrschaft brachte. In diesem Fall war die ältere Frau vielleicht ihre Dienerin, die ihre Herrin ins Leben nach dem Tod begleitete. Aus den archäologischen Funden lassen sich die Begräbnisriten in Oseberg leider nicht rekonstruieren. Indessen dürften sie ähnlich gewesen sein wie jene, die der arabische Diplomat Ibn Fadlan 922 bei schwedischen Wikingersiedlern an der Wolga miterlebte und beschrieb. Nach Ibn Fadlan wurde zuerst das Schiff des Toten an Land gezogen und zur Aufnahme des Leichnams vorbereitet. Sodann holte man den Verstorbenen aus seinem provisorischen Grab und kleidete ihn in ein Totengewand. Der Leichnam wurde zusammen mit Früchten, Fleisch, Brot, Getränken und Waffen ins Schiff gelegt.

Hierauf tötete eine alte Frau, der »Engel des Todes«, in einer feierlichen Zeremonie auf dem Schiff eine Sklavin des Toten, während Männer an ihre Schilde schlugen, um die Schreie des Opfers zu übertönen. Zuletzt wurde das Schiff mit brennenden Holzbündeln in Brand gesteckt.

Das Oseberg-Schiff wurde zwar nicht verbrannt, enthielt aber wie das Wolgaschiff Nahrungsmittel und zwei Leichname, einer davon wahrscheinlich der einer Dienerin. Es wurde um 800 erbaut und fünfzig Jahre später, kurz vor dem Begräbnis, repariert. Vielleicht hatte man es eigens für seine letzte Reise ins Jenseits überholt.

Die Tatsache, daß es sich bei der Mehrzahl der bekannten Wikingergrablegen um Schiffsgräber handelte, daß aber auch Pferd und Wagen mit ins Grab gegeben wurden, legt den Schluß nahe, daß der Tod als erste Etappe einer Reise ins Jenseits betrachtet wurde. Für die Wikingerhelden, die auf dem Schlachtfeld den Tod fanden, war dieses Jenseits Walhalla, ein Ort der Freude und endloser Festgelage in Gegenwart Odins, des höchsten Gottes.

Unter den Grabbeigaben im Oseberg-Schiff befand sich unter anderem auch ein zweischneidiges Schwert, dessen Griff oben abgebildet ist. Auch Äxte und Speere nahmen die toten Wikinger mit ins Jenseits.

Gabriel Gustafsson, dritter von links, in seinem Team, aufgenommen 1904 während der Ausgrabungsarbeiten.

ZEITTAFEL

N. CHR. (CA.)

800 –1100	DAS ZEITALTER DER WIKINGERZÜGE.
800	BAU DES OSEBERG-SCHIFFES.
850	VERMUTLICH WURDE DAS SCHIFF NOCH ÜBERHOLT, BEVOR MAN ES MIT DEN LEICHEN DER BEIDEN FRAUEN BEGRUB.
922	IBN FADLAN WIRD AUGENZEUGE EINES WIKINGERBEGRÄBNISSES AN DER WOLGA.
1903	GABRIEL GUSTAFSSON HÖRT AM 8. AUGUST VON BERICHTEN ÜBER DAS OSEBERG-SCHIFF-BEGRÄBNIS.
1904	VOM 6. MAI BIS ZUM 16. SEPTEMBER FINDEN AUSGRABUNGEN AN DEM HÜGEL STATT.

Die Zeit der Wikinger

Vom 8. bis zum 11. Jahrhundert schwärmten die Wikinger aus Skandinavien in ferne Länder aus. Für diese kriegerischen Seefahrer waren die Gewässer eine Art Brücke, die sie mit dem christlichen Westeuropa und noch ferneren Ländern verband. Die Motive waren vielseitig. Die meisten gingen auf Raub aus und machten reiche Beute in unverteidigten Klöstern und heiligen Stätten der Christenheit. Andere waren mehr am Handel interessiert, immer bereit, ihre Sklaven, Pelze, Walroßzähne, Salzfische und Seehundfelle gegen andere Waren zu tauschen. Wieder andere suchten nach Land, auf dem sie siedeln konnten, etwa Island, Grönland, die Schottland vorgelagerten Inseln und einen Teil Nordwestfrankreichs, der 911 den Nordmännern abgetreten wurde und später als Normandie

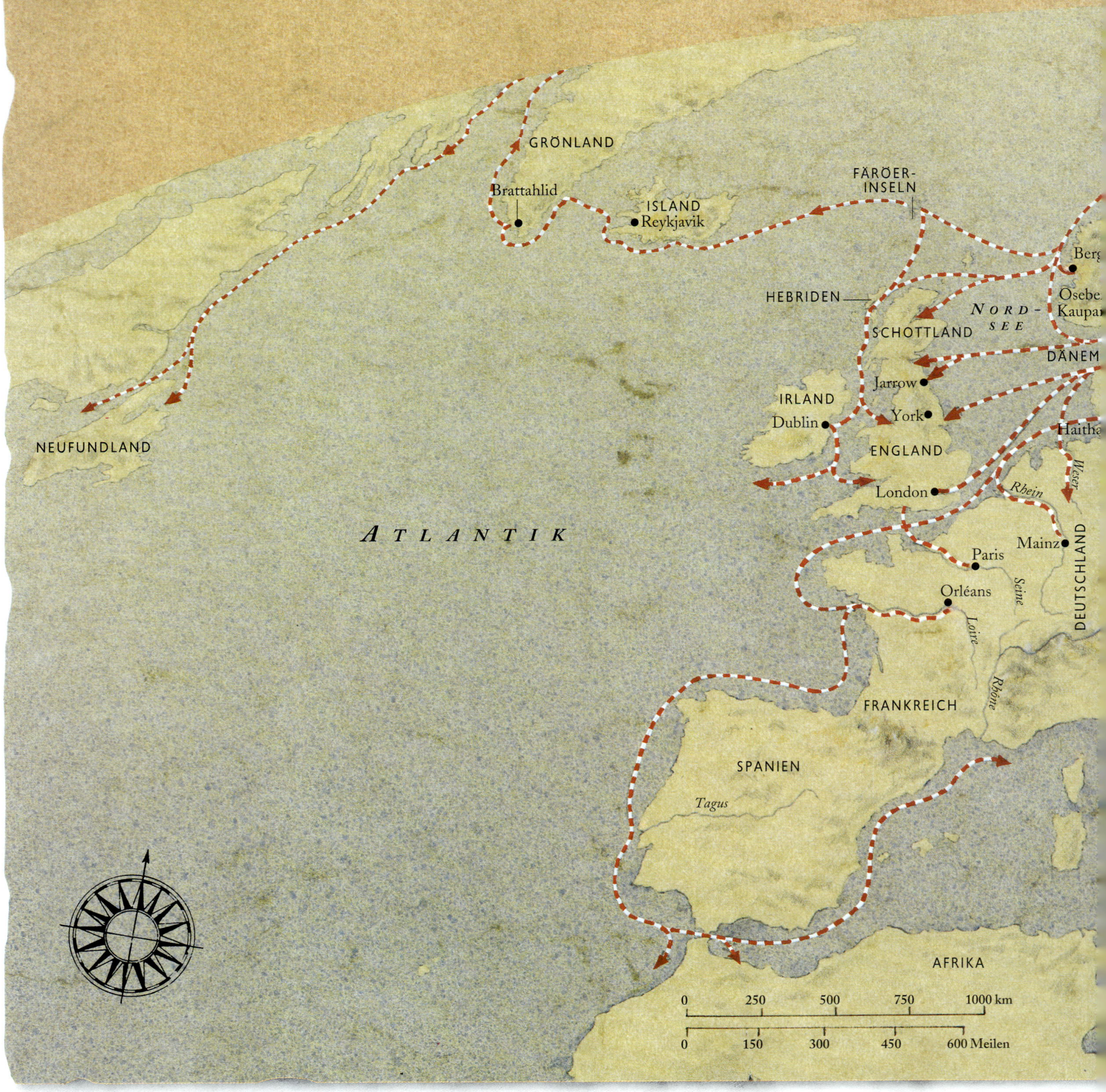

bezeichnet wurde. Ende des 10. Jahrhunderts, Hunderte von Jahren, bevor Christoph Kolumbus die Neue Welt entdeckte, kamen sie sogar bis nach Nordamerika.

Auf Grund des geringen Tiefgangs ihrer Schiffe waren die Wikinger in der Lage, auf den Strömen Europas, z. B. entlang der Loire, der Seine und des Rheins, weit ins Inland vorzustoßen. Die schwedischen Wikinger überquerten die Ostsee und gelangten nach Rußland, wo sie bis zum Kaspischen Meer hinunter Handel trieben und in den Städten Nowgorod und Kiew Gemeinschaften gründeten, die das Land ringsum beherrschten. Manche von ihnen erreichten sogar die byzantinische Hauptstadt Konstantinopel, wo sie als Söldner dienten und schließlich die Elitetruppe des Kaisers, die Waräger-Garde, stellten.

DIE RÖMISCHEN KATAKOMBEN

»Oft stieg ich in die Krypten tief unter der Erde hinab, wo an den Wänden zu beiden Seiten die Toten aufgereiht liegen…«

ST. HIERONYMUS (CA. 342–420) ÜBER DIE KATAKOMBEN VON ROM.

Der italienische Archäologe G. B. de Rossi hatte guten Grund, sich ans Jahr 1849 zu erinnern. In diesem Jahr war ihm nämlich eine Entdeckung gelungen, die sechzehn Jahrhunderte, bis in die Zeit der frühen Christenheit, zurückführte. Vor den Stadtmauern Roms hatte er einen unterirdischen Friedhof gefunden, eine »Katakombe«, die die Leichname einiger Päpste der Frühzeit enthielt. Papst Pius IX. war auf die Kunde von diesem Fund persönlich herbeigeeilt und hatte mit Tränen in den Augen gefragt: »Und dies sind also wirklich die Gräber meiner Vorgänger?«

De Rossi war auf diesen Friedhof aufmerksam geworden, als er im Umkreis einer alten christlichen Kapelle an der Via Appia Nachforschungen betrieb. Dabei war er auf eine Marmorplatte mit der Inschrift »NELIUS MARTYR« gestoßen und hatte daraus den Schluß gezogen, der Stein müsse einst ein christliches Grab bezeichnet haben. Aus schriftlichen Quellen wußte er, daß in der Nähe die noch unentdeckte Katakombe des hl. Callistus liegen mußte, in der mehrere Päpste des 3. Jahrhunderts, darunter auch einer namens Cornelius, begraben lagen.

Die von de Rossi daraufhin begonnenen Ausgrabungen führten zu spektakulären Ergebnissen: Im gespenstischen Dunkel eines Labyrinths unterirdischer Gänge fand er nicht nur eine Marmorplatte mit der Aufschrift »COR«, die genau zu

Im Süden des antiken Rom wurde diese höhlenartige Krypta der Päpste als Stollen in den Erdboden getrieben. Sie ist Teil einer Katakombe aus dem 3. Jahrhundert, die nach dem hl. Callistus benannt ist. Die Katakomben waren unterirdische Friedhöfe, geheiligt durch die Leichname der ersten christlichen Priester und Märtyrer. Sie dienten den Gemeinden auch als Treffpunkte, besonders vor dem 4. Jahrhundert n. Chr. zu Zeiten der Christenverfolgungen.

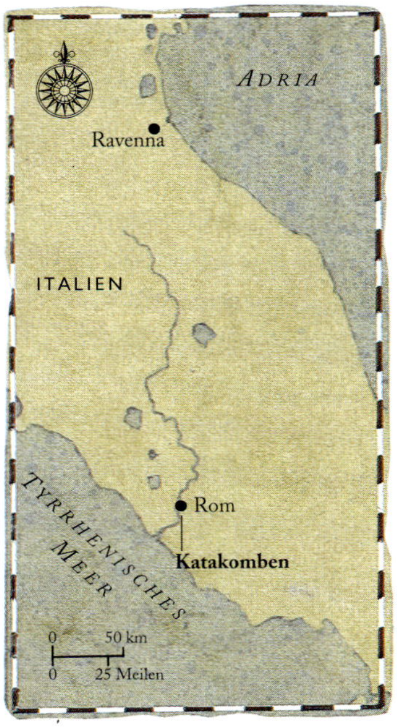

Mit den Worten »komm herauf« erweckte Jesus Lazarus von den Toten. Das Wunder wird im Johannesevangelium (11,1–46) erzählt und in diesem Wandgemälde der römischen Katakombe des Jordani abgebildet. Das Motiv, das Jesu Macht über den Tod demonstriert, war in der Katakombenkunst sehr populär – mehr als fünfzig Darstellungen hat man in römischen Friedhöfen gefunden.

NELIUS MARTYR paßten, sondern auch eine Krypta, in der die Päpste bestattet worden waren.

Eine Katakombe besteht typischerweise aus einem wahren Irrgarten unterirdischer Gänge, die oft auf verschiedenen Ebenen liegen und jeweils zu größeren Kammern führen. Solche Begräbnisplätze finden sich auch in anderen Teilen Italiens, ebenso in Kleinasien, Ägypten, Tunesien und Malta. Doch der Begriff »Katakombe« wurde schließlich zum Synonym für die christlichen Friedhöfe Roms, von denen man an die vierzig gefunden hat. Die ersten gehen bis auf das 2. Jahrhundert n. Chr. zurück und liegen meist in der Nähe der Straßen, die aus dem antiken Rom hinausführten. Denn das römische Gesetz verbot strikt Bestattungen innerhalb der Mauern.

Trotz der seit der Regierung des Kaisers Nero (54–68) bis ins frühe 4. Jahrhundert immer wieder stattfindenden Christenverfolgungen betrachteten die Römer die Katakomben, wie alle Friedhöfe, als sakrosankt. Sie wurden kaum geplündert oder beschädigt. Die bekanntesten und meistbesuchten sind die nach den Heiligen Callistus, Sebastian und Domitilla benannten. Sie liegen an oder dicht bei der Via Appia, die nach Süden aus der Stadt führt. Ihre engen Gänge werden von Reihen rechteckiger Nischen gesäumt, sogenannten Loculi, in denen die in Leichentücher gewickelten und mit Kalk bestreuten Körper von Heiligen, Märtyrern und gewöhnlichen Gläubigen liegen.

Außerdem befinden sich in diesen dunklen Höhlen geräumige Grabkammern – »Cubicula« –, Familiengräber, die ganze Generationen Verstorbener aufnahmen. Fromme Inschriften und christliche Symbole, etwa Fisch und Anker, sowie herrliche Gemälde mit Adam und Eva, der Auferstehung des Lazarus und anderen biblischen Szenen schmücken in leuchtenden Farben die Wände. Sie zeigen, daß die Gräber Stätten frommer Verehrung waren und liebevoll gepflegt wurden.

Den frühen Christen war die würdige Bestattung ihrer Toten eine heilige Pflicht. Nach dem Kirchenvater Tertullian (ca. 160–225) wurde ein Teil des Geldes, das monatlich von den Christengemeinden gesammelt wurde, für Armenbegräbnisse verwendet.

Diese Sorge für die Toten ging auf den christlichen Glauben an die »Auferstehung des Fleisches« und auf die Lehre vom Fegefeuer zurück, jenem Ort oder Zustand, in dem die Toten für ihre Sünden büßen und Strafen erleiden müssen, ehe sie der göttlichen Seligkeit teilhaftig werden können. Dabei helfen ihnen die Gebete der Lebenden. Umgekehrt glaubte man, daß auch die Gebete der Abgeschiedenen den Lebenden von Nutzen sein könnten. So waren die Katakomben für die Gläubigen Orte des geistigen Austauschs zwischen Lebenden und Toten.

In den Katakomben versammelten sich die Christen vor allem, wenn sich der Todestag eines Heiligen, eines Märtyrers oder eines geliebten Menschen jährte. Dort genossen sie ein »Refrigerium« – ein Gedächtnismahl

Auf diesem Bild an einer Katakombendecke wacht Jesus als »Guter Hirte« über seine Herde. Der »Gute Hirte«, das beliebteste Motiv der Katakombenkunst, wird häufig in idyllischer Umgebung dargestellt. Die Gestalt geht auf die Kunst der Antike zurück, in der der Hirte ein Opfertier auf den Schultern trägt. Die frühen Christen aber sahen die Aufgabe des Hirten darin, sein Schaf zu retten, so wie Jesus die Menschen von ihren Sünden errettete.

Die Öffnungen der Loculi füllen den Hauptgang der Katakombe der Priscilla. Die Toten wurden in diese Nischen gelegt, die man dann mit Steinplatten oder Ziegeln versiegelte.

– und feierten die Eucharistie. So durchdrang eine weihevolle Atmosphäre diese heiligen Labyrinthe. In späteren Jahrhunderten zogen Pilger aus ganz Europa nach Rom, nur um diese Katakomben zu sehen. Wie groß der Besucherstrom war, läßt sich an dem Umstand ermessen, daß sogar besondere Reiseführer, sogenannte Itineraria, verfaßt wurden.

Meist wurden die Katakomben von Fossores errichtet, professionellen Erdarbeitern, die die Gänge in das weiche, vulkanische Tuffgestein trieben – häufig auf Grundstücken reicher Privatleute. Oft grub man im rechten Winkel von einem Eingangsstollen abzweigende Korridore und verband sie dann mit parallel laufenden Gängen. Da der Grund kostbar war, legte man auf anderen Ebenen weitere Galerien an – bis zu fünf Stockwerke tief.

Als Rom im 5. Jahrhundert von den Barbarenstämmen bedroht wurde, hörten die Begräbnisse in den Katakomben allmählich auf. 537 wurden die Gräber von den Goten stark beschädigt und 755 von den Langobarden geplündert. Im Mittelalter fielen die Gräber der Vergessenheit anheim. Erst im 16. Jahrhundert lebte das Interesse an ihnen wieder auf, vor allem nach 1578, als Arbeiter an der Via Salaria eine gut erhaltene Katakombe mit vielen Galerien entdeckten. Doch wissenschaftlich fundierte Ausgrabungen begannen erst Mitte des 19. Jahrhunderts.

Auch heute noch liegt eine Aura des Mystischen und Heiligen um die Katakomben. Man braucht nur wenig Phantasie, um sich eine Versammlung von Christen auszumalen, die beim trüben Schein der Fackeln unter einem Fresko mit dem Bildnis Jesu, wie er Lazarus von den Toten auferweckt, Gebete murmeln. Ein Pilger der Frühzeit schrieb an eine Katakombenwand: »Es ist Licht in dieser Dunkelheit, es ist Musik in diesen Grüften.«

Zeittafel

n. Chr.

2. Jh.	Die ersten Katakomben werden ausserhalb der Stadtmauern Roms angelegt.
410	Die Westgoten unter Alarich erobern und plündern Rom.
5. Jh.	Allmählicher Verfall der Katakomben.
537	Goten plündern die Katakomben.
755	Langobarden rauben die Gräber aus, woraufhin die Gebeine der Heiligen an Plätze innerhalb der römischen Stadtmauern überführt werden.
1578	Entdeckung einer Katakombe in der Via Salaria erweckt neues Interesse an den Gräbern.
1956	Entdeckung einer weiteren Katakombe an der Via Latina.

Ewige Heiligtümer

Viele der heiligsten Stätten der Welt sind uralte Heiligtümer, deren geweihte Atmosphäre – oft noch durch den Glanz malerischer Landschaften unterstützt – sich im Lauf der Jahrhunderte niemals verloren hat. Denn mag auch die ursprüngliche Pracht im Lauf der Jahrhunderte weitgehend verblichen sein, so zeugen die dachlosen Tempel, einsamen Säulen und zerbröckelnden Mauern doch immer noch von den Mysterien und wirken auf die Phantasie des Betrachters.

Einige dieser Stätten, so Cahokia in den Vereinigten Staaten, Pagan in Myanmar (Birma) und Teotihuacán in Mexiko, waren weitläufige religiöse und politische Zentren, deren monumentale Sakralbauten die umgebende Stadtlandschaft weit überragten. Andere heilige Stätten bestanden nur aus einem großen Tempel, dessen imposante Architektur die Macht der Gottheit, der er geweiht war, – und die seiner Priester – demonstrierte. Der Tempel von Karnak in Theben etwa war das größte Heiligtum Ägyptens, erbaut zur Verherrlichung des Gottes Amun.

Manchmal fügte sich ein Heiligtum wunderbar in die umliegende Landschaft ein. Das griechische Olympia etwa, die berühmte Heimat der Olympischen Spiele, lag am Abhang eines hochaufragenden Hügels in einem fruchtbaren Flußtal. Die Olgas dagegen, große Felsdome mitten im Herzen Australiens, sind das Ergebnis von Naturkräften, in die die Aborigines ihre Überlieferungen von der »Traumzeit« hineininterpretieren.

Die mittelalterlichen Ruinen des heiligen Felsens von Cashel in Irland erheben sich auf einer grasbewachsenen Anhöhe und blicken weit über ein großartiges Landschaftspanorama. Und in Dunhuang in China wurden die Höhlen der tausend Buddhas aus großen Felsen in der Wildnis im Nordwesten des riesigen Landes von chinesischen Buddhisten der Frühzeit ausgehauen und mit heiligen Gemälden und Statuen reich geschmückt.

Die buddhistischen Tempelpyramiden von Pagan bilden das größte Ensemble von Sakralbauten in Myanmar und Südostasien.

DIE OLGAS

»Zeit, die alte Zauberin, vermochte hier nichts, obwohl ihr der mächtige Ozean zur Seite stand. Mount Olga trotzte ihr und blieb, wie er von Anfang an war.«

ERNEST GILES, DER ERSTE WEISSE, DER DIE OLGAS 1872 ERBLICKTE.

Wie riesige Buckelwale auf einem Wüstenmeer liegen die Olgas, eine Gruppe von dreißig Felskuppeln, in der Landschaft, eines von Australiens großen Naturwundern. Die im Northern Territory gelegenen Olgas sind wie ihr berühmter Nachbar Uluru – Ayers Rock – den Aborigines heilig. Sie nennen sie Katatjuta, den »Ort der vielen Köpfe«. Unzählige Legenden ranken sich um diese Felsen. Sie berichten, wie sie während der »Traumzeit«, der Zeit der Schöpfung, ins Dasein traten.

Abgesehen vom mythologischen Aspekt sind die Olgas Gesteinskonglomerate. So ein Felsen, bestehend aus mit Geröllmasse verbundenen Blöcken, sieht oft wie ein Rosinenpudding aus. In erdgeschichtlicher Zeit waren die Olgas Teil des Meeresbodens, und sie wurden vor etwa 500 Millionen Jahren durch Bewegungen der Erdkruste gehoben und gefaltet. Die Kräfte der Erosion gestalteten sie schließlich zu einer Gruppe auf dem Boden hockender, gigantischer Felsen.

Einige dieser stumpfen Steintürme drängen sich eng zusammen, die steilen Flanken von tiefen Rissen durchzogen. Andere

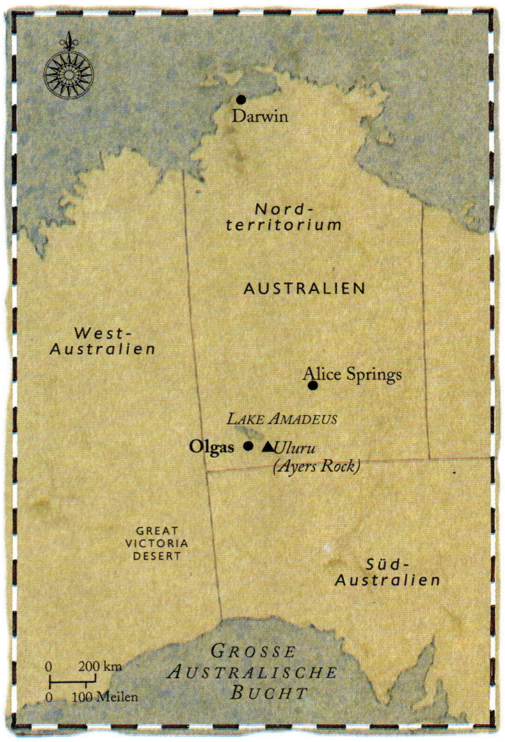

Die nackten, »pockennarbigen« Felswände der Olgas verschlüsseln in ihren Strukturen die »Traumlegenden« der Aborigines. Diese großen Felsen, die auf einem Gelände von 25 Quadratkilometern verstreut sind, erheben sich zu der imposanten Höhe von 450 Metern. Weiße Forscher entdeckten sie erst gegen Ende des 19. Jahrhunderts.

stehen vereinzelt mit von den unaufhörlichen Winden glattpolierten Wänden. Der höchste Gipfel ist Mount Olga, der westlichste Turm der Gruppe. Er erhebt sich etwa 450 Meter über den Wüstenboden. Von ihm erhielt die Gruppe ihren Namen. Der erste Weiße, dessen Auge auf die Olgas fiel, war der Forscher Ernest Giles im Oktober 1872. Allerdings drang er nicht ganz bis zu den Felsen vor, da seine Pferde einen See, der ihm den Weg sperrte, nicht zu überqueren vermochten. Er nannte den See »Amadeus-See« und die Felskuppeln in der Ferne »Mount Olga« zu Ehren des spanischen Königspaares, anerkannten Förderern der Wissenschaft. Im nächsten September gelangte Giles doch noch bis zu den Olgas, traf dort aber zu seiner Enttäuschung nur auf die Spuren eines anderen Forschers, William Gosse. Wie Giles später schrieb: »Hätte sich die Erde vor meinen Füßen aufgetan und mich der Abgrund für immer von diesem Berge getrennt, oder wäre ein anderer, ähnlicher Fels plötzlich vor mir aufgestiegen, ich hätte nicht erstaunter sein können…«

Die gerippten Wolkenformationen am Himmel scheinen die wulstigen Formen der Olgas wieder aufzunehmen. Die Olgas liegen in Zentralaustralien und sind den Aborigines heilig.

Die von der auf- und untergehenden Sonne beschienenen Kuppen der Olgas erglühen in tiefem Rot, wie große Rubine. Das gleiche Phänomen zeigt sich in Uluru (Ayers Rock).

Für die Aborigines ist Katatjuta seit unvordenklichen Zeiten ein heiliger Ort in Verbindung mit der »Traumzeit«. Nach dem Glauben der Aborigines stiegen zur »Traumzeit« ihre »Vorfahren« in Gestalt von Menschen und Totemtieren aus den Tiefen der Erde ans helle Tageslicht. Während sie übers Land wanderten, schufen sie, indem sie alltägliche Handlungen wie Jagen, Fischen und Singen verrichteten, Hügel, Gewässer, Höhlen, Seen und andere Naturformationen.

Die Wege, die die Ahnen nahmen, heißen »Traumspuren« oder auch »Gesangspfade«. Wenn die Aborigines den zu ihrer Totemgruppe gehörenden Pfaden folgen und die Lieder singen und sich die Geschichten erzählen, die ihnen von den Ahnen überliefert sind, treten sie in die Traumwelt ein und werden symbiotisch eins mit Vorfahren und Landschaft.

Die Traumzeit bezieht sich aber nicht nur auf den Ursprung der Schöpfung, sondern auch auf eine Zeitdimension, in der Vergangenheit und Gegenwart eins sind. Die abendländische Vorstellung von Geschichte als einer Kette von Ereignissen, die unwiderruflich Vergangenheit werden, ist den Aborigines fremd. Für sie ist die Traumzeit und sind die Reisen der Ahnen lebendige Gegenwart, an der sie teilnehmen, wenn sie ihre zeremoniellen Gesänge, Rezitationen und Tänze ausführen. Das Land ist ein lebendiger Text, seine

Die Olgas stellen eine dreidimensionale »Traumkarte« dar. Die Schlange Wanambi lebt auf dem Mount Olga (8) und zieht sich während der Trockenzeit in ein Wasserloch (7) zurück. Abseits die von den »Mausfrauen« bereiteten Speisen(6), der sterbende Känguruhmann (5), die Pungalungaleute (1, 2 und 3) und das Tal der Winde (4).

Ein grüner Teppich aus Bäumen und Büschen deckt den Boden des Tals der Winde, das mitten in die Olgas hineinführt.

Topographie ist aus den Überlieferungen der Traumzeit gebildet, und die Gesangspfade, die den Kontinent kreuz und quer überziehen, sind heilige Wege, die den Eingeweihten in eine Dimension der Ewigkeit führen.

So verdankt also auch Katatjuta mit seinen Myriaden Spalten, Rissen, Rinnen, Schrammen und Wasserlöchern seine Existenz den Geschichten der Traumzeit. Mount Olga z. B. ist Wohnstatt einer Schlange namens Wanambi, die während der Regenzeit aufgeringelt in einem Wasserloch auf dem Gipfel des Berges liegt. In der Trockenzeit aber begibt sie sich in ein anderes Loch in der Schlucht drunten.

Die Höhlen am Mount Olga sind die Schlafstätten Wanambis, und vom Wasser geschaffene schwarze Linien am östlichen Ende ihre Barthaare. Wanambis Atem ist der Wind, der durch die Klüfte bläst – mit der Gewalt eines Hurrikans, wenn sie erzürnt ist. Niemand darf die Stammesgesetze übertreten, sonst nimmt Wanambi in Gestalt des Regenbogens furchtbare, tödliche Rache.

Im Osten ragt eine Anzahl Felskuppeln empor, die mit anderen Ahnen in Verbindung steht, den »Mausfrauen«, und an der Südwestspitze liegen Felsen, wo die Liru, giftige Schlangenmänner, ihr Lager aufschlugen, bevor sie zum Angriff auf die harmlosen Teppichschlangen in Uluru antraten. Östlich davon steht eine einsame Zinne, der verzauberte Körper Malus, eines Känguruhmannes, der an den Wunden starb, die ihm Dingos geschlagen hatten. Der Felsen, an den er sich lehnt, ist seine Schwester Mulumura, eine Eidechsenfrau. Sie wiegt ihren Bruder in den Armen.

Wer nicht selbst ein Aborigine ist, weiß zumeist nichts über die reiche Traumüberlieferung der Olgas. Doch beeindrucken die Berge deshalb nicht weniger, ja sie erscheinen noch geheimnisvoller als das im allgemeinen besser bekannte Uluru. Gewiß machten die Felsen auch auf die ersten weißen Besucher einen tiefen Eindruck, die Ende des 19. Jahrhunderts in diese Gegend kamen. Die Weißen nannten sie z. B. »Gruppe von Kamelrücken«, »Tempel einer alten Stadt« und »Rosa Riesenheuhaufen«. Man braucht gar nicht viel Phantasie, um sich aus diesen Bildern Schöpfungsmythen auszudenken, die denen der Traumzeit der Aborigines durchaus ebenbürtig wären.

Die Olgas regen die menschliche Phantasie zu mächtigen Höhenflügen an, strahlen aber auch majestätische Größe aus. Ihre kahlen Zwiebelformen, die aus der Tiefe der Vorgeschichte in die Gegenwart hineinragen, besitzen die Macht, den Besucher in eine entfernte Vergangenheit zu entrücken, oder wie es Ernest Giles ausdrückte: »Als gewaltige Denkmäler der Urzeit der Erde ragen diese stumpfen Minarette, gigantischen Kuppeln und ungeheuren Dome seit ihrer Schöpfung gen Himmel, äonenlang, ungezählte Äonen lang.«

Zeittafel

v. Chr.

ca. 500 Millionen Die Olgas entstehen durch Bewegungen der Erdkruste.

ca. 40 000 Vermutlich kamen zu dieser Zeit die ersten Aborigines von Südostasien nach Australien.

n. Chr.

1788 Eine britische Expedition unter Führung Arthur Philips errichtet eine australische Kolonie an der Bucht von Sydney.

1872 Der Naturforscher Ernest Giles ist der erste Weisse, der die Olgas erblickt, aber es gelingt ihm nicht, bis dorthin vorzudringen.

1873 Ernest gelangt doch zu den Olgas, nur um zu entdecken, dass William Gosse schon vorher dort war.

1958 Der Ayers-Rock-Mount-Olga-Nationalpark, der spätere Uluru-Nationalpark, wird angelegt.

1981 Mehr als 250 000 Quadratkilometer Land in Südaustralien werden den Pitjantjatjara Aborigines vom australischen Staat als Eigentum überlassen.

DER TEMPEL VON KARNAK

»Die Phantasie des Betrachters, die in Europa hoch über die Kirchtürme emporsteigt, bleibt an den Füßen der 140 Säulen zu Karnak flügellahm zurück.«

DER ÄGYPTOLOGE JEAN-FRANÇOIS CHAMPOLLION (1790–1832).

Blickt man an den Säulen der großen Halle des Amuntempels zu Karnak, am Ostufer des Nils, hinauf, fühlt man sich wie ein Liliputaner im Lande Gullivers. Mit ihren kolossalen Ausmaßen recken sie sich wie versteinerte Giganten himmelwärts, und jedes Kapitell ist breit genug, um einer gedrängten Menge von hundert und mehr Menschen Platz zu bieten. Durch den mehr als fünfzehn Meter hohen Säulenwald bahnt sich das Licht flimmernd seinen Weg.

Dieser Tempel ist der größte jemals errichtete Sakralbau der Erde. Er war dazu bestimmt, Amun, den »König der Götter«, zu verherrlichen, und die Gegenwart des großen Gottes machte die Sterblichen zu kleinen, unbedeutenden Geschöpfen.

Karnak ist der heutige ägyptische Name für einen Tempelkomplex, der einst im Herzen Thebens lag, der einstigen Hauptstadt Ägyptens. Man nannte ihn Ipet-sut, »die auserwählteste Stätte«. Theben kam während des Mittleren Reiches (ca. 1938–1600 v. Chr.) zur Blüte, und der Ruf seiner Lokalgottheit Amun, einst ein Gott des Windes, verbreitete sich in alle Himmelsrichtungen.

Aber erst im Neuen Reich, als der thebanische Adel im ganzen Land zur Macht kam, wurde aus der Stadt eine große Reichsmetropole. Jetzt stieg Amun, den man auch

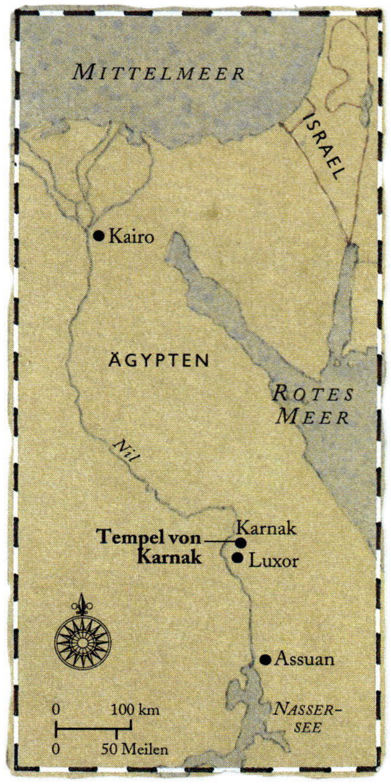

Kolossale Säulen von zwanzig Metern Höhe und fast vier Metern im Durchmesser bilden das Herz des Großen Saales in Karnak. Die Halle, vor mehr als 3000 Jahren erbaut, enthielt zahllose Säulen und war der größte je von Menschenhand errichtete Sakralbau.

Widderköpfige Sphingen säumen eine Seite des großen Tempelhofes. Der Widder, ein Symbol des Amun-Re, hält eine Statue Ramses' II.

mit dem Sonnengott identifizierte und dann Amun-Re nannte, zur mächtigsten ägyptischen Gottheit auf. Sein Tempel wurde zum größten des Landes. Er diente auch als größtes Schatzhaus des Reiches, und der Pharao legte dort seine Beute aus siegreichen Kriegszügen im Ausland nieder. Auch Tribute aus fremden Provinzen und Steuereinnahmen flossen herein, so daß der Tempel zur mächtigsten Institution Ägyptens wurde.

Er spielte eine wichtige Rolle im wirtschaftlichen, administrativen und sozialen Leben des Landes. Ihm gehörten ausgedehnte Ländereien, und er beschäftigte Scharen von Verwaltungsbeamten, Schreibern, Handwerkern, Bauern und Gärtnern, ebenso Priester, Musiker und Sänger. Während der Regierungszeit Ramses' III. (1187–1156 v. Chr.) kontrollierte der Tempel schließlich 7 Prozent der Bevölkerung, 81 000 Sklaven, 421 000 Stück Vieh, 433 Gärten, 46 Gutshöfe und 83 Schiffe.

Im Neuen Reich erweiterten die Pharaonen den alten Kern des Bauwerks, rissen Teile ab, fügten neue hinzu oder veränderten. Das Ergebnis war ein verwirrendes Ensemble von Tortürmen – sogenannten Pylonen –, Höfen, Säulen, Hallen, Obelisken und Statuen. Spätere Pharaonen erweiterten den Tempel – meist nach Westen, in Richtung auf den Nil. Somit ist Pylon 1, das erste Tor, durch das der Besucher eintritt, das jüngste. Wer durch diese Pylone und Höfe ins Innere des Heiligtums schreitet, bewegt sich also wie durch die

In Gestalt eines Widders und mit einer Sonnenscheibe gekrönt, überquert Karnaks Schutzgott Amun (rechts) in seiner heiligen Barke den Himmel. Dieses kunstvoll gearbeitete Basrelief ist Teil des Heiligtums Sethos' II. im großen Hof.

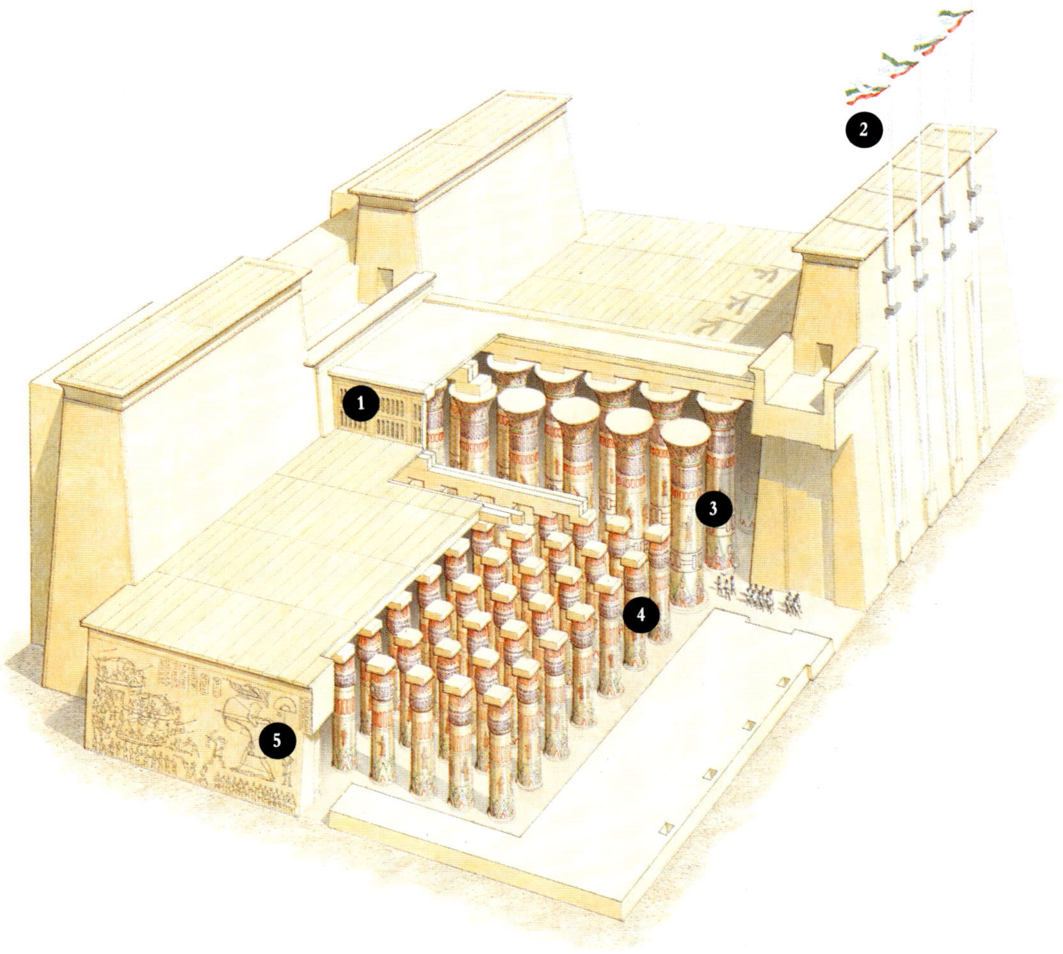

Der Große Säulensaal wurde von Ramses I. begonnen und von Sethos I. und dessen Sohn Ramses II. vollendet. Eine Doppelreihe Säulen in der Mitte (3) stand höher als die anderen (4), so daß Licht durch die Lichtgaden (1) unter dem Dach einfallen konnte. Alle Wände (5) und Säulen waren graviert und bemalt mit Szenen, die Kulthandlungen und die Heldentaten des Pharao darstellten. Die Priester betraten die Halle durch einen gewaltigen, mit Fahnen (2) geschmückten Pylon.

Jahresringe der ägyptischen Geschichte. Karnak wird häufig nur mit dem Tempel des Amun gleichgesetzt. Doch gehören noch zwei andere, in sich geschlossene Bezirke zum Gesamtkomplex. Sie sind der Göttin Mut geweiht, der Gattin des Amun, und dem Gotte Month, der ursprünglich als Regionalgott fungierte. Aber Amuns Tempel ist der besterhaltene und größte, und er bedeckt ein Gelände, das für zehn Kathedralen ausreichte.

Dem Pylon 1 nähert man sich durch eine Allee von Wächter-Sphingen, Mischwesen mit Löwenleibern und Widderköpfen. Der große, sandfarbene Pylon mit seinen strengen Doppeltürmen ragt vor dem Besucher auf wie der Eingang zu einer mittelalterlichen Burg. Diesen Eindruck hatten offenbar auch die modernen Ägypter, denn sie nannten die Ruinen »el Karnak«, die Festung.

Der erste Pylon, einer von insgesamt sechs, die zum Allerheiligsten führen, gewährt noch zeitweise Schatten, bevor das Sonnenlicht blendend in den ersten Hof einschießt. Von hier aus geht es durch den zweiten Pylon, vor dem gewaltige Statuen Ramses' II. (1279–1213 v. Chr.) stehen, in die Große Säulenhalle. Sie wurde von den Pharaonen Sethos I. und Ramses II., seine Nachfolger, vollendet und bedeckt eine

Diese Monumentalstatue Ramses' II. im großen Hof wurde einige Zeit nach seinem Tod von dem Priester Pinnedjem »usurpiert«, dessen Name auf dem Rock der Statue steht.

Fläche von etwa 5000 Quadratmetern. Einst war sie überdacht, und dieses Dach trugen sechzehn Säulenreihen mit 134 Säulen.
Die beiden Mittelreihen waren höher als die äußeren, was den Einbau von Fenstern, sogenannten Lichtgaden, in die Mauern über den Seitenschiffen ermöglichte. So drangen Bündel hellen Sonnenlichts wie Laserstrahlen ins Innere. Das Licht beleuchtete mit düsterem Glanz die Säulen selbst, die mit Gravuren oder bunten Gemälden bedeckt waren. Diese zeigten Menschen beim Gottesdienst und die Heldentaten des Pharao. Nach dem grellen Tageslicht des Hofes und vor der Dunkelheit des inneren Heiligtums sollte hier mystisches Dämmerlicht herrschen.
Die Kapitelle der Säulen waren so behauen, daß sie stilisierte Lotosknospen und offene Papyrusblüten darstellten. Dadurch erweckten sie den Eindruck üppiger Vegetation – für die alten Ägypter ein Bild von tiefer Symbolik, erinnerte es doch an die »Urinsel« in ihrem Schöpfungsmythos. Nach einer Version dieses Mythos war die Erde einst mit Finsternis und Wasser bedeckt. Aus ihnen erhob sich eine Schlamminsel. Darauf wuchs eine Schilfpflanze, die zur Wiege des Falkengottes Horus wurde. Geheiligt durch die Gegenwart des Gottes, genoß die Insel göttlichen Schutz. Gemäß dieser Vorstellung errichtete man die ersten Heiligtümer aus Schilfgeflecht. Um die heilige Pflanze mit dem Gott wurde eine Wand aus Riedgras aufgestellt, die sie von der Außenwelt abschirmte. Später wurde dieser Bau zu einem Schilftempel erweitert, mit vielen zusätzlichen Räumen, die tiefer als das Heiligtum selbst lagen – archetypisches Modell für alle folgenden ägyptischen Tempel. So stellte auch das Allerheiligste von Karnak mit der Kultstatue des Gottes immer das ursprüngliche Schilfmattenheiligtum dar.
Blumen aus Stein wuchsen dem innersten Heiligtum entgegen, während sich die Steinranken wieder nach unten bewegten, um die verschiedenen Höhenlagen der Insel anzudeuten. Und Säulen mit ihren palmwedel-, lotos- oder papyrusförmigen Kapitellen verkörperten die dichte Vegetation der mythischen Erde. Daher irren moderne Kritiker, die die monströsen Säulen Karnaks abwertend mit den eleganten, schlanken Marmorsäulen der griechischen Bauten vergleichen: Den ägyptischen Baumeistern kam es auf den Ausdruck religiöser Wahrheiten an, nicht auf Ästhetik.
Hinter der Großen Halle erhebt sich der dritte Pylon, der laut einer Inschrift einst goldene Torflügel mit eingelegtem Lapislazuli und Edelsteinen, silbrig polierten Boden und vergoldete Fahnenstangen, »glänzender als der Himmel«, hatte. Weiter geht es durch den vierten und fünften Pylon bis dorthin, wo das ursprüngliche Allerheiligste stand, erbaut von Thutmosis I. (1493–1482 v. Chr.). Jenes Heiligtum, das man heute hinter dem sechsten Pylon

Karnaks zerbröckelnde Pracht vor den Restaurierungsarbeiten kommt auf diesem Gemälde von David Roberts, einem Künstler des 19. Jahrhunderts, gut zur Geltung. 1895 begann der französische Ägyptologe Georges Legrain mit Renovierungsarbeiten an dem Tempel. Vier Jahre später stürzten elf Säulen des Großen Saales bei einem Erdbeben um. Die Arbeiten waren bei Legrains Tod 1917 noch nicht abgeschlossen, doch setzten Henri Chevrier, Pierre Lacau und einige andere französische Ägyptologen sein Werk fort.

Einer von zwei Obelisken, die noch in Karnak stehen. Man schlug ihn als massiven Steinblock aus den Steinbrüchen in Assuan, polierte ihn und beschrieb ihn mit Texten.

erblickt, wurde von Philipp Arrhidäus, dem Halbbruder Alexanders des Großen, erbaut, der Ägypten 332 v. Chr. eroberte.
Das Sanktuarium war die Stätte, in der die Priester ihrem täglichen Gottesdienst oblagen. Es bestand aus einer kleinen, rechtwinkligen Kammer, darin ein mit Gold und Juwelen verzierter Schrein stand, der das Bildnis des Gottes enthielt. Auch der Pharao war verpflichtet, dem Gott dreimal täglich seine Aufwartung zu machen, ließ sich aber gewöhnlich von Hohepriestern vertreten. Diese mußten sich Haupt und Körper scheren, weiße Gewänder tragen und sich um der rituellen Reinheit willen dreimal am Tag waschen.
Der Priester betrat den Tempel mit einer von Holzkohle erhitzten Räucherpfanne, aus der Weihrauchdämpfe aufstiegen. Auf seinem Weg zum Heiligtum kam er durch die Pylonen, Höfe und den Großen Säulensaal. Am Schrein im Sanktuarium erbrach er das Tonsiegel, schob die Riegel zur Seite und öffnete beide Türen. Rituelle Gebete murmelnd grüßte er den Gott – der, wie man glaubte, in der Statue wohnte – und warf sich zu Boden. Hierauf sang er Hymnen, opferte Honig und umschritt den

Viele Säulen Karnaks haben Knospenkapitelle (unten). Sie sind damit steinerne Symbole für die Vegetation der Urinsel des ägyptischen Schöpfungsmythos. Für die alten Ägypter waren die Tempel im wesentlichen symbolische Nachschöpfungen dieser Insel und ihres Heiligtums.

Die Pylonen und Säulen Karnaks erheben sich hinter dem heiligen Tempelsee. Das rechtwinklige Wasserbassin symbolisierte »Nun«, den ewigen Ozean. Hierher kamen die Priester des Amun, um sich zu reinigen, bevor sie mit den Tempelritualen begannen.

Schrein viermal. Dann entnahm er diesem die Statue, entkleidete sie und reinigte sie mit Weihrauch, Wasser und Natron. Der wiederbekleideten Figur malte er die Augenbrauen grün und schwarz und hängte ihr die königlichen Insignien um. Bevor er den Gott in den Schrein zurückstellte und diesen wieder mit Ton versiegelte, reichte er ihm noch Speise und Trank. Zuletzt verließ der Priester rückwärtsgehend den Raum und verwischte sorgfältig seine Fußabdrücke, um alle Spuren der Anwesenheit eines Sterblichen zu tilgen.

Für gewöhnliche Ägypter waren das Sanktuarium und auch der Großteil der Tempelanlage unzugänglich. Nur während bestimmter Feste wurden sie des Gottes ansichtig. Man holte dann die Statue aus ihrem Schrein und trug sie in feierlicher Prozession vor sich her – oft um einen anderen Gott in der Nachbarschaft zu besuchen. So wurden z. B. in Theben während des Opet-Festes am 19. des zweiten Monats die Götter Amun, Mut und Amuns Sohn Khonsu – man nannte sie die thebanische Triade – aus ihren Tempeln in Karnak geholt und in ein Heiligtum etwa einen Kilometer weiter südlich gebracht.

Jeder Gott stand in einer Zeremonialbarke, die die Priester an Stangen auf ihren Schultern zu den auf dem Nil wartenden Booten trugen. Die Schiffe wurden nun an Tauen stromaufwärts getreidelt, Weihrauch wallte von ihnen auf, und eine begeisterte Menge von Priestern, Soldaten, Tänzern, Sängern und Bürgern folgte ihnen zu Fuß und in Booten.

Anders als die übrigen ägyptischen Tempel ist der des Amun hinter dem Sanktuarium noch nicht zu Ende. Denn nach diesem folgt, jenseits eines Hofes, noch die Festhalle Thutmosis' III. (1479–1426 v. Chr.), errichtet zur Erinnerung an die Siege des Pharao.

Gleich bei der Halle liegt der heilige See, ein rechteckiger Teich, an dem die Priester ihre täglichen rituellen Waschungen vollzogen. Es heißt, daß diese Tempelseen eine Rolle bei kultischen Festen spielten. Dabei wurden Barken mit dem Bild des Gottes über den See gezogen, dessen Ufer Bäume säumten und auf dessen Gewässern Lotospflanzen schwammen.

Trotz seiner gigantischen Ausmaße, der ausgedehnten Ruinenfelder und der Touristeninvasion hat sich Karnak seine heilige Atmosphäre bewahrt, besonders dann, wenn man sich in stillen Momenten die heiligen Rituale vergegenwärtigt, die im Sanktuarium oder in der höhlendämmrigen Welt des Großen Saals vollzogen wurden. Mehr als anderswo haben hier die Ägypter ein würdiges Bauwerk geschaffen für den »König der Götter«.

ZEITTAFEL

V. CHR.

CA. 1938–1600	MITTLERES REICH: THEBEN UND SEIN SCHUTZGOTT AMUN GELANGEN ZUR VORHERRSCHAFT.
CA. 1539–1075	NEUES REICH: DER TEMPEL VON KARNAK WIRD ZUM GRÖSSTEN UND WICHTIGSTEN ÄGYPTISCHEN HEILIGTUM.
332	ALEXANDER DER GROSSE EROBERT ÄGYPTEN.

N. CHR.

1798	NAPOLEON BONAPARTE FÜHRT EIN FRANZÖSISCHES EXPEDITIONSHEER NACH ÄGYPTEN. KÜNSTLER IN SEINEM GEFOLGE KOPIEREN DIE RELIEFS IN KARNAK.
1842	KARNAK BILDET EIN KAPITEL IN DEM GROSSEN WERK DES PREUSSISCHEN GELEHRTEN RICHARD LEPSIUS ÜBER DIE ALTEN ÄGYPTISCHEN DENKMÄLER.
1895	DER FRANZÖSISCHE ÄGYPTOLOGE GEORGES LEGRAIN BEGINNT MIT RESTAURIERUNGSARBEITEN AM TEMPEL.
1899	EIN ERDBEBEN BESCHÄDIGT DIE GROSSE SÄULENHALLE.

Die Gaben des Nils

»Spender der Nahrung, Segenbringer, der alles Gute erzeugt.« So beginnt eine alte ägyptische Hymne auf den Nil. Für die Ägypter in ihrem trockenen Wüstenland war und ist der Fluß die Lebensader. Er ließ die Früchte auf dem Feld wachsen, gab Fische in Hülle und Fülle und transportierte Menschen und Güter. In den Worten des griechischen Geschichtsschreibers Herodot war Ägypten ein »Geschenk des Nils«. Bis zu seiner Regulierung, vor allem durch den in Assuan 1970 vollendeten großen Staudamm, stieg der Nil ab Ende Juli und überflutete von Mitte August bis Ende September sein Tal, wobei er das sonst trockene Land mit einer Schicht fruchtbaren Schlamms bedeckte. Man baute dort Weizen und anderes Getreide an, auch Gemüse, Kräuter, ölhaltige Pflanzen zum Kochen und für die Lampen, Flachs für Leinen und Papyrusstauden, die man zu Schreibstoff verarbeitete.

Ins Leben gerufen durch die Gewässer des Nils, entstand die ägyptische Kultur um etwa 3100 v. Chr. Sie dauerte bis 323 v. Chr., als Alexander der Große das Land eroberte. Heute sprechen noch nach Tausenden von Jahren die Pyramiden, Tempel und Königsgräber von der Macht und dem Reichtum der Pharaonen – der Gottkönige, die das Land regierten.

Die Karte zeigt das fruchtbare, von der Wüste gesäumte Niltal und einige heilige Bezirke und Denkmäler Ägyptens, deren Überreste noch zu besichtigen sind. Es handelt sich um Gizeh mit seinen Pyramiden und dem großen Sphinx, die Stufenpyramide zu Sakkara, Tell el-Amarna, wo der häretische Pharao Echnaton seine Hauptstadt Achet-aton erbaute, Theben mit seinen Tempeln von Karnak und Luxor, das Tal der Könige und den nahebei gelegenen Totentempel der Königin Hatschepsut sowie Abu Simbel, überragt von dem großen Tempel Ramses' II.

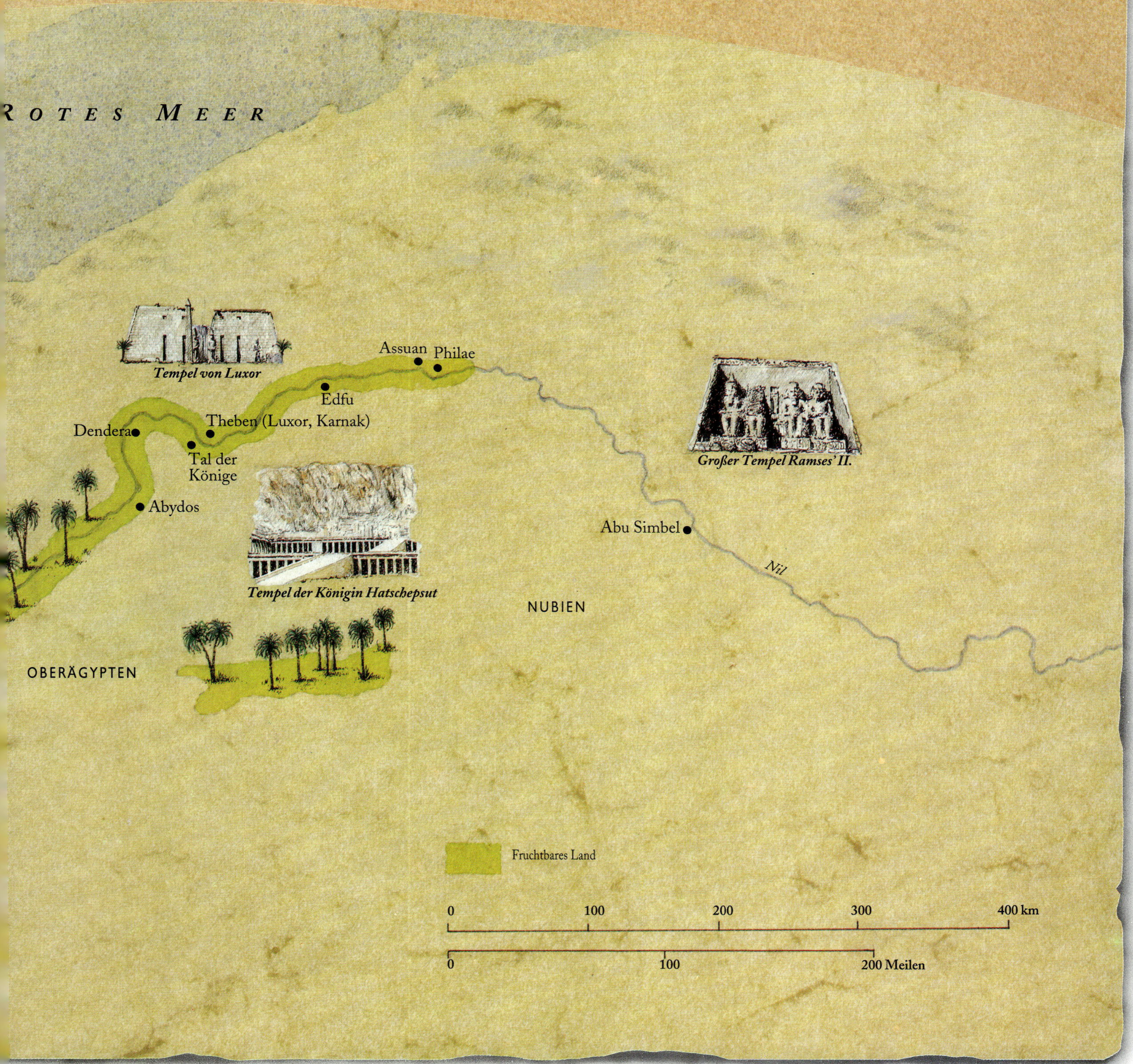

MEXIKO

TEOTIHUACÁN

»Und obwohl es finster war, versammelten sie sich, versammelten sich die Götter in Teotihuacán.«

EINE AZTEKISCHE CHRONIK ÜBER TEOTIHUACAN UND DIE GÖTTER.

Die Azteken nannten die Stadt den »Ort der Götter«. Und sie waren keineswegs die ersten, die von Teotihuacáns unzähligen Tempeln und den gigantischen Pyramiden der Sonne und des Mondes beeindruckt waren. Nach ihren Ausmaßen machten diese Pyramiden den ägyptischen den Rang streitig. Vom Beginn der christlichen Zeitrechnung an bis etwa 750 n. Chr. war Teotihuacán – der Fläche nach größer als das alte Rom – das größte religiöse Zentrum des alten Mexiko. Noch zu Beginn des 14. Jahrhunderts, Hunderte von Jahren nach dem Untergang der Stadt, war der Ort den Azteken, damals das beherrschende Volk im Tal von Mexiko, heilig, und sie begruben dort ihre Herrscher.

Auch in den Mythen der Azteken spielt die Stadt eine Rolle. Denn nach ihrer Überlieferung hat die Welt vier Schöpfungsperioden durchlaufen, sogenannte »Sonnen«, die dann der Reihe nach von Jaguaren, Feuer, Winden und Flut zerstört wurden. Nach dem Ende der vierten »Sonne« versammelten sich die Götter in Teotihuacán – in dichter Finsternis –, um zu entscheiden, welcher von ihnen sich in die Flammen eines kultischen Feuers stürzen sollte, um die fünfte »Sonne« zu werden. Schließlich sprang der bescheidene Nanahuatzin in die Flammen und wurde zur neuen Sonne, die den Menschen wieder Licht brachte.

Aber Teotihuacán war nicht nur ein kultisches Zentrum. Während seiner Hochblüte um etwa 500 n. Chr. war es die größte Stadt Amerikas – eine Metropole mit bis zu 200 000 Einwohnern. Da das Volk jedoch keine schriftlichen Dokumente hinterließ, waren die Wissenschaftler auf bauliche Überreste, verblichene Wandgemälde, Statuen, Keramik und sonstiges archäologisches Material angewiesen, ergänzt durch spätere aztekische Legenden.

Vermutlich war die Gesellschaft Teotihuacáns streng nach Kasten gegliedert, z. B. in Adlige und Kaufleute, und wurde von einer obersten Kaste von Priesterkönigen regiert. Das Handwerk blühte, es gab Töpfer und Kunsthandwerker, die Muscheln, Leder, Jade, Onyx und vor allem Obsidian verarbeiteten, ein vulkanisches Glas, das für Werkzeuge und Waffen gut geeignet war und im alten Mexiko den Stahl ersetzte. Diese Handwerker bildeten eigene Enklaven innerhalb der Stadt, ebenso die Fremden, die dort wohnten.

Die stumpfe Sonnenpyramide mit ihren Terrassen ist einer der größten Bauten des alten Amerika. Sie beherrscht Teotihuacán, eine Stadt, die im ersten Jahrtausend n. Chr. einen bedeutenden religiösen Mittelpunkt in der Nähe des heutigen Mexico City bildete.

Die Monumentalbauten aus Stein und der gemeinsame Stil beweisen, daß die Stadtplaner erfahrene Architekten mit einheitlichem weltanschaulichem Hintergrund waren. Die Bauwerke wurden nach einem geometrischen Raster errichtet, wobei sogar ein Fluß, der diesen Plan gestört hätte, umgeleitet wurde. Die Hauptstraße, die »Straße der Toten«, verband den riesigen Marktplatz und die sogenannte Zitadelle am Südende mit der großen Sonnen- und Mondpyramide im Norden. Zu beiden Seiten der Allee erhoben sich kleine pyramidenförmige Plattformen, auf denen ursprünglich Tempel standen.

Dahinter erstreckte sich ein Areal mit Palästen und einstöckigen Wohnhäusern. Die Wohngebäude waren um Höfe mit Altären gruppiert, Beweise für die Bedeutung der Religion in der Gesellschaft Teotihuacáns.

Wandgemälde mit dem Regengott Tlaloc (oben) und dessen Gesichtsmaske (unten). Genau solche Nasengehänge und Ohr-»Spulen« trugen auch die Adligen Teotihuacáns.

Die Häuser waren aus Stein und Mörtel solide gemauert und vielfach mit Wandgemälden in lebhaften Farben geschmückt, die Fische, Vögel, Schlangen, Kojoten, Jaguare und verschiedene Götter darstellten. Die Fußböden bestanden nach einem späteren Chronisten aus weißgewaschenem Kalk, der mit Kieseln poliert wurde, bis er wie ein »Silbertablett« glänzte.

Die Bewohner sammelten das Regenwasser von abschüssigen Dächern und Straßen in verschließbaren Behältern. Ihre Toten bestatteten sie, in Leichentücher gehüllt und mit Grabbeigaben wie Vasen, Obsidiangegenständen und Stoffen versehen, in ringförmigen Gruben in den Höfen und Räumen der Häuser.

Teotihuacán wuchs zum erstenmal gegen Ende des ersten Jahrtausends v. Chr. zu beträchtlicher Größe, und zwar aus verschiedenen Gründen. Die Stadt lag in einem fruchtbaren Tal, das bei intensiver Bewässerung reichliche Ernten lieferte, außerdem an einer alten Handelsroute, die von den Küstenregionen im Osten zu den Orten im Süden führte. Drittens war sie ein wichtiges Obsidian-Zentrum. Man gewann das

Teotihuacán lag in einem fruchtbaren Tal. Seine Kultur strahlte bis ins heutige Guatemala aus. Hauptverkehrsader war die »Straße der Toten« (4), hinter der ein Bezirk mit einstöckigen Wohnhäusern (5) lag. An der Straße standen die Sonnenpyramide (3) und die Mondpyramide (1), ursprünglich mit Kalkstein überzogen und teilweise bemalt, sowie die »Plaza des Mondes« (2), umgeben von kleineren Pyramiden.

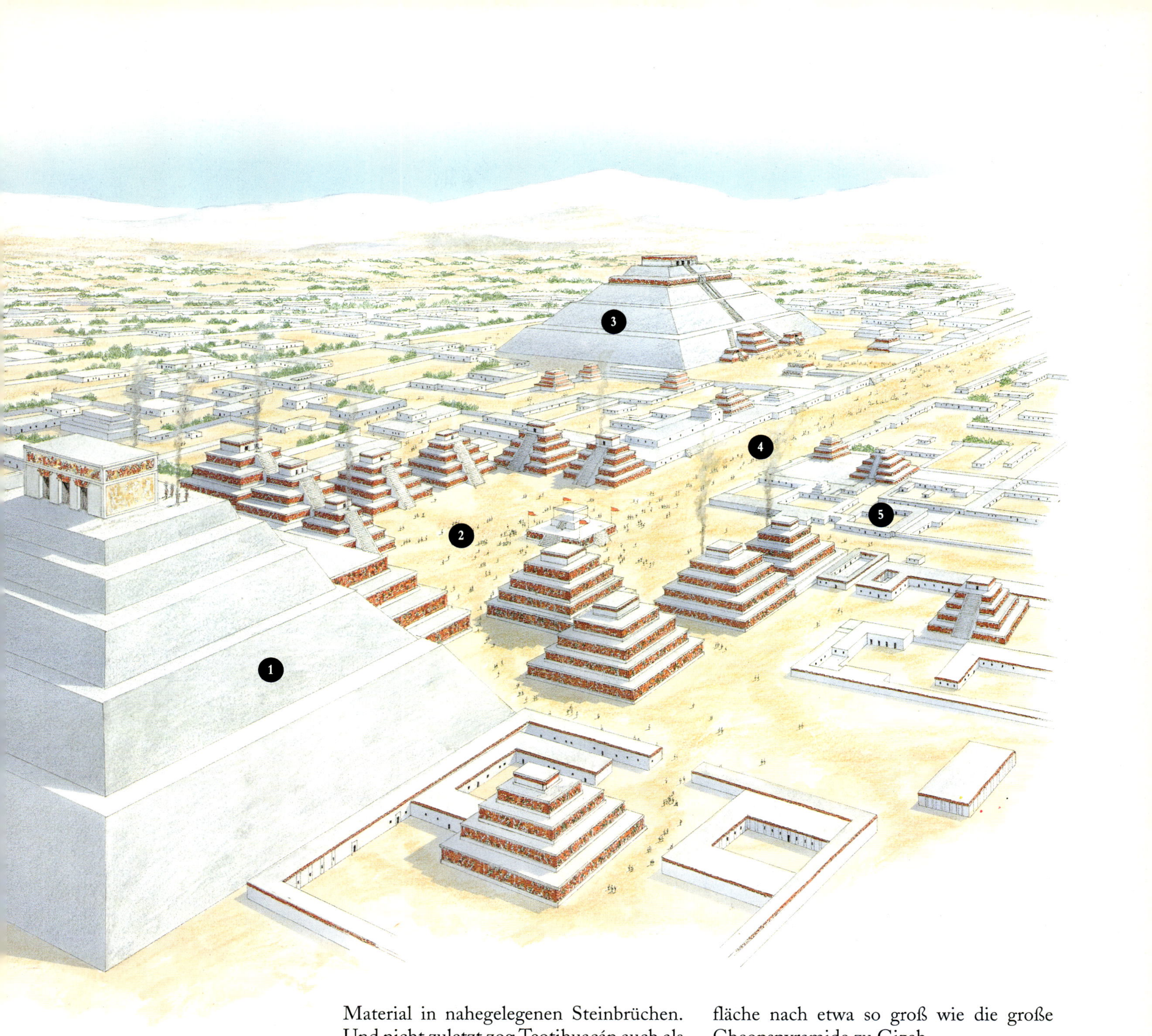

Material in nahegelegenen Steinbrüchen. Und nicht zuletzt zog Teotihuacán auch als traditionell heilige Stätte Scharen von Pilgern an. Es war das Mekka oder Benares der damaligen Zeit.
Schon aus großer Entfernung blickten die Besucher auf ein monumentales Bauwerk, das wie ein Berg über die Stadt emporragte. Es war die große Sonnenpyramide, einer der gewaltigsten Bauten Amerikas bis zum 20. Jahrhundert. Sie erhob sich bei einer Seitenlänge von 225 Metern an die siebzig Meter hoch und war damit der Grundfläche nach etwa so groß wie die große Cheopspyramide zu Gizeh.
Der kolossale Bau, vollendet in den ersten Jahrhunderten n. Chr., wurde auf einem Gelände errichtet, das auch zuvor schon heilig gewesen sein muß. Denn 1971 entdeckten Archäologen im Boden unter dem Pyramidenzentrum eine Höhle, bestehend aus einem langen Gang mit einem vierflügeligen Raum am Ende, ähnlich einem vierblättrigen Kleeblatt mit langem Stiel. Tonscherben bewiesen, daß der Raum als unterirdisches Heiligtum benutzt worden

war – vielleicht schon Jahrhunderte, bevor man darüber die Pyramide errichtete.
Mit ihren klar voneinander abgesetzten, immer kleiner werdenden Plattformen ähnelt die Sonnenpyramide eher einer mesopotamischen Stufenzikkurat als einer »echten«, glatten Pyramide. Die massive Fassade wird von einer gewaltigen Treppe durchschnitten, die hinauf zur Spitze führt, wo einst ein kleiner Tempel aufragte. Hier vollzogen Priester mit grellbuntem Federkopfschmuck und gehüllt in die Wolken des aus Räucherpfannen aufsteigenden Kopal-Weihrauchs ihre Rituale.
Hinter der Sonnenpyramide liegt die kleinere Mondpyramide, die etwa 46 Meter hoch ist. Da sie aber höher liegt, befinden sich die Spitzen beider Pyramiden etwa auf gleicher Ebene. Von Süden aus wirken die gedrungenen, gestuften Umrisse der Mondpyramide mit ihrer breiten Plaza vor dem Hintergrund des heute erloschenen Vulkans Cerro Gordo wie ein Abbild der Landschaft. Vielleicht war ebendies auch die Absicht des Pyramidenarchitekten.
Tatsächlich haben die Wissenschaftler in Teotihuacán »Fluchtlinien« entdeckt, die beweisen, daß die Lage der Gebäude bewußt gewählt wurde. So verläuft z. B. die »Straße der Toten« parallel zur Front der Sonnenpyramide und auf einer Linie, die sich durch den Mittelpunkt der Mondpyramide bis zu einem Sattel auf dem dahinterliegenden Cerro Gordo fortsetzt. Und von der Mondpyramide läßt sich eine Linie durch den Mittelpunkt der Sonnenpyramide bis zum Patlachiqueberg in der Ferne denken. In ähnlicher Art scheinen die Sonnenpyramide und der blumenstengelähnliche Gang darunter auf das Zentrum des Sternbilds der Plejaden ausgerichtet zu sein.
Mit einem Wort: Die Erbauer Teotihuacáns waren Astronomen und Mathematiker zugleich, und sie versuchten ihre Werke in Harmonie mit Gestirnen und Bergen zu

Innerhalb der »Zitadelle« am Südende der »Straße der Toten« liegen die Ruinen des Quetzalcoatl-Tempels. Der Tempel wurde im klassischen Talud-Tablero-Stil erbaut, bei dem Reihen schräger Steinpaneele (Talud) mit senkrecht stehenden (Tablero) abwechseln.
Ursprünglich waren die Tempelmauern mit Kalkstein überzogen. Aus den Wänden sprangen die Steinköpfe (rechts) Tlalocs, des glubschäugigen Regengottes, und Quetzalcoatls, der »Gefiederten Schlange« hervor - das einzige Mal, daß diese zwei Gottheiten in Teotihuacán »gemeinsame Sache« machten.

errichten. Der amerikanische Astro-Archäologe John B. Carlson meinte dazu: »Nirgends springt das Band zwischen Himmel und Erde mehr ins Auge als in Teotihuacán.«

Außer der Sonnen- und Mondpyramide war das bedeutendste Heiligtum der Stadt der Tempel des Gottes Quetzalcoatl. Er lag im Bezirk der »Zitadelle«, einem ausgedehnten rechteckigen Komplex mit Tempeln und Palästen von mehr als 1900 Quadratmetern Fläche – möglicherweise dem Regierungssitz. Quetzalcoatl, die Gefiederte Schlange, wurde mit dem Körper einer Schlange und den Federn des Quetzal-Vogels dargestellt. Er war einer der großen Götter des alten Mexiko. Für die ursprünglichen Einwohner Teotihuacáns scheint er noch eine Naturgottheit gewesen zu sein, doch für die Azteken war er ein Gott der Kultur, Erfinder des Buches und des Kalenders. Man identifizierte ihn mit dem Planeten Venus.

Aber weder Quetzalcoatl noch alle anderen Götter Teotihuacáns waren mächtig genug, die Stadt vor dem schließlichen Untergang zu bewahren. Die Ursache des Endes bleibt in Dunkel gehüllt. Vielleicht erschien das große Menetekel schon im 7. Jahrhundert. In dieser Zeit tauchten immer häufiger Kriegergestalten in der Kunst Teotihuacáns auf – möglicherweise ein Anzeichen dafür, daß die Stadt unter einer Art Militärherrschaft stand, als sie Mitte des 8. Jahrhunderts durch Brände zerstört wurde. Doch mögen auch die Erschöpfung der natürlichen Reserven, weitgehende Entwaldung und ungünstige klimatische Bedingungen eine Rolle gespielt haben.

Wie auch immer – von Teotihuacán blieben nur rauchende Trümmer übrig. Doch die Götter ließen ihre Stadt nicht im Stich. Für die Azteken wurde sie zum Jungbrunnen spiritueller Erneuerung. Ihnen galten die sorgfältig plazierten Pyramiden als lebendige Verbindung zwischen den Göttern und der Menschheit, zwischen Himmel und Erde. Noch Montezuma II., der letzte Aztekenherrscher, pilgerte vor der Eroberung seines Reiches durch Cortez von Tenochtitlán aus mehrere Male zu Fuß zu den Ruinen Teotihuacáns.

Zeittafel

v. Chr.

ca. 200 -100 Auf dem Gelände des späteren Teotihuacan liegen einige Dörfer mit einer Bevölkerung von etwa 7000 Einwohnern.

n. Chr.

ca. 150 Aus den Dörfern ist eine Stadt mit vier Bezirken geworden.

ca. 300 Mit einer Bevölkerung von an die 50 000 Einwohnern bildet die Stadt nun ein einflussreiches religiöses und wirtschaftliches Zentrum mit der Sonnen- und Mondpyramide als Mittelpunkt.

ca. 500 Die Stadt erreicht ihre Blüte.

ca. 650 Niedergang Teotihuacans.

ca. 750 Die Stadt fällt grossen Bränden zum Opfer, bleibt aber Wallfahrtsort.

1325 Die Azteken lassen sich im Tal von Mexiko nieder.

1521 Montezuma II. wird von dem Spanier Hernan Cortés gefangengenommen. Damit ist das Ende der letzten autochthonen mittelamerikanischen Kultur gekommen.

OLYMPIA

»Man sieht und hört wirklich wunderbare Dinge in Griechenland. Aber einzigartig und göttlich sind die Eleusinischen Mysterien und die Olympischen Spiele.«

DER GRIECHISCHE REISENDE PAUSANIAS (143–176 N. CHR.).

Den zahlreichen Menschen, die alle vier Jahre – als Aktive oder als Zuschauer – an den Olympischen Spielen teilnehmen, ist wohl nur selten bewußt, daß dieses internationale Sportereignis letztlich auf ein griechisches Fest zurückgeht, das zum erstenmal 776 v. Chr. erwähnt wird. Es wurde im Gebiet von Olympia abgehalten, auf der nordwestlichen Peloponnes in Südgriechenland, und avancierte im Lauf der Jahrhunderte zur größten Veranstaltung der griechischen Welt. Hier wetteiferten bei der »Mutter aller Spiele« Griechen vom Festland, von den Inseln und den Kolonien in Kleinasien, Italien und Nordafrika um den begehrten Kranz aus den Blättern des wilden Olivenbaums, zum eigenen Ruhm und zum Ruhm ihrer Städte.

Mittelpunkt des Olympischen Festes war die Altis, der heilige Hain, ein Gelände von 180 mal 150 Metern, auf drei Seiten von Mauern und an der vierten vom Kronos-Hügel begrenzt. Hier standen der Altar des Zeus, des Königs der Götter, sowie das Heiligtum des legendären Helden Pelops, dazu dem Zeus und der Mondgöttin Hera geweihte Tempel. Sie verkörperten die weit in die Geschichte zurückreichende Heiligkeit der Spiele, die man im Geiste religiöser Frömmigkeit abhielt. Ohne feierliche Opfer und heilige Eide fand hier nichts statt, und um die siegreichen Athleten legte sich die Aura von Halbgöttern.

Olympia ist einer der landschaftlich reizvollsten und fruchtbarsten Orte Griechenlands. Hier bewässern der milchig weiße Alphaios und sein kleiner Nebenfluß Kladeios ein breites, fruchtbares, mit dunkelgrünen Zypressen bestandenes Tal. Die

Dieses Detail von einer griechischen Vase des 6. Jahrhunderts zeigt zwei Boxer, von denen einer an der Nase blutet. Boxen wurde 688 v. Chr. als olympische Disziplin eingeführt. Die Kämpfer trugen Handschuhe aus Ochsenlederstreifen. Es gab weder Ring noch Gewichtsklassen.

Luft ist erfüllt vom harzigen Duft der Pinien, und im Frühling sprenkeln winzige Edelsteinblüten das frische Gras wie Farbtupfer von der Palette eines französischen Impressionisten. Kein Wunder, daß der griechische Reisende Pausanias, der Olympia 174 n. Chr. besuchte, meinte, die Spiele seien vom »Hauch des Göttlichen« berührt.

Heute stehen nur noch wenige Überreste der Tempel, Heiligtümer, Statuen und anderer Bauten, die den Ort schmückten. Erdbeben und die Fluten des Alphaios haben im Lauf der Jahrhunderte ihren Tribut gefordert. Doch legten extensive Ausgrabungen deutscher Archäologen am Ende des 19. und im 20. Jahrhundert den Grundriß der ursprünglichen Altis und die Fundamente vieler Gebäude wieder frei.

Reihen elegant kannelierter Säulen markieren zum Teil noch den Grundriß des »Gymnasiums«, wo die Athleten trainierten, und der Palästra, Aufenthaltsraum und Übungssaal für Ringer, beide knapp

Olympias Palästra im Westen der Altis war eine Übungshalle für Ringer und ein Aufenthaltsraum. Umkleidekabinen gingen auf einen von eleganten Kolonnaden umgebenen zentralen Hof. Hier saßen müßig schwatzende Zuschauer und beobachteten, wie die Trainer mit ihren Schützlingen übten.

außerhalb der Altis. Innerhalb sind inmitten von verstreuten grauen Steinen die Ruinen des Prytaneums erkennbar, eines Gebäudes, das den heiligen Herd mit seiner stets brennend gehaltenen Flamme beherbergte. Hier befinden sich auch die Ruinen des Tempels der Hera und eine Reihe von zwölf »Schatzhäusern«, kleiner, tempelähnlicher Bauwerke, die die Städte zur Ehre des Zeus oder als Dankesgaben für Siege bei den Olympischen Spielen errichteten.

In der Mitte liegen gewaltige Säulentrommeln, manche noch wie Fossilien in der Erde begraben, in wirren Haufen rings um den Tempel des Zeus, dessen Kultstatue als eines der Sieben Weltwunder der Antike galt. Im Nordosten des Tempels erhebt sich der Kronos-Hügel, benannt nach dem Vater des Zeus. Er liegt am Fuß eines ehemaligen Orakelheiligtums der Gäa, Göttin der Erde. Die Menschen kamen hierher, um sich ihre Träume deuten und ihr Schicksal voraussagen zu lassen.

Bestanden mit dunkelgrünen Pinien erhebt sich der Hügel über das ellipsenförmige

Eines der verehrtesten Heiligtümer des alten Griechenland war der Tempel der Hera in Olympia, der älteste Sakralbau des Ortes. Seine Ruinen stammen von etwa 600 v. Chr., doch stand wahrscheinlich schon zwei Jahrhunderte früher ein Bau an dieser Stelle. Die dorischen Säulen waren ursprünglich aus Holz und wurden im Lauf der Zeit durch steinerne ersetzt.

Stadion, wo 40 000 Zuschauer mit Blick auf die in der heißen Sonne glühenden Grashänge ihre Favoriten anfeuerten.

Die Ursprünge der Olympischen Spiele liegen im dunkeln und sind von Mythen und Legenden eher verhüllt. Diese bringen den Ort mit Pelops, Sohn des Tantalus, in Verbindung, der den dortigen König von Pisa in einem Wagenrennen besiegte und dadurch die Hand der Hippodameia, seiner Tochter, gewann. An dieser Stelle soll also ein Kult des Pelops existiert haben, und nach einer bestimmten Überlieferung wurden die Spiele zur Erinnerung an dieses Rennen um die Braut abgehalten.

Pausanias indessen war der Ansicht, der Ort sei schon vor dem Erscheinen des Pelops dem Kronos heilig gewesen. Und andere Legenden verknüpfen den Platz mit dem Helden Herakles, berühmt für seine zwölf Arbeiten, von dem es heißt, er habe die Altis zu Ehren seines Vaters Zeus »ausgemessen«. Doch viele moderne Wissenschaftler glauben, die Spiele seien aus sportlichen Wettbewerben entstanden, die man im Zusammenhang mit Bestattungsriten für einen Helden der Gegend veranstaltete. Derartige Wettbewerbe beschreibt schon der epische Dichter Homer (ca. 800 v. Chr.) in der »Ilias«, wo sie zu Ehren des griechischen Helden Patroklos nach dessen Tod vor Troja veranstaltet wurden.

Erstmals finden die Spiele im Jahre 776 v. Chr. Erwähnung. Von da an wurden sie bis zum Ende des 4. Jahrhunderts n. Chr. fast ein Jahrtausend lang alle vier Jahre abgehalten. Der Zyklus war ein derart wichtiges Element des griechischen Kalenders, daß man ihn als chronologischen Bezugspunkt für andere Ereignisse verwendete.

Alle vier Jahre wurden Boten aus der kleinen Stadt Elis in alle Winkel Griechenlands geschickt, um den heiligen Waffenstillstand auszurufen: Jetzt mußten die Waffen ruhen, damit alle Griechen ohne Gefahr für Leib und Leben zu dem Fest kommen, daran teilnehmen und es wohlbehalten wieder verlassen konnten. Einen Monat vor Beginn der Spiele trafen die Kämpfer in Elis ein, wo ihre Qualifikation von Beamten überprüft wurde: Sie mußten männlich sein, frei geboren, Griechen von

Die Wettkämpfer betraten das Olympische Stadion durch einen überwölbten Gang (unten rechts), der dem Eingangstunnel moderner Stadien ähnelte. Die Zuschauer drängten sich auf den Sitzen entlang der Rennbahn. Sie war etwa 200 Meter lang – die Länge eines »Stadions« – und breit genug für zwanzig Läufer.

Detail einer Vase aus dem 5. Jahrhundert. Die Wettkämpfe gingen über verschiedene Distanzen, z. B. über 190 Meter. Alle Sprinter liefen nackt, ein Brauch, der, wie es heißt, eingeführt wurde, als ein Läufer 720 bei einem Wettlauf die Hose verlor.

Riesige Säulentrommeln vom Tempel des Zeus liegen umgestürzt neben den Grundmauern. Das Innere des Tempels wurde von der Zeusstatue des Phidias beherrscht, die hier auf einem Kupferstich des 18. Jahrhunderts abgebildet ist (gegenüber). Die Werkstatt Phidias' im Westen des Tempels wurde später in eine Kirche umgewandelt. Doch Archäologen konnten sie aufgrund von Steinmetzwerkzeugen, Elfenbein, Knochensplittern und einer Tonkanne mit der Aufschrift: »Ich gehöre Phidias«, identifizieren.

Modell des alten Olympia aus dem Britischen Museum. Im Zentrum der Zeustempel, dahinter der Heratempel. Links oben befindet sich das Gymnasium - der Übungsplatz - und darunter die Palästra. Rechts, vor der Altis, das Stadion.

Geblüt und ohne den Makel irgendeines Verbrechens.

Zu Beginn des Festes, das nach der Sommersonnenwende und bei Vollmond gefeiert wurde, verwandelte sich Olympia aus einem stillen Heiligtum in eine von Menschen wimmelnde Zeltstadt. Die Felder und Wälder der Umgebung füllten sich mit Campern und ihren provisorischen Unterkünften. Heere von Händlern und Gauklern mischten sich unter Tausende gewöhnlicher Besucher.

Dichter, Politiker und Philosophen stellten sich ein, um die Themen des Tages zu diskutieren, die Ansprüche ihrer jeweiligen Stadt zu verfechten oder einfach alte Streitfragen wieder aufzugreifen und sich über die neuen zu ereifern. Die Energie lokaler Fehden wurde in das hohe Ideal der nationalen Einheit sublimiert, und die Sehnsucht, sich in die heilige Tradition der Spiele einzufügen, verschlang alle Sonderinteressen. So müssen vielen Griechen diese Festtage wie ein Nachhall des längst vergangenen Goldenen Zeitalters erschienen sein, von dem die Dichter sangen.

Fünf Tage dauerten die Spiele. Sie folgten einem vorgeschriebenen Ablauf. Am ersten Tag wurden auf dem Altar des Zeus, einem sieben Meter hohen Bauwerk mit zwei Terrassen, weiße Ochsen geopfert. Auf der unteren Terrasse schlachtete man die Tiere, auf der oberen verbrannte man das Opfer. Dann wurden die Sportler und Kampfrichter vereidigt. Am nächsten Tag begannen die Kämpfe. Am Vormittag wurden Wagenrennen im Hippodrom veranstaltet, über dessen Lage und Aussehen nichts mehr bekannt ist. Am Nachmittag folgte der Pentathlon, der Fünfkampf, der aus Wettlauf, Weitsprung, Diskuswurf, Speerwurf und Ringen bestand.

Weitere Opfer wurden dem Zeus am dritten Vormittag gebracht, während der Nachmittag den Wettläufen der Jugend gewidmet war. Für viele war der vierte Tag, an dem Mut und Ausdauer der Athleten beim Ringen, Boxen und Sprinten in Rüstung auf die höchste Probe gestellt wurden, der Höhepunkt des Festes. Das spannendste

und grausamste Schauspiel war vielleicht das Pankration, eine Art Freistil-Ringkampf, bei dem praktisch alles erlaubt war: Beine-Stellen, Treten und Würgen, nur Beißen und das Ausdrücken der Augen galten als unfair. Kein Wunder, daß die Kämpfe gelegentlich tödlich ausgingen. Mit dem fünften Tag endeten die Spiele, und unter großem Jubel wurden die Preise verteilt, weitere Opfer gebracht und üppig geschmaust.
Die Sieger ehrte man nicht nur mit einem Kranz aus Olivenzweigen, die ein Knabe mit goldener Sichel rituell von einem heiligen Olivenbaum abschnitt, sondern es wurden ihnen häufig auch Denkmäler in Form von Statuen in der Altis oder durch eigens für sie gedichtete Hymnen gesetzt. Und oft erhielten sie von ihren Städten noch materielle Vergünstigungen, z. B. freie Mahlzeiten, Geld oder Theaterkarten. Die athenischen Sieger hatten im Gästehaus der Stadt einen Freiplatz auf Lebenszeit, und solche aus Sparta durften in die angesehene königliche Leibwache eintreten.
Während die Zuschauer die Athleten anfeuerten und die Menge begeistert auf den Plätzen wogte, stand der Tempel des Zeus über allem Geschehen und erinnerte die Sterblichen an die Gegenwart des Gottes. Begonnen 468 v. Chr. und vollendet 457, war der Tempel mit einer Länge von 70 Metern, einer Breite von 29 Metern und einer Höhe von 21 Metern einer der größten

Ein korinthisches Kapitell erinnert an die römische Periode Olympias, die in der zweiten Hälfte des 2. Jahrhunderts v. Chr. begann und den Niedergang der Spiele einläutete. Der berühmteste römische Wettkämpfer war Kaiser Nero, der im Jahre 67 an einem Wagenrennen teilnahm. Obwohl er vom Wagen fiel, sprachen ihm die Richter diplomatisch den ersten Preis zu. Nero feierte seinen Sieg, indem er den Veranstaltern der Spiele eine große Schenkung machte.

Bauten Griechenlands. Der Rohbau bestand aus Steinen aus der Umgegend, über die dünner, weißer Stuck gelegt war, wobei Details in Blau, Gold und Rot hervorgehoben waren.
Das Innere hinter der aus dorischen Säulen und Bronzetüren gestalteten Fassade wurde von einem der Sieben Weltwunder der Antike beherrscht: der Statue des Zeus, geschaffen von dem Bildhauer Phidias. Sie war zwölf Meter hoch und stellte den Gott dar, wie er, geschmückt mit Olivenzweigen, auf einem großen, mit Edelsteinen verzierten Thron aus Ebenholz und Gold saß. In der einen Hand hielt er ein Zepter, das von einem Adler gekrönt wurde, in der anderen die geflügelte Göttin des Sieges. Die Sandalen und das Gewand, das mit Lilien und Tiermustern bestickt war, bestanden aus Gold, das Fleisch aus Elfenbein.
Jeder, der die Statue sah, war davon beeindruckt. Dem römischen Kaiser Caligula (37–41 n. Chr.) gefiel sie so sehr, daß er befahl, sie nach Rom zu schaffen. Als aber seine Arbeiter sich anschickten, sie zu zerlegen, hörten sie plötzlich dröhnendes Gelächter. Und nachdem auch noch das Gerüst mit lautem Krachen zusammengestürzt war, flohen sie in panischem Entsetzen. Doch im Jahre 426 holte Kaiser Theodosius II. die Statue nach Konstantinopel, der Hauptstadt des römischen Ostreiches, wo sie 475 einem Brand zum Opfer fiel.
Die Spiele selbst waren schon knapp hundert Jahre zuvor abgebrochen worden. Denn um 393 befahl der christliche Kaiser Theodosius I. – der Große – ihre Schließung. Schon im Mittelalter wußten nicht einmal mehr die Schäfer der Gegend, daß unter dem Platz, den sie Andilalo nannten, das berühmteste Stadion und Heiligtum der Antike verborgen lagen.
Olympia war den Gelehrten durch die Schriften des Pausanias bekannt. Doch erst 1766 wurde der Ort von einem Briten namens Richard Chandler wiederentdeckt. Im nächsten Jahrhundert erfolgten erste Ausgrabungen, so 1829 durch ein französisches Team. Es bedurfte aber noch der deutschen Expeditionen von 1875–1881, 1936–1941 und ab 1952, um die heiligen Ruinen ganz ans Tageslicht zu bringen.

Auf diesem zeitgenössischen Bild aus dem Jahre 1896 (unten links) warten Läufer bei den Olympischen Spielen in Athen auf den Startschuß. Diese Spiele – die ersten der Moderne – wurden nach einer Pause von rund 1500 Jahren dank der Bemühungen eines Franzosen, Baron Pierre de Coubertin, wieder aufgenommen. Dieser hatte 1892 einen entsprechenden Vorschlag gemacht, und vier Jahre später wurde sein Traum Wirklichkeit, als die Spiele vom griechischen König in Athen eröffnet wurden. Man hatte für diese Gelegenheit sogar ein eigenes Stadion errichtet.

Zeittafel

v. Chr.	
776	Erster Bericht über ein Festival mit Spielen in Olympia.
468 –457	Bau des Zeustempels.
ca. 437	Phidias beginnt mit seiner Arbeit an der Zeusstatue.
n. Chr.	
67	Teilnahme des römischen Kaisers Nero an den Spielen.
ca. 393	Die Spiele werden von Theodosius I. geschlossen.
426	Theodosius II. lässt die Zeusstatue nach Konstantinopel schaffen.
1766	Richard Chandler entdeckt das alte Olympia.
1875	Umfangreiche deutsche Ausgrabungen in Olympia.
1896	Erste Olympiade der modernen Ära wird in Athen veranstaltet.
1996	Der hundertste Jahrestag der modernen Spiele in Atlanta.

USA

Cahokia

»Bei meiner Untersuchung im Jahre 1811 wunderte ich mich doch sehr, daß dieses imposante Denkmal des Altertums bisher von allen anderen Reisenden übersehen worden sein sollte.«

Henry Brackenridge in einem Brief an Thomas Jefferson

Als eine Gruppe französischer Trappisten-Mönche 1809 ein Kloster in Südillinois gründete, stellten sie fest, daß ihr neues Siedlungsgebiet von smaragdgrünen Erdhügeln bedeckt war. Wohin auch der Blick fiel, überall in der Landschaft erhoben sich grasüberwachsene oder verwitterte Hügel in verschiedenen Formen und Größen. Einer davon ragte wie ein kleiner terrassenförmiger Berg beherrschend über die anderen empor.

Nur vier Jahre später gaben die Trappisten, geschwächt durch Malaria und das harte Leben in der Wildnis, ihre kleine Siedlung wieder auf. Sie hatten nicht bemerkt, daß ihre Siedlung auf dem Gelände von Cahokia, der größten prähistorischen Stadt der amerikanischen Natives im Norden des

Cahokia war die größte Stadt der Mississippi-Kultur, die man nur von Artefakten wie dem Muschelkopf mit Haarknotenfrisur (oben links) und der Muschelscheibe mit eingravierter Spinne (links) kennt. Das stilisierte weinende Auge und das Kreuz auf dem Rücken der Spinne sind Symbole, die die Archäologen einer damaligen Religion, dem sogenannten »Südlichen Kult«, zuordnen.

Rio Grande, gelegen hatte. Nur 500 Jahre zuvor hatten hier Tausende von Menschen gelebt. Der kurze Aufenthalt der Trappisten blieb unvergessen. Denn ihnen zu Ehren wurde der große »Mound« Cahokias, auf dessen unterster Terrasse sie Gemüse gezogen hatten, später »Mönchshügel« genannt. Dieser Name hatte – in anderem Zusammenhang – schon seine Berechtigung. Denn der »Mönchshügel« war das heilige Herz Cahokias. Er bildete das Fundament eines großen Holzbaus, der, wie man heute glaubt, die Funktionen des Tempels und Palastes in sich vereinigte.

Hundert Kilometer östlich von St. Louis, Missouri, gelegen, trägt Cahokia seinen Namen nach einem Volk amerikanischer Natives (Cahokia bedeutet »wilde Gänse«), die das Land im 17. Jahrhundert bewohnten. Es war die Hauptstadt und das Kultzentrum einer als Mississippi-Kultur bekannten Zivilisation, die von ca. 1050 bis 1250 blühte.

Die Mississippier traten während des 9. Jahrhunderts n. Chr. im Südosten und in der Mitte des Kontinents erstmals in Erscheinung. Das auffälligste Merkmal ihrer Kultur waren die flachen Erdhügel, die

Im Licht der Morgendämmerung liegt die Silhouette des sogenannten Mönchshügels in Cahokia, des größten prähistorischen Erdbaus Amerikas. Der Hügel wurde vor etwa tausend Jahren aufgeschüttet und besteht aus schätzungsweise 620 000 Kubikmetern Erde. Die oberste Terrasse war einst von einem Tempel oder auch Palast gekrönt, von dem aus der Priesterfürst über die Stadt regierte.

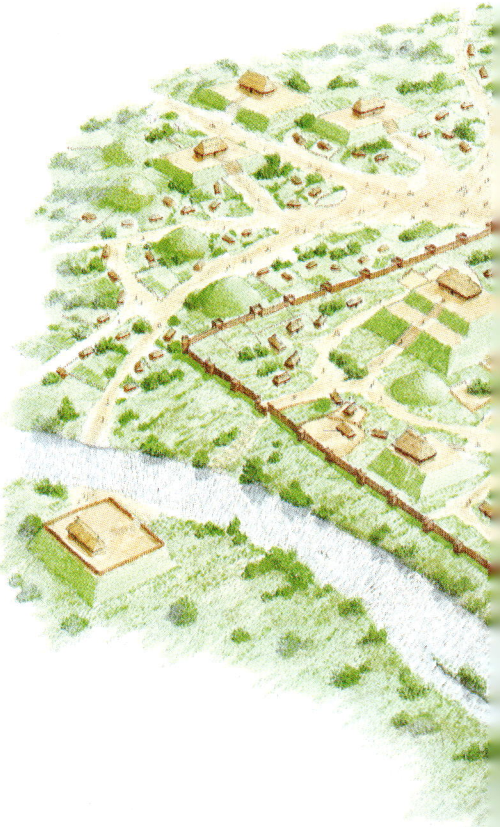

als Fundamente für Tempel, Totenhäuser und königliche Paläste dienten. Die Mississippier bauten in den fruchtbaren Ebenen der Flußtäler Mais und andere Feldfrüchte an, und ihre Städte und Dörfer mehrten sich und wuchsen. Doch keine von ihnen erreichte die Größe Cahokias, das etwa um die Mitte des 12. Jahrhunderts seinen Höhepunkt erreicht hatte. Zu diesem Zeitpunkt war es die größte Siedlung Nordamerikas, bedeckte eine Fläche von annähernd fünfzehn Quadratkilometern und hatte rund 20 000 Einwohner.
Der Kern der Stadt lag innerhalb eines langen, starken Palisadenzauns in Form eines großen »D«. Innerhalb dieser Einfriedung aus Holz erstreckte sich die breite Hauptplaza, etwa 16 Hektar groß, auf der sich eine Anzahl Erdhügel verschiedenen Typs und Umfangs erhob. Manche waren rund und spitz wie Kegel, andere länglich mit dreieckig zulaufenden Enden und scharfen Graten. Am häufigsten waren die Tempelhügel mit Plattform, die flachen Pyramiden glichen. Auf ihrer Oberfläche errichtete man hölzerne Tempel und andere Gebäude, von denen aber nichts übriggeblieben ist.
Das auffälligste Monument aber war der Mönchshügel. Er stand am Nordende der Hauptplaza und beherrschte von dort aus die Stadt. Dieses kolossale Erdbauwerk – das größte des präkolumbischen Amerika – wurde im 10. Jahrhundert begonnen. 300 Jahre lang baute man daran weiter und vergrößerte es Schritt für Schritt. Die steilen Flanken erhoben sich dreißig Meter hoch und waren in vier Terrassen gegliedert, die insgesamt an die fünf Hektar bedeckten.
Auf der obersten Hügelterrasse stand ein großes, strohgedecktes Kultgebäude von mehr als dreißig Metern Länge und fünfzehn Metern Höhe. Wahrscheinlich war es der Haupttempel oder der Herrscherpalast. Möglicherweise hatte es aber auch beide

Der wuchtige Block des Mönchshügels, hier von Nordwesten gesehen, ist Mittelpunkt des Cahokia Mounds State Historic Site. 1891 baute sich ein gewisser Amos Hill ein Haus oben auf dem Mönchshügel. Er selbst soll in der Nordwestecke begraben sein. Der Hügel war dann bis Anfang des 20. Jahrhunderts weiter in Privatbesitz.

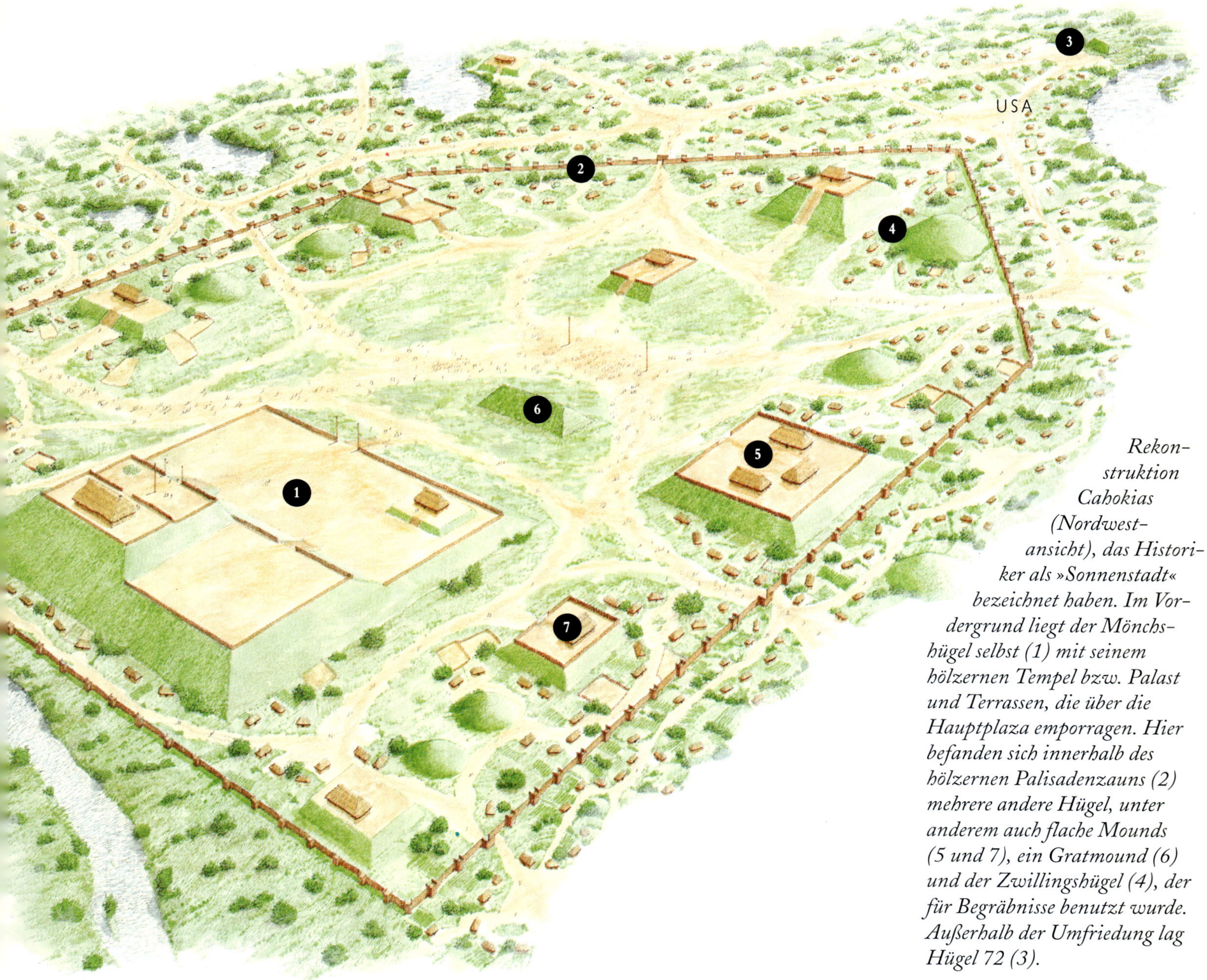

Rekonstruktion Cahokias (Nordwestansicht), das Historiker als »Sonnenstadt« bezeichnet haben. Im Vordergrund liegt der Mönchshügel selbst (1) mit seinem hölzernen Tempel bzw. Palast und Terrassen, die über die Hauptplaza emporragen. Hier befanden sich innerhalb des hölzernen Palisadenzauns (2) mehrere andere Hügel, unter anderem auch flache Mounds (5 und 7), ein Gratmound (6) und der Zwillingshügel (4), der für Begräbnisse benutzt wurde. Außerhalb der Umfriedung lag Hügel 72 (3).

Funktionen inne, da der Herrscher sowohl religiöser als auch politischer Führer gewesen sein könnte.

Von der Spitze des Mönchshügels aus konnten er und sein Gefolge die Stadt mit ihren 120 Hügeln und die umliegenden Dörfer überblicken. Es war eine Landschaft, die von großen, aus der Ferne wie Maulwurfshügel wirkenden Aufschüttungen, ausgedehnten Plazas und kleinen Seen übersät war, denn das Regenwasser sammelte sich in den Gruben, aus denen man die Erde für die Hügel ausgehoben hatte.

Um die Plazas lagen kleine Häuser. Sie wurden aus Stangen errichtet, die man mit Schilfgeflecht oder Zweigen verband und mit einer Mischung aus Lehm und Gras verputzte. In verschiedenen Bezirken gingen Töpfer und Handwerker ihren Geschäften nach, die Muscheln, Kupfer und Glimmer verarbeiteten, an anderen Stellen mahlte man Mais auf großen Mühlsteinen, schnitzte Bogen aus Holz, formte steinerne Tabakspfeifen oder Holzmasken und häutete Hirsche.

Da die Mississippier keine Schrift kannten, stammt das meiste, was wir über sie wissen, aus archäologischen Funden. Doch beobachteten französische Forscher zwischen

1698 und 1731 im unteren Mississippi-Tal das Volk der Natchez, von dem man annimmt, daß es das kulturelle Erbe der Mississippier übernahm. Die Gesellschaft der Natchez war nach Kasten aufgebaut. Sie wurde von einem Priesterkönig regiert, den man die »Große Sonne« nannte. Er war der Stellvertreter der Sonne auf Erden, und sein Volk erwies ihm göttliche Ehren. So trug er eine Krone aus schneeweißen Schwanenfedern und wurde immer in einer Sänfte umhergetragen, um durch die Berührung mit dem Erdboden nicht beschmutzt zu werden.

Nur die »Große Sonne« und ihre Priester durften den Haupttempel betreten, der sich in der Mitte des Hügels erhob. Dort wurden ein ewiges heiliges Feuer unterhalten und die Gebeine früherer Herrscher aufbewahrt. Nach dem Tod eines Herrschers wurden lange Begräbnisriten gefeiert. Seine Frauen und Nachkommen wurden erdrosselt, sein Haus verbrannt, und zu gegebener Zeit wurden seine Gebeine im Tempel deponiert.

Wie die Natchez, so pflegten auch die Mississippier einen aufwendigen Bestattungskult mit zahlreichen Opfern. Ausgrabungen in Hügel 72, einem zwei Meter hohen Gratmound etwa einen Kilometer südlich des Mönchshügels, haben drei kleinere Hügel und Grubengräber ans Licht gebracht, in denen fast 300 Menschen begraben waren. Das schönste Grab war das eines Mannes mittleren Alters, vermutlich eines Häuptlings, dessen Leichnam sorgfältig auf ein Lager aus 20 000 Muschelperlen gebettet war.

Rings um diesen unbekannten Häuptling fanden sich Grabbeigaben, z. B. kleinere Mengen Glimmer, Rollen aus Kupferplättchen, Hunderte von Pfeilspitzen aus Feuerstein und die geopferten Körper von sechs Männern seines Gefolges. In einer anderen Grube wurden die Gebeine von 53 jungen Frauen ausgegraben. Und unter einem der kleineren Hügel lagen in einer

Auf dieser 1833 entstandenen Zeichnung des damals sehr populären Künstlers Karl Bodmer, der auch Skizzen vom Zwillingshügel anfertigte, sieht der Mönchshügel wie eine natürliche, baumbestandene Anhöhe aus. Auf dem Gipfelplateau steht das von Amos Hill zwei Jahre zuvor errichtete Farmhaus.

In Spiro, Oklahoma, fand man an einer Ausgrabungsstätte der Mississippi-Kultur diese aus Speckstein geschnitzte Pfeife (links). Man deutet das Motiv bevorzugt als Krieger, der einen besiegten Gegner enthauptet. Solche schön gearbeiteten Pfeifen verwendeten die amerikanischen Ureinwohner bei ihren religiösen und kulturellen Riten.

Dieser bossierte Kupferkopf (links) mit Haarsträhnen und entblößten Zähnen stellt nach allgemeiner Ansicht einen Krieger des Mississippi-Volkes dar. Er gehört zu den wenigen Artefakten, die Hinweise auf das Aussehen dieser Menschen geben.

Reihe die Skelette von vier Männern. Köpfe und Hände hatte man ihnen abgeschnitten und ihre Arme überkreuz gelegt. Die Hauptmerkmale dieser Religion liegen noch im dunkeln, doch nimmt man an, daß sie um etwa 1250 voll entwickelt war. Ein aufwendiger Totenkult spielte darin eine Hauptrolle. Man legte auch größten Wert darauf, daß sich die Lage der Häuser an den vier Himmelsrichtungen orientierte. Auch die Lage des Mönchshügels in der Mitte deckte sich mit den vier Kardinalpunkten der Kompaßrose. Ebenso lief die Nord-Süd-Achse Cahokias vom Mönchshügel südlich über andere auffällig plazierte Hügel zum Hügel 72. Weitere bedeutende Erdbauten markierten die Ost-West-Achse der Stadt.

Im Jahre 1961 wurden die Überreste eines etwa tausend Jahre alten Kreises aus Zedernpfählen entdeckt. Westlich des Mönchshügels gelegen, ist dieser »Woodhenge« genannte Kreis fünfmal erweitert worden (der dritte Kreis mit 48 Pfosten wurde an Ort und Stelle rekonstruiert). Vermutlich hat man die Pfosten für kalendarische Zwecke verwendet, vielleicht um die Phasen des Mondes oder, wahrscheinlicher, den Lauf der Sonne zu beobachten und so die wichtigsten Daten des Jahres zu fixieren. Ebenso ist es möglich, daß man den Kreis als Peilinstrument benutzte, um die genaue Lage der Hügel Cahokias festzulegen.

Ein Beobachter, der sich in der Morgendämmerung in Woodhenge postierte, konnte zur Frühjahrs-Tag- und Nachtgleiche, wenn die Aussaat vorgenommen werden mußte, die Sonne direkt über dem Mönchshügel aufgehen sehen.

An die 200 Jahre blühte Cahokia als das geistige, kulturelle und wirtschaftliche Zentrum der Mississippikultur. Doch gegen Ende des 13. Jahrhunderts begann der Niedergang. Die Gründe dafür sind ein Rätsel. Möglicherweise führten ungünstige klimatische Bedingungen zu Mißernten, Hungersnöten und Aufständen. Auch eine Überbeanspruchung der natürlichen Ressourcen könnte eine Rolle gespielt haben. Ende des 15. Jahrhunderts war Cahokia eine Geisterstadt, seine Menschen verschwunden, die Erdhügel überwachsen. Doch der große Erdhügel ist erhalten geblieben, ein erstaunliches Relikt der rätselhaften Vergangenheit Amerikas.

Zeittafel

n. Chr.

um 800	Cahokia entwickelt sich zum Zentrum der Mississippi-Kultur.
um 900	Die Arbeit am Mönchshügel beginnt.
um 1150	Kultureller und politischer Höhepunkt Cahokias.
um 1250	Beginn des Niedergangs Cahokias
1809 –1813	Französische Trappistenmönche beziehen eine Klostersiedlung in Cahokia.
1831	Amos Hill baut ein Privathaus oben auf dem Mönchshügel.
1925	Der Staat Illinois erwirbt 58 Hektar des Territoriums und gründet den Cahokia Mounds State Park.
1961	Ausgrabungen unter Dr. Warren Wittry legen die Woodhenge-Kreise frei.
1982	Cahokia wird von der UNESCO zum Weltkulturerbe erklärt.
1989	Mit einem Gesamtaufwand von vielen Millionen Dollar wird ein Informationszentrum an dieser Stelle errichtet.

Die Erdhügel des alten Nordamerika

Die vor allem in den Flußtälern des Mississippi und Ohio gelegenen Erdhügel Nordamerikas sind Überreste prähistorischer indianischer Kulturen und stammen aus der Zeit zwischen 1000 v. Chr. bis 1450 n. Chr. Es gibt verschiedene Typen: von kleinen, kegelförmigen Erdstrukturen bis zu riesigen, abgeflachten Pyramiden. Die sogenannten »Figurenhügel« sind niedrig und ähneln von oben gesehen Tieren, etwa Schlangen oder Adlern. Die Europäer des 18. Jahrhunderts glaubten, es handle sich um die Werke erst jüngst eingewanderter Völker. Doch in Wahrheit sind die Hügel von drei autochthonen Bevölkerungen erbaut worden, die mit drei Kulturen in Verbindung gebracht werden: die nach Fundstätten so genannte Adena- und Hopewell- sowie die Mississippi-Kultur, deren großes kulturelles und politi-

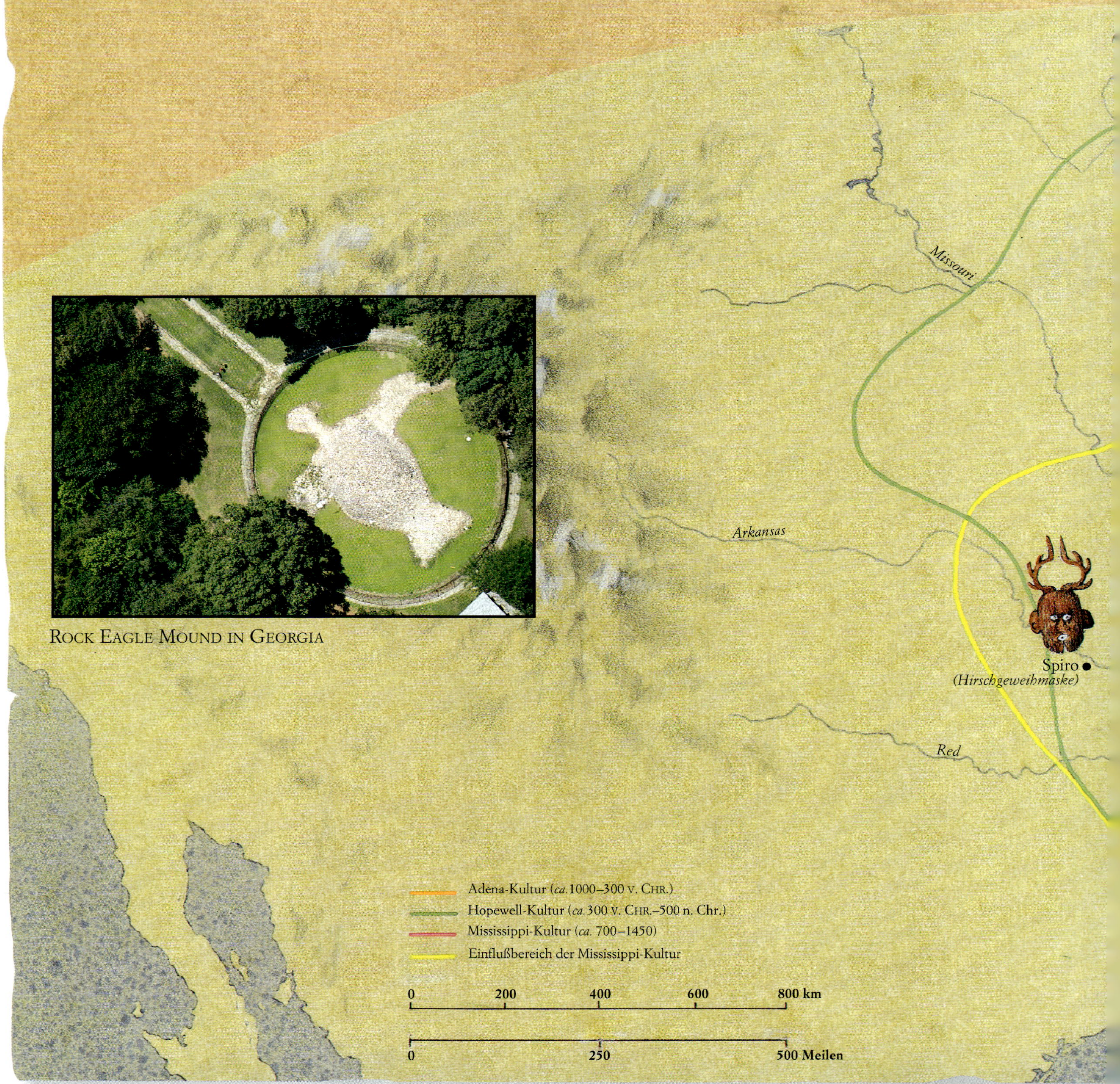

Rock Eagle Mound in Georgia

sches Zentrum Cahokia war. Die Adena-Leute bewohnten die östlichen Wälder am Ohio und erbauten »Figurenhügel« und ringförmige Erdwälle – »heilige Kreise«, die, wie man glaubt, zeremoniellen Zwecken dienten und manchmal auch Grabhügel umschlossen. Die Hopewell-Leute – die meisten Wissenschaftler nehmen an, es waren Vorläufer der Adena-Kultur – sind sowohl wegen ihrer Hügel als auch ihrer Grabbeigaben berühmt. Darunter befinden sich Muscheln von der Golfküste und Grizzlyzähne aus dem Westen. Auf der Karte sind die Fundstätten in den Kerngebieten dieser Kulturen verzeichnet, unter anderem Moundville, Alabama, und Spiro, Oklahoma, wo man eine hölzerne Hirschmaske mit Geweih fand, ferner Bird Mound in Wisconsin und Mound City in Ohio.

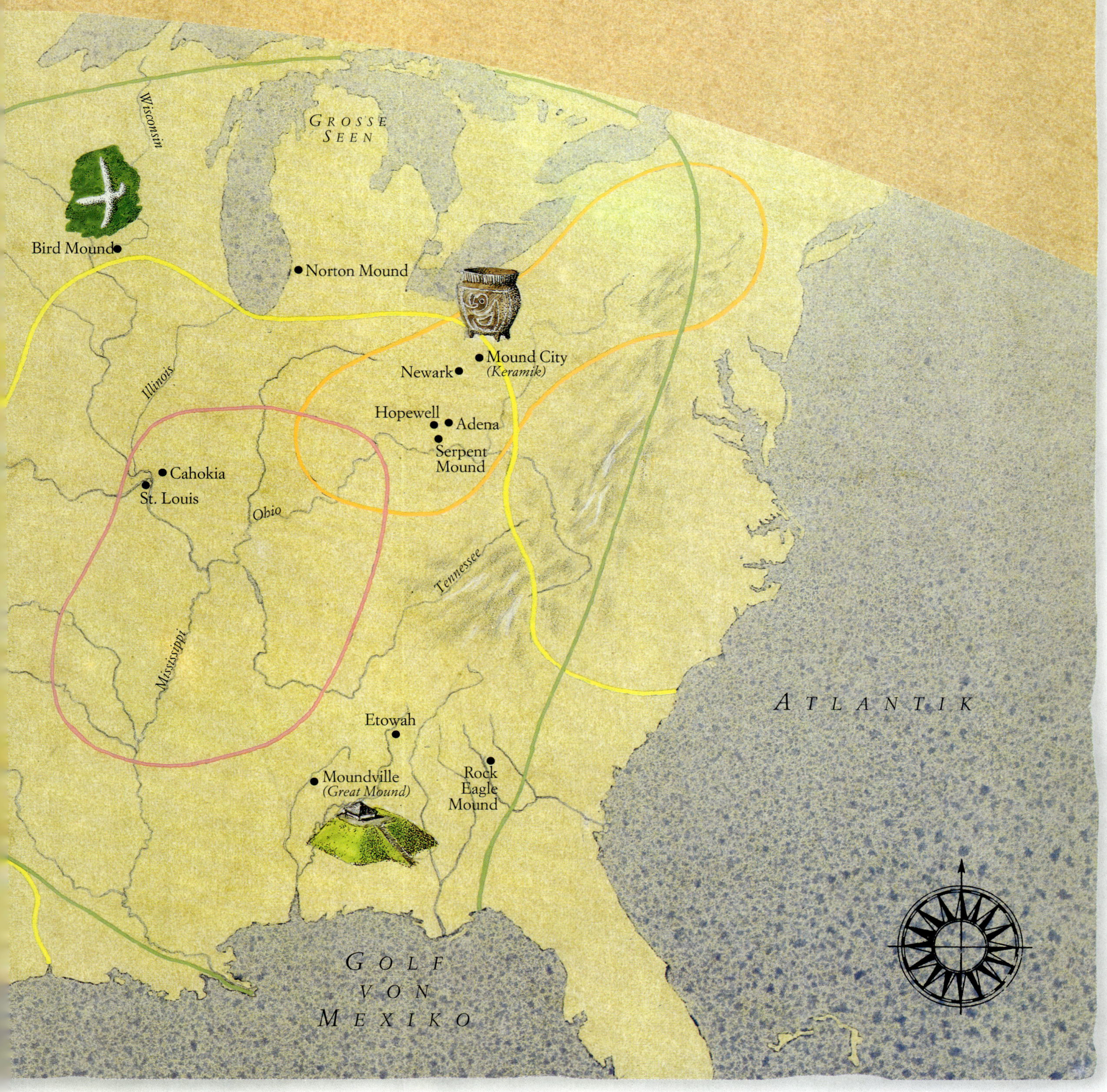

MYANMAR (BIRMA)

PAGAN

»Man fühlt sich, faßt man das Ganze vom Fluß aus ins Auge, wie auf einem anderen Planeten, so phantastisch und unirdisch sind die Bauten.«

DER BRITISCHE INGENIEUR CAPTAIN HENRY YULE 1855

Auf einer heißen, staubigen Ebene Zentralbirmas (das 1990 wieder den Namen Myanmar erhielt) stehen mehr als 2000 buddhistische Pagoden und Tempel der alten Stadt Pagan. Sie bieten einen Anblick, der in Südostasien seinesgleichen sucht, und wenn der Birmese eine ungeheuere Anzahl verdeutlichen will, so sagt er: »Zahllos wie die Pagoden Pagans.«

Wenn die Morgenröte den Himmel von der Erde trennt und das Licht auf der breiten Silberschleife des Irawadi, des größten burmesischen Stromes, erglänzt, zeichnet sich ein Wald aus spitzen Zinnen und Kegelkuppeln vor dem Horizont ab. So weit das Auge reicht, erstrecken sich die Sakralbauten, manche fast tausend Jahre alt, fünfzehn Kilometer am Ostufer des Flusses entlang und etwa vier Kilometer ins Landesinnere. An einigen Stellen stehen sie so dicht, daß es heißt, man könne sich hier nicht umdrehen, ohne an ein Heiligtum anzustoßen.

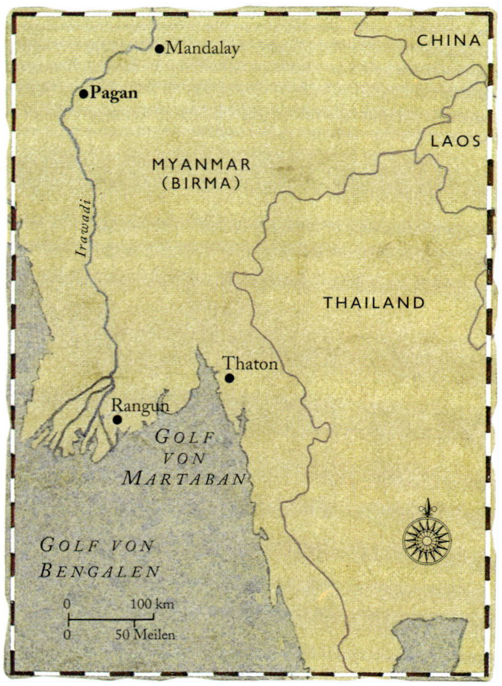

Manche davon sind eingestürzt, nur noch Trümmerhaufen aus Ziegelsteinen, und die Spitzen liegen flach am Boden. Andere aber, wie der große Dammayangyi-, der Ananda- und der Thatpyinnu-Tempel, ragen wie Berge über die flache Ebene empor. Einige gleichen Schneegipfeln mit Zinnen wie weißen Stalagmiten. Doch die Sonne kann ihren Eisfassaden nichts anhaben.

Der Überlieferung zufolge wurde Pagan 849 vom birmesischen König Pyinbia gegründet. Die Birmesen waren einige Zeit zuvor aus der Gegend von Tibet nach Birma eingewandert. Damals konzentrierte sich ihre Macht noch im Norden des Landes, während im Süden ein anderes Volk, die Mon, herrschte.

Diese Machtverteilung änderte sich jedoch endgültig, als Anoratha im Jahre 1044 den Thron bestieg. In kühnem Zweikampf gewann Anoratha die Krone und einte Birma zum ersten Mal. Mit ihm beginnt die eigentliche Geschichte des Landes.

Anoratha war ein starker König, aber auch

Die Tempel und Pagoden Pagans wurden zwischen dem 11. und 13. Jahrhundert n. Chr. errichtet. Sie bilden die größte Ansammlung buddhistischer Heiligtümer.

ein tief religiöser Mensch. Als er die Herrschaft antrat, glaubten die Einwohner von Pagan noch an Geister, sogenannte Nats, und ihre Religion war eine Mischung aus Mahayana-Buddhismus und Hinduismus.

Kurz nach seiner Krönung jedoch ließ sich der neue König von Shin Arahan, einem buddhistischen Lehrer der Theravada-Schule – die in Südostasien und Sri Lanka vorherrscht –, zu dieser Religion bekehren, und er verteidigte sie mit dem Eifer des Renegaten. Shin Arahan drängte den König, sich eine der dreißig Kopien der heiligen Schriften der Buddhisten, des Tripitaka, zu beschaffen, die sich im Besitz des Mon-Königs befanden, der in Thaton im Süden des Landes residierte, um so den neuen Glauben in seinem Land zu konsolidieren.

Anoratha bat in aller Form um eine Kopie, wurde aber brüsk abgewiesen. Daraufhin eroberte er Thaton und verschleppte 30 000 Angehörige des Mon-Volkes nach Pagan – Mönche, Gelehrte, Steinmetzen, Goldschmiede, Zimmerleute und Künstler, dazu den in goldene Ketten gelegten Mon-König und seinen Hofstaat. Die heiligen Schriften wurden auf dem Rücken von 32 weißen Elefanten befördert. Man erbaute eine eigene Bibliothek, um sie unterzubringen.

Das war ein Wendepunkt in der Geschichte Pagans. Die Handwerker der Mon vermittelten den ehemaligen Feinden ihre Kenntnisse, und die Mon-Gelehrten vermittelten den neuen Herren die Palisprache der heiligen Schriften und das Mon-Alphabet, so daß die bisher schriftlosen Birmesen von jetzt an in ihrer eigenen Sprache schreiben konnten. Shin Arahan organisierte die Theravada-Mönche der Mon und schickte sie auf Mission in alle Welt.

Auf jeder Seite des kreuzförmigen Ananda-Tempels befindet sich ein Gang, der in eine kleine Halle mündet. In einer davon steht eine mit leuchtendem Gold überzogene Buddhastatue. Sie ist aus Teakholz, über neun Meter hoch und wird über eine unsichtbare Öffnung in der Decke beleuchtet.

In den folgenden 200 Jahren war Pagan Mittelpunkt eines Königreiches, etwa so groß wie das moderne Myanmar. Mit den anderen Landesteilen war es durch ein ausgedehntes Straßennetz verbunden. Der Reisanbau wurde durch die Anlage von Bewässerungskanälen verbessert, und der Handel mit Sri Lanka, Indien und anderen benachbarten Ländern blühte. Besonders begehrt waren die paganischen Lackarbeiten.

Der Theravada-Buddhismus, auch heute noch die dominierende religiöse und soziale Kraft des Landes, konnte sich bei den Paganesen behaupten, obwohl der Geisterglaube nicht vollständig ausgerottet wurde. Shin Arahan hielt es für besser, die Nats in den Buddhismus zu integrieren, als sie den Menschen gewaltsam aus dem Herzen zu reißen. Daher stellte König Anoratha auf den Terrassen seiner großen Shwezigon-Pagode im Nordteil Pagans sogar die Holzstatuen der 37 traditionellen Nats auf, um Anhänger für den neuen Glauben zu werben.

Die Shwezigon-Pagode ist wie andere

Der Ananda-Tempel ist wie andere birmesische Tempel ein Ort eher der Meditation als des gemeinsamen Gottesdienstes. Typische Bauelemente sind die terrassierte Pyramidenform und die überall emporragenden winzigen Pagoden, Kuppeln und Spitzen. Der Bau symbolisiert den mythischen Berg Indiens, Meru.

Pagoden, auch Stupas genannt, vor allem ein Aufbewahrungsort für Reliquien. Wie es heißt, enthält sie einige Gebeine des Buddha, eine Nachbildung von Buddhas »heiligem Zahn« aus Kandy in Sri Lanka und ein smaragdenes Buddhabildnis aus Yünnan in China. Das Bauwerk erhebt sich auf drei Terrassen, auf deren vier Ecken jeweils kleine Miniaturpagoden stehen. Auf jeder Seite führt eine große Treppe empor und unterstreicht die Vertikale. Die zwiebelförmige Glockenkuppel, in eine Spitze auslaufend, markiert das Zentrum.

Nach Anorathas Tod im Jahre 1077 bestieg als nächster König Pagans sein Stiefsohn Kyanzittha 1084 den Thron. Es war ein gerechter und milder Herrscher, der eine Periode des Friedens und Wohlstandes in der Geschichte Pagans einleitete. Er intensivierte die diplomatischen Beziehungen zu China und förderte den Handel mit Sri Lanka. Auch schickte er ein mit Schätzen beladenes Schiff nach Indien, um die Renovierung des Mahabodhi-Tempels in Bodh Gaya zu finanzieren, wo Gautama Buddha die Erleuchtung erlangt hatte.

In Pagan selbst errichtete Kyanzittha eine ganze Anzahl von Heiligtümern. Das prächtigste ist der Ananda-Tempel. Nach der Überlieferung erbaute er ihn nach dem Vorbild eines Höhlentempels im Himalaja, den acht indische Mönche bis in alle Einzelheiten vor seinen Augen heraufbeschworen. Erbaut aus mit schneeweißem Stuck überzogenen Ziegeln ragt er in sechs sich nach oben verjüngenden Terrassen über einem rechteckigen Grundriß auf, gekrönt von einem bauchigen Turm, der an einen Bienenkorb erinnert.

Aus der Mitte jeder Seite wächst ein Vorbau hervor, so daß der Grundriß ein griechisches Kreuz mit vier gleich langen Zacken bildet. Jeder Vorbau führt in eine Halle, in der eine knapp zehn Meter hohe, vergoldete Buddhastatue aus Teakholz dem Besucher ein von Frieden erfülltes Antlitz zuwendet.

Kyanzitthas Nachfolger wurde im Jahre 1112 sein Enkel Alaungsithu, dessen buddhistische Frömmigkeit noch von Shin Arahan selbst geweckt worden war. Sein größtes Werk war der Thatpyinnu-Tempel, der 1144 vollendet wurde.

Etwa 500 Meter südwestlich des Ananda-Tempels erhebt sich dieser Tempel mehr als sechzig Meter hoch. Er ist das höchste Heiligtum der Stadt. Auf einem massiven Sockel und einem viereckigen Unterbau prangt die glockenförmige Kuppel, deren Spitze in den Himmel zu stoßen scheint.

Alaungsithu wurde von seinem Sohn Narathu ermordet, dessen kurze Herrschaft (1167–1170) von Unruhen gekennzeichnet war. Um für seine Verbrechen zu sühnen, baute er den Dammayangyi-Tempel, das größte Heiligtum in Pagan, etwa einen Kilometer südöstlich des Ananda.

Der Ruhm des Dammayangyi beruht auf der einzigartigen Präzision seiner Ziegelbauweise – vielleicht weil Narathu gedroht hatte, die Maurer hinrichten zu lassen, wenn es ihm gelänge, eine Nadel zwischen zwei benachbarte Steine zu stechen. Aber der Tempel brachte dem König kein Glück.

Der Grundstein für den Gawdawpalin-Tempel, hier mit dem Irawadi-Fluß im Hintergrund, wurde unter der Regierung Narapatisithus (1173 – 1210) gelegt. Der britische Ingenieur Captain Henry Yule, der ihn 1855 sah, beschrieb ihn als »leuchtend in weißem Stuck. Mit zahllosen kleineren Spitzen und einer schmalen Hauptspitze in der Mitte ragt er empor wie eine Fata Morgana des Mailänder Doms.«

Narathu wurde von als Priestern verkleideten Agenten eines indischen Fürsten getötet, dessen Tochter er geheiratet und ermordet hatte.

Das Goldene Zeitalter der paganischen Tempelbauten endete im frühen 13. Jahrhundert. Die gewaltigen Mittel, die man in so viele Sakralbauten gesteckt hatte, hatten die Kräfte überfordert, und nicht umsonst gibt es in Birma das Sprichwort: »Die Pagode ist fertig, das Land ruiniert.«

Der Todesstoß kam während der Regierungszeit Narathihapates, des letzten der Anoratha-Dynastie, der als Despot in die Geschichte einging. Im Jahre 1271 besiegelte er das Geschick Pagans, als er sich weigerte, Kublai Khan, dem großen Mongolenführer, der sich selbst zum Kaiser von China gemacht hatte, Tribut zu zahlen. 1283 marschierten die mongolischen Scharen in Birma ein. Narathihapate floh kampflos aus Pagan, was ihm den Spitznamen Tarokpyemin einbrachte, der »König, der vor den Chinesen davonlief«.

1287 wurde der feige Fürst von seinem eigenen Sohn getötet. Im gleichen Jahr besetzte Kublai Khans Enkel Prinz Ye-su Timur Pagan und ernannte einen der Söhne Narathihapates zum König – von Chinas Gnaden. Das Königreich Pagan löste sich allmählich auf, und niemals gewann die Stadt ihr früheres Ansehen zurück. Die hölzernen Häuser verfielen, und nur die steinernen Tempel und Pagoden blieben.

Ob wohl je eine Stadt auf Erden so viel schöpferische Energien in den Bau von Heiligtümern gesteckt hat wie Pagan? Vielleicht war es die große Vision König Alaungsithus, Pagan zu einer Stadt des Heils zu gestalten mit »Bergen« von Menschenhand an den Ufern des Irawadi. Denn auf einer seiner Pagoden ist das Gebet eingemeißelt: »Ich wollte einen Damm über den Strom Samsara errichten [den Kreislauf von Geburt und Wiedergeburt], die Ertrinkenden hinaufziehen und zur Stadt des ewigen Friedens geleiten…«

In diesem Relief (links) aus Pagan verläßt Prinz Siddharta Gautama zu Pferd seinen Palast. Er entsagte seiner Familie und weltlichen Gütern und brach auf, um den Sinn des Lebens zu finden. Schließlich erlangte er Erleuchtung, das Nirwana, und gilt seitdem als der Buddha, der Erwachte.

Der kleine birmesische Junge aus Pagan (unten links) nimmt an einer buddhistischen Initiationszeremonie teil. Wie Siddharta auf einem Pferd reitend und als ein Prinz gekleidet, vollzieht er rituell die Entsagung des Buddha nach.

ZEITTAFEL

N. CHR.

849	Gründung Pagans durch den birmesischen König Pyinbia.
1044	Anoratha, Birmas erster grosser Herrscher, besteigt den Thron Pagans.
1084–1112	Die Einwohner Pagans erfreuen sich einer langen Periode des Friedens und Wohlstands.
1144	Vollendung des Thatpyinnu-Tempels, des grössten von König Alaungsithu errichteten Bauwerks.
1283	Das Heer Kublai Khans dringt in Birma ein.
1287	Tod Narathihapates, des letzten Herrschers der Anoratha-Dynastie. Seine Flucht aus Pagan bringt ihm den Spitznamen ein, »der König, der vor den Chinesen davonlief«.

IRLAND

Der Felsen von Cashel

»O königliches Cashel! Gottgeweiht! Betrachten will ich deine bleichen Trümmer nie in des Frühlings feuchtem Morgenschimmer, auch nicht in Sommersonnenherrlichkeit. Allein im trüben Licht der Herbsteszeit!«

Der irische Dichter Aubrey de Vere (1814–1902)

Unvermittelt erhebt sich der Felsen von Cashel aus der grünen Ebene des »Goldenen Tals« in Tipperary, Südirland. Mit seiner gezackten Skyline mittelalterlicher Ruinen läßt er die Herzen der Iren ebenso höher schlagen wie der Parthenon die der Griechen. Auf dem Gipfel eines grasbewachsenen, sechzig Meter hohen Berges geben sich die Überreste einer großen gotischen Kathedrale, eines befestigten Bischofspalastes, einer romanischen Kapelle, eines der für Irland typischen Rundtürme und keltischen Kreuze über alten Gräbern ein Stelldichein – steinerne Zeugnisse der irischen Seele.

Wie eine Theaterkulisse hinter der kleinen Stadt Cashel aufsteigend, kam der Felsen zu Ruhm als Sitz der frühen Könige von Munster, die zwischen 370 und 1100 n. Chr. die Südhälfte Irlands beherrschten. Heilig ist er nicht nur wegen seiner Beziehungen zu St. Patrick (ca. 390–460), dem Schutzpatron des Landes, sondern auch, weil er eines der großen Glaubenszentren Irlands bildete, nachdem ihn König Murtagh O'Brien 1101 der Kirche übereignet hatte.

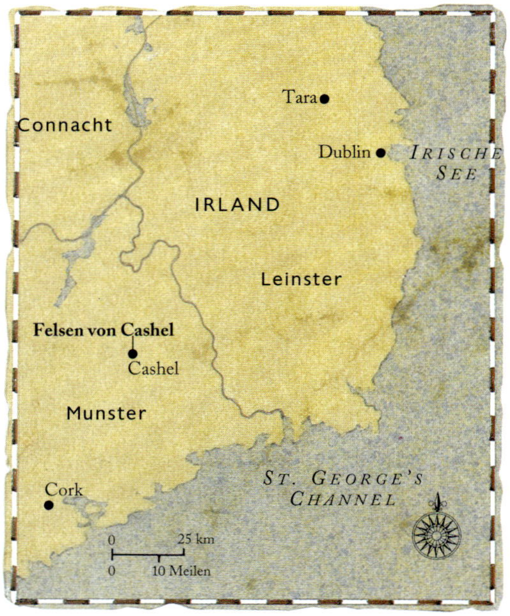

Nach der Volkssage biß der Teufel einst ein Kalkstück aus den benachbarten Bergen und spie es auf die Ebene. Doch dieser dämonische Aspekt wird mehr als wettgemacht durch den Einfluß des hl. Patrick, der um 450 den Felsen besucht haben soll, als er Aenghus, den jungen König des Eoghanachtvolkes, taufte.

Eine Legende erzählt, der Heilige habe bei seiner Ankunft in Cashel die Leute auf dem Boden ausgestreckt und in inbrünstiger Anbetung eines heidnischen Götzen vorgefunden. Doch als er erschien, fiel das Götzenbild mit mehreren anderen auf einen Schlag in sich zusammen. Während Patrick Aenghus taufte, durchbohrte er versehentlich den Fuß des Königs mit der Spitze seines Stabes. Erst nach beendeter Zeremonie wurde ihm das bewußt, und er fragte Aenghus, warum er nicht vor Schmerz aufgeschrien habe. Der König antwortete, er habe gedacht, das sei ein Teil der Zeremonie.

Aenghus war ein frommer Christ, ein »Baum, der Gold wie Laub abwarf«, Förderer der Klöster und Konvente auf seinen Besitzungen. Aenghus besteuerte die Taufe

Der Felsen von Cashel mit dem Rundturm, den Ruinen der Kathedrale und des Bischofspalastes ist Irlands heiligste Akropolis. Der Felsen war bis ins Mittelalter Sitz der Könige von Munster. 1101 ging er in den Besitz der Kirche über.

und brachte so genug Geld zusammen, um die kirchlichen Einrichtungen jährlich mit jeweils 500 Schafen, Kühen, Decken und Eisenbarren zu unterstützen.

In den nächsten 650 Jahren blieb Cashel der Sitz der Könige von Munster, obgleich nicht alle dort residierten. Einer der größten Fürsten der späteren Periode war Cormac McCullinan, der sich zu Beginn des 10. Jahrhunderts die Krone aufsetzte.

Aufgewachsen und erzogen in einer Klosterschule, nahm Cormac das Bildungsideal der Renaissance vorweg, war wohlbeschlagen im Lateinischen und wortgewandt im heimatlichen Irisch. Er vereinigte in sich die Tugenden des Dichters, Historikers, Philologen und Bischofs. Unter seiner Regierung genoß Irland eine Atempause vor den Angriffen der Wikinger, die Ende des 8. Jahrhunderts begonnen hatten. Jetzt baute man in relativer Ruhe die Klöster wieder auf, und auch Wissenschaften und Künste gediehen.

Für Cormac selbst dauerte diese idyllische Periode nur bis 906. Denn in diesem Jahr drang Flann Sinna, König von Tara, in

St. Patrick (hier in einer modernen Abbildung) hat nach der Legende Irland von Schlangen gesäubert, auf die er hier seinen Fuß setzt. Patrick bekehrte die heidnischen Iren zum Christentum, besuchte Cashel um das Jahr 450 und taufte König Aenghus.

Munster ein, um die »Kränkung« seiner Tochter Gormflaith zu rächen, die Cormac vor seiner Thronbesteigung geheiratet hatte. Denn Cormac diente seinem Gott so hingebungsvoll – er pflegte täglich in eiskaltem Wasser zu baden und dabei seinen Psalter zu singen –, daß er seine Frau sofort nach der Hochzeit verließ und sich in ein Kloster zurückzog. Jedenfalls stießen die Könige von Cashel und Tara Ballaghmoon, etwa achtzig Kilometer nordöstlich von Cashel, aufeinander. Die Schlacht endete in einer Katastrophe für Cormac. Sein Pferd glitt auf einem von Schlamm und Blut glitschigen Weg aus, er brach sich beim Sturz aus dem Sattel den Hals. Flanns Krieger hieben ihm den Kopf vom Rumpf und brachten ihn vor ihren König. Dieser küßte das kalte Antlitz und befahl, das Haupt an heiliger Stätte zu begraben.

Im selben Jahrhundert, 976, war Cashel Schauplatz der Krönung des berühmtesten irischen Königs Brian Boru. Von Cashel aus dehnte Brian Schritt für Schritt seine Macht aus, bis er zu Beginn des 11. Jahrhunderts praktisch König von ganz Irland war. Gleichzeitig ließ er Schulen, Kirchen, Klöster, Festungen, Straßen und Brücken, die während der Wikinger-Kriege beträchtlich gelitten hatten, wieder aufbauen. 1014 gelang Brian in der Schlacht von Clontarf, nördlich von Dublin, der entscheidende Sieg über die Wikinger und den irischen König von Leinster. Brian fiel im Kampf, aber die Wikinger-Bedrohung Irlands war endgültig gebannt.

Anfang des 12. Jahrhunderts zog eine neue Ära für Cashel herauf. 1101 schenkte König Murtagh O'Brien den Felsen der Kirche und weihte ihn »Gott, St. Patrick und St. Ailbe«. Von da an dominierten die Sakralbauten auf dem Felsen. Zwar gab es wohl bereits den 28 Meter hohen Rundturm, der zugleich Glockenturm, Zufluchtsstätte vor Marodeuren und Orientierungspunkt für Pilger war, aber zwischen 1127 und 1134 wurde »Cormac's Chapel« erbaut, das früheste noch erhaltene Gotteshaus, benannt nach dem zeitgenössischen König und Bischof von Cashel, Cormac McCarthy.

Dieses kleine Bauwerk mit steilem Dach, nur 14 Meter lang und von zwei viereckigen Türmen flankiert, die deutschen Einfluß verraten, ist eines der herrlichsten Beispiele für romanische Architektur in Irland. Kein

Wunder, hatte doch der Abt des Regensburger Klosters, das irische Mönche beherbergte, vier Steinmetze geschickt, um den irischen Brüdern beim Bau zu helfen.
Die St. Patrick-Kathedrale, deren Ruinen den größten Teil des Felsens einnehmen, datiert aus dem 13. Jahrhundert. Sie steht auf den Überresten eines früheren Baus, der von König Donal Mor O'Brien 1169 begonnen wurde, kurz nachdem Cashel durch päpstliches Dekret als eines der vier irischen Erzbistümer bestätigt worden war. Die Proportionen der heute dachlosen Ruine sind einigermaßen ungewöhnlich, da der Bau zwischen zwei schon auf dem Felsen stehende Bauwerke eingezwängt werden mußte: den Rundturm und Cormac's Chapel. Infolgedessen ist das Schiff, normalerweise der größte Teil einer Kathedrale, hier nur halb so lang wie der Chor. Heute ragen die gotischen Spitzbögen vor tristen grauen Steinmauern gespenstisch in den Himmel. Die Ostwand am Ende des Chores war einst durch drei schmale Spitzbogenfenster durchbrochen. Auch in den beiden Seitenwänden befanden sich Fenster, durch die das Licht ins Innere flutete. Am anderen Ende stützen sich die Außenmauern des Bischofspalastes, einer stark befestigten, 25 Meter hohen Burg aus dem 15. Jahrhundert, auf die Westwand der Kathedrale.
Diese trotzte der Zeit bis ins 18. Jahrhundert, obwohl sie mindestens zweimal durch Brände beschädigt wurde. 1494, als Irland von der englischen Krone kontrolliert wurde, legte Gerald FitzGerald, Earl of Kildare, ein grausamer Mann, Feuer an den Bau. Er wurde vor den englischen König Heinrich VII. geführt, um sich für dieses Sakrileg zu verantworten. FitzGerald gab das Verbrechen freimütig zu und erklärte,

Der Rundturm Cashels, wahrscheinlich um 1100 errichtet, ragt knapp dreißig Meter über den Felsgipfel empor und überragt die dachlose Ruine der St. Patrick-Kathedrale.

Cormac's Chapel, hier auf einem Kupferstich aus dem 19. Jahrhundert, ist das architektonische Juwel Cashels. Begonnen 1127 und 1134 geweiht, ist die Kirche in romanischem Stil gehalten und zeigt deutsche und möglicherweise anglonormannische Einflüsse. Das hier abgebildete Schiff war vom Chor durch einen vielfach gerippten Bogen getrennt. Zur Linken sieht man flache Pilaster mit sternförmig verzierten Bögen.

er habe die Kirche angezündet, weil sich sein Erzfeind, der Erzbischof David Creagh, darin befunden habe.

Diese Dreistigkeit soll die Kläger zu dem Ausruf veranlaßt haben: »Ganz Irland wird mit FitzGerald nicht fertig!« Worauf Heinrich, beeindruckt von der Kühnheit des Grafen, trocken geantwortet haben soll: »Dann soll eben FitzGerald mit Irland fertig werden!« Und der König ernannte ihn auf der Stelle zum Lord-Lieutenant des Landes.

Die zweite, noch größere Katastrophe ereignete sich 1647, kurz nachdem Oliver Cromwell und seine Parlamentstruppen König Karl I. im englischen Bürgerkrieg besiegt hatten. Karl I., Lehensherr von Murrough O'Brien, Lord Inchiquin, hatte diesem die Herrschaft über Munster verweigert. Daraufhin wechselte dieser die Fronten und wurde vom Parlament zum »Präsidenten« des Landes ernannt. Um seine Position zu sichern, plünderten Inchiquin und seine Truppen die Munster-Provinz und belagerten im September auch Cashel. Als die Parlamentstruppen die Stadtmauern stürmten, flüchteten viele Einwohner auf den Felsen und suchten in der Kathedrale Zuflucht. Doch Inchiquin ließ sich auch nicht durch althergebrachte Asylrechte aufhalten und metzelte alles nieder, was ihm in den Weg kam. Als es seiner Artillerie nicht gelang, einen Zugang zur Kathedrale freizuschießen, ließ er

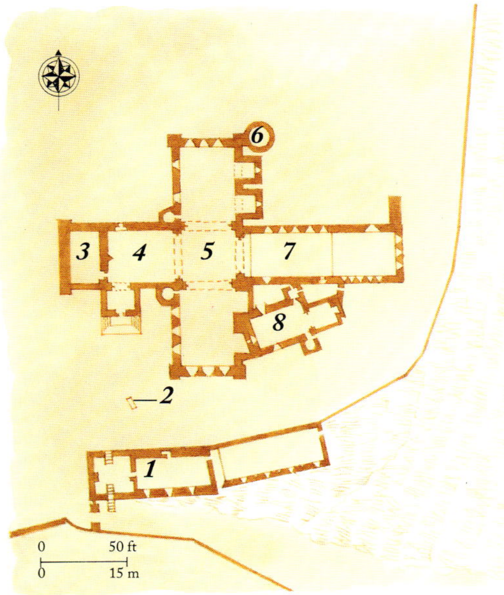

Auf dem Felsen von Cashel stehen mehrere Gebäude, die gemeinsam einen imposanten Komplex bilden. Die Hauptbauten sind die kreuzförmige Kathedrale (5) mit ihrem Schiff (4), halb so groß wie der Chor (7), der Rundturm (6), der Bischofspalast (3), Cormac's Chapel (8), die Stelle mit St. Patricks Kreuz (2), an der heute eine Nachbildung steht, und die »Hall of the Vicars Choral« (1).

Torfhaufen an den Mauern aufschichten und anstecken, so daß die Opfer drinnen vor Hitze starben oder erstickten. Nicht weniger als 3000 Menschen sollen an diesem schwärzesten Tag in der Geschichte Cashels den Tod gefunden haben. Selbst Kinder wurden nicht geschont, und ein Soldat soll hämisch bemerkt haben: »Aus Nissen werden Läuse.«

Erst vierzig Jahre später erholte sich die Stadt von dieser Katastrophe. Immer wieder nahm man Reparaturarbeiten an der Kathedrale auf, doch als 1749 der protestantische Erzbischof Price den Kathedralenstatus von St. Patrick auf die Pfarrkirche St. Johns in der Stadt übertrug, war der Niedergang nicht mehr aufzuhalten, und es heißt sogar, der Bischof habe sich großzügig am Dachmaterial von St. Patrick bedient, um die Mauern seiner Stadtkirche zu verstärken.

Von da an verfiel St. Patrick. Doch im 19. und 20. Jahrhundert haben Restaurationsarbeiten die Ruinen weitgehend konserviert. Ob im Sommer, wo die Sonne scharfe Schatten auf den smaragdgrünen Berg wirft, oder im Winter, wo Nebelschwaden um die von Krähen und Kreuzen bedeckten Gemäuer ziehen – der Fels übt weiterhin seinen Zauber aus, erinnert er doch wie kein anderes Monument des Landes an die Epochen der irischen Geschichte und Legende – heilig und profan.

Über einigen Gräbern des Felsens stehen irische Kreuze, manche 600 Jahre alt. Ein Steinring um den Schnittpunkt der Balken charakterisiert diesen Kreuztypus.

ZEITTAFEL

N. CHR.

CA. 450	ST. PATRICK TAUFT AENGHUS, KÖNIG VON MUNSTER, IN CASHEL.
976	BRIAN BORU WIRD ZU CASHEL ZUM KÖNIG VON MUNSTER GEKRÖNT.
1014	SCHLACHT BEI CLONTARF. ZWAR FÄLLT BRIAN BORU, ABER FÜR IRLAND IST DIE WIKINGERGEFAHR ENDGÜLTIG GEBANNT.
1101	KÖNIG MURTAGH O'BRIEN SCHENKT DEN FELSEN DER KIRCHE.
1134	EINWEIHUNG DER CORMAC'S CHAPEL.
1647	LORD INCHIQUIN BELAGERT CASHEL UND BRENNT DIE KATHEDRALE NIEDER.
1749	ERZBISCHOF PRICE MACHT DIE GEMEINDEKIRCHE ST. JOHNS ZUR KATHEDRALE CASHELS UND ENTZIEHT ST. PATRICK DIESEN TITEL.
1847	EIN VERHEERENDER STURM BESCHÄDIGT DEN BISCHOFSPALAST SCHWER.
1874 –1876	AUF VERANLASSUNG DER BAUBEHÖRDE WERDEN DIE GEBÄUDE DES FELSENS RENOVIERT.
1975	BEGINN DER RESTAURIERUNGSARBEITEN AN DER »HALL OF THE VICARS CHORAL«.

Die Höhlen der tausend Buddhas

»Beim Anblick, der sich mir im schwachen Licht des Öllämpchens des Priesters bot, riß ich die Augen weit auf.«

Sir Aurel Stein 1907 vor einem Stapel alter Manuskripte in den Höhlen.

In einer Sandwüste südöstlich Dunhuang in Nordwestchina erhebt sich ein kleiner Gebirgszug, in dessen von Menschenhand gemachten Höhlen sich ein außergewöhnlicher Schatz sakraler Kunst befindet, unter anderem 2000 Statuen und 45 000 farbige Wandgemälde. Die »Höhlen der tausend Buddhas«, deren Umfang von kleinen Grotten bis zu weiträumigen Kavernen reicht, wurden im Zeitraum vom 4. bis zum 10. Jahrhundert n. Chr. von chinesischen Buddhisten in den Fels getrieben und enthalten die größte Sammlung chinesischer buddhistischer Kunst.

Dunhuang, eine Oasenstadt in der Provinz Kansu, liegt an der alten Seidenstraße. Es war die letzte Station, bevor die chinesischen Händler und Pilger die Grenze ihres Landes überschritten, und die erste Raststätte für die Heimkehrenden. Dort höhlten ab 366 n. Chr. fromme Buddhisten Heiligtümer und Tempel in den Stein, um darin zu wohnen und zu meditieren. Im dämmrigen Inneren beteten sie um das Gelingen ihrer Reise durch menschenfeindliche, wasserlose Gegenden oder dankten für eine wohlbehaltene Rückkehr aus der Fremde.

Die Höhlen wurden etwa tausend Jahre lang bis zur Yüan-Periode benutzt und ausgeschmückt. Ende des 19. und Anfang des 20. Jahrhunderts wurden sie von westlichen Forschern und Gelehrten, besonders dem Briten Sir Aurel Stein und dem französischen Sinologen Paul Pelliot, entdeckt und überall bekannt gemacht. Diesen beiden Männern glückte es durch List und

Solche in herrlichen Farben bemalten Seidenfahnen holte sich der Forscher Sir Aurel Stein zu Beginn dieses Jahrhunderts in großen Mengen aus den Höhlen der tausend Buddhas. Bei den Chinesen hießen die Höhlen Mogao-Grotten. Sie wurden von Buddhisten, hauptsächlich im Lauf des ersten Jahrtausends n. Chr., aus dem Fels gehauen (unten). Diese Fahne stellt einen Bodhisattva dar – ein »erleuchtetes Wesen«. Es heißt Guanyin und gilt als Spender reicher Gnaden.

衆生處代如電光　須臾業盡即無常
慈悲觀音濟群品　愛何苦痛作橋梁
捨施淨財成真像　光明曜晃綵繪莊
惟願亡者生淨土　三涂免苦上天堂
時天復拾載庚午歲七月十五日畢功記
南無大慈大悲救苦觀世音菩薩永充供養
供養
亡弟試殿中監張有成一心

Bestechung, Tausende von Manuskripten und Seidenmalereien in den Westen zu schaffen.

Als Stein, der für die britische Regierung in Indien arbeitete, 1907 mit seinem treuen chinesischen Diener und Dolmetscher in Dunhuang eintraf, wurden die Höhlen von einem Mönch namens Wang Yuanlu verwaltet. Dieser fromme Buddhist war erst sieben Jahre zuvor angekommen und hatte es sich zur Lebensaufgabe gemacht, die Höhlen in ihrem früheren Glanz wiederherzustellen.

Bald drangen Gerüchte an Steins Ohr, man habe in einer der Höhlen eine geheime Kammer gefunden, angefüllt mit Rollen wertvollster Manuskripte, und es gelang ihm tatsächlich, den »scheuen und nervösen« Wang zu überreden, ihnen den Manuskriptschatz zu zeigen. Einige Rollen in dem Höhlenschatz enthielten buddhistische Texte aus Indien, die von dem chinesischen Mönch und Pilger Xuan Zhang im 7. Jahrhundert übersetzt worden waren.

Steins erster Blick in die geheime Kammer war einer der großen Momente der Archäologie, vergleichbar dem ersten Blick Howard Carters in das Grab Tutanchamuns fünfzehn Jahre später. Beim flackernden Schein einer Öllampe sah Stein zu seinem größten Erstaunen »eine gewaltige Masse von Manuskriptbündeln, die sich bis zu zehn Fuß über dem Boden stapelten und an die 500 Kubikfuß umfaßten«.

Mit »klug verabfolgten Dosierungen von Silber« brachte Stein nach und nach die Früchte seiner sorgfältig gepflegten Beziehung zu Wang in Sicherheit. Im Schutze der Nacht schleppte sein Diener Säcke mit buddhistischen Rollen, geschrieben auf chinesisch, tibetisch, Sanskrit, sogdianisch und anderen Sprachen ins Zelt, außerdem unschätzbare Papier- und Seidenmalereien. All diese Kostbarkeiten spedierte man nach New Delhi und von dort weiter ins Britische Museum. Eines der wertvollsten Beutestücke Steins war eine Rolle mit dem gedruckten Text der »Diamanten-Sutra«, der von 868 datiert – das erste gedruckte Buch der Welt.

Statuen buddhistischer Heiliger leuchten im Innern der Höhlen. Sie bestehen aus Terrakotta mit Gipsüberzug. Die Maler, die die Grotten ausschmückten, waren entweder berühmte Gastkünstler, die man für den jeweiligen Auftrag bezahlte, oder auf Zeitbasis arbeitende Künstler aus der Umgebung. Als Farben verwendete man unter anderem mit Wasser gemischten grünen Malachit und roten Ocker.

Ein Jahr später, 1908, besuchte Paul Pelliot, ein französischer Sinologe, Dunhuang und schloß ebenfalls Freundschaft mit Wang. Auch er ging nicht leer aus und brachte 6000 Manuskripte auf die Seite. Jetzt aber bekamen die chinesischen Behörden Wind von diesen illegalen Aktionen und ordneten an, die restlichen Manuskripte nach Beijing zu bringen.

Diese Höhlen gibt es noch heute, und etwa vierzig davon sind zur Besichtigung freigegeben. Die meisten haben gewölbte Decken und Wände mit Nischen, aus denen in Blau, Schwarz, Rot, Grün und Weiß die alten Wandgemälde leuchten.

Bevor sie mit ihrem Werk begannen, hatten die Künstler die Steinwände zuerst verputzt, um sie dann mit Schichten aus Kalk, Dung und Stroh oder Tierhaaren zu überziehen. War dieser Bewurf ausgehärtet, sprühte man eine dünne Schicht Porzellanerde (Kaolin) darüber, wodurch eine glatte

Hoch wie der Felsen selbst ragt ein pagodenähnlicher Bau auf. Er bildet die Fassade eines der Heiligtümer, die unter der Tang-Dynastie entstanden.

Fläche entstand. Die chinesischen Künstler benutzten mehr als zehn Pigmente, unter anderem auch Gold zur Grundierung und Blattsilber. Alle Bilder haben sich ihre Frische bis heute bewahrt. Nur das Zinnoberrot, das für Fleischtöne verwendet wurde, ist zu einer dunklen, schokoladenartigen Farbe oxidiert.

Die Gemälde zeigen ein breites Spektrum buddhistischer religiöser Kunst, aber auch weltliche Szenen und Naturschilderungen. Es gibt Motive aus dem Leben des Buddha und die sogenannten Jataka-Geschichten, die aus seinen früheren Leben erzählen. Häufig sieht man geflügelte buddhistische Engel, Apsaras, ebenso Darstellungen des westlichen Paradieses des Amitabha-Buddha mit seinen Palästen und Pavillons.

Die Höhlenkunst gelangte zur Hochblüte während der Tang-Dynastie, die mit dem 7. Jahrhundert begann. Unter dem Einfluß der persischen und indischen Kunst sprechen die Figuren der Tang-Zeit mit ihren wehenden Gewändern und ihrem Naturalismus von einem neuen Sinn für Realismus und Lebensfreude. Dynamisches Pflanzen- und Blätterrankenwerk in schwingenden Arabesken füllt den Raum zwischen den Gemälden und ersetzt die statischen, geometrischen Muster, die man vorher bevorzugte.

Für den modernen Besucher ist die Höhlenkunst vor allem ein ästhetisches Erlebnis. Doch für die buddhistischen Pilger und Reisenden der alten Zeit gingen geistige Kräfte davon aus, die sie einstimmten zu Hingabe und Verehrung. Wenn sie von ihren strapazenreichen Reisen heimkehrten, bannte der Anblick der ockerfarbenen Felsen und der so reich geschmückten Höhlen, in denen ihnen segenbringende Gestalten und bunte Szenen aus dem Paradies entgegentraten, die Erinnerung an die Mühsal der Wanderung und erhob ihre Herzen zum Göttlichen.

Zeittafel

v. Chr.

1. Jh.	Der Buddhismus gelangt nach China, wahrscheinlich über Kaufleute aus Zentralasien.
366	Chinesische Buddhisten schlagen bei Dunhuang die ersten Höhlen.
618 – 619	In der Tang-Ära entwickelte sich die Höhlenkunst zur Hochblüte.
868	Druck der »Diamanten-Sutra«. Es ist das früheste bekannte gedruckte Buch der Welt.
1900	Wang Yuanlu kommt nach Dunhuang und macht sich die Restaurierung der Höhlen zur Lebensaufgabe.
1907	Ankunft Sir Aurel Steins in Dunhuang. Er schafft grosse Mengen von Schriftrollen und Gemälden nach England.
1908	Paul Pelliot taucht in den Höhlen auf und verschwindet mit Tausenden von Manuskripten.
1961	Die chinesische Regierung erklärt die Höhlen offiziell zum Nationaldenkmal.

Die Ausbreitung des Buddhismus

In den Jahrhunderten nach dem Tod des Buddha um 486 v. Chr. verbreitete sich seine Lehre, ausgehend vom Gangestal, in alle Himmelsrichtungen. Die Überlieferung berichtet, daß der Buddhismus Mitte des 3. Jahrhunderts v. Chr. nach Sri Lanka gelangte. Im 5. Jahrhundert gab es zuverlässigen Berichten zufolge bereits 60 000 Mönche auf der Insel, die sogar vom König unterstützt wurden. In seinem Palast konnte dieser 5000 Mönche auf einmal speisen. Von Sri Lanka aus erreichte die buddhistische Lehre später Myanmar (Birma) und Thailand. Im Nordwesten drang sie nach Zentralasien vor und erreichte im 1. Jahrhundert n. Chr. Peschawar, das heutige Pakistan.

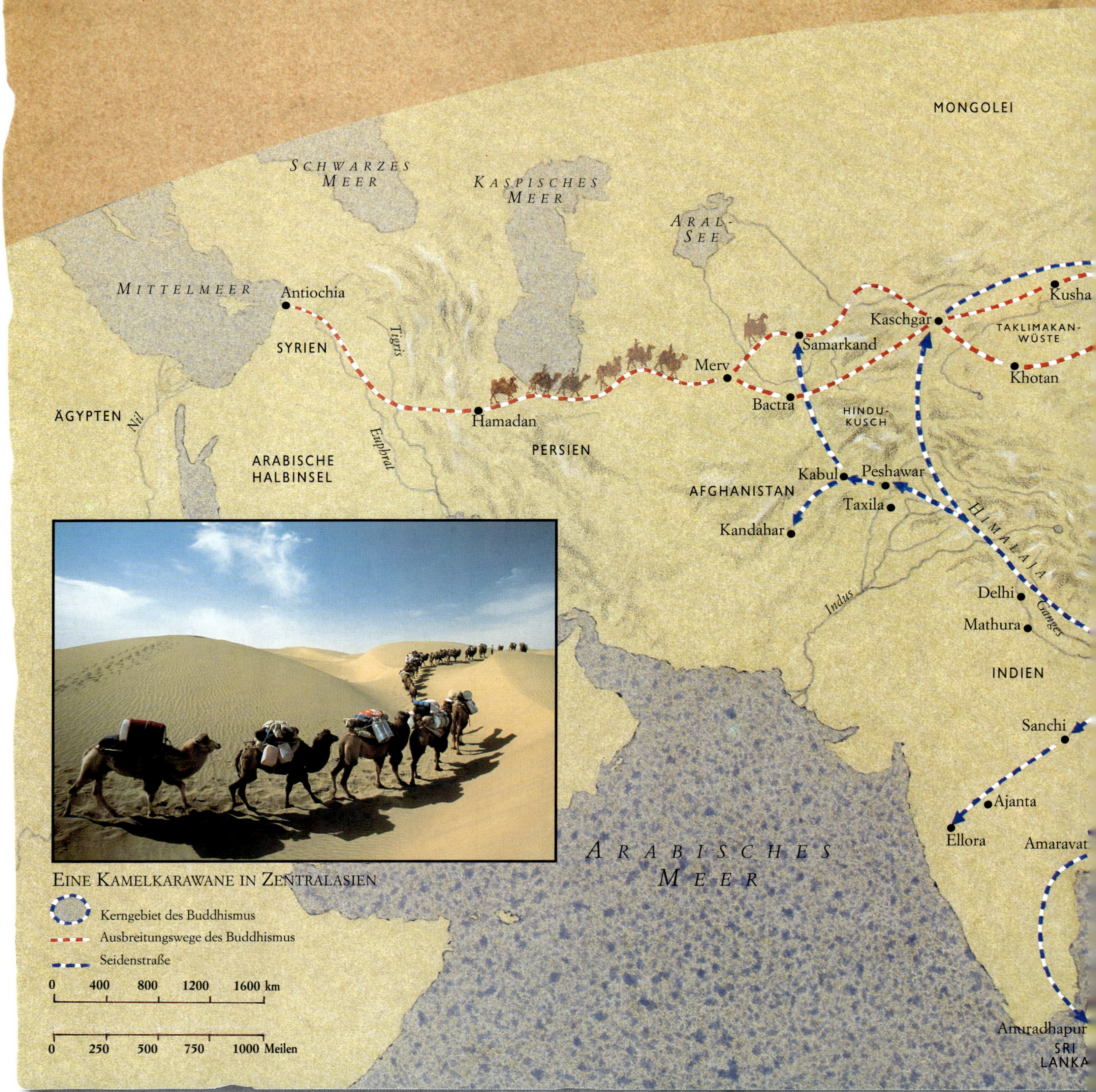

Eine Kamelkarawane in Zentralasien

Im gleichen Jahrhundert gelangten die ersten Buddhisten – wahrscheinlich Kaufleute – über die Seidenstraße nach China. Die sogenannte Seidenstraße setzte sich aus mehreren alten Routen von China bis zum Mittelmeer im Westen zusammen. Kamelkarawanen – in Zentralasien auch heute noch üblich – zogen mit Seide beladen westwärts über Dunhuang und Städte wie Kaschgar und Samarkand. In den ersten beiden Jahrhunderten n. Chr. folgten buddhistische Mönche den Händlern nach China. Zunächst fand der Buddhismus dort wenig Anklang. Doch im 5. Jahrhundert hatte er festen Fuß gefaßt und gelangte von dort über Korea nach Japan.

Zum Ruhme Gottes

Jahrhundertelang waren die großen Weltreligionen mit ihren Lehren und dem Beispiel ihrer Gründer Trost, Stütze und moralischer Rückhalt für Millionen von Seelen. Andererseits war religiöse Unduldsamkeit in Verbindung mit fanatischem Nationalismus häufig verantwortlich für die blutigsten Kriege der Weltgeschichte. Doch auch der überzeugteste Atheist muß zugeben, daß der Glaube an Gott und eine übersinnliche Wirklichkeit einige der größten architektonischen Kunstwerke der Welt hervorgebracht hat. Manche, wie der gewaltige Kölner Dom, sind von atemberaubender Größe. Aber alle, ob groß oder klein, wurden von den besten Handwerkern und Künstlern ihrer Zeit geschaffen und durch ehrwürdige Rituale und Kulte geheiligt.

Im Islam wird der Gottesdienst in der Moschee gefeiert – einem Bauwerk, in dem oft ein Einzelraum von gigantischen Ausmaßen, wie in der Sulaimaniya in Istanbul oder dem Bogenlabyrinth der Großen Moschee von Córdoba in Spanien, eine harmonische Verbindung mit der raffinierten Kleinteiligkeit der islamischen bildenden Kunst eingeht. In dieser Kunst dominieren filigrane Pflanzen- und geometrische Muster, was sich vielleicht am besten in der prächtigen Safawiden-Moschee von Isfahan im Iran zeigt. In anderen Religionen sind die Heiligtümer vielleicht kleiner, doch nicht weniger reich an Sakralkunst. So erglänzen der buddhistische Tempel Wat Phra Keo in Bangkok und der Goldene Tempel der Sikh in Amritsar an der Außenseite in spiegelndem Gold, während die byzantinische Kirche San Vitale in Ravenna unschätzbare Kostbarkeiten in Gestalt wunderbar leuchtender Mosaike im Innern birgt.

Weniger ins Auge fallend, doch ebenso herrlich gearbeitet ist das Shinto-Heiligtum von Ise, ein kleiner schlichter Holzbau, der alle zwanzig Jahre zerlegt und an anderer Stelle wieder aufgebaut wird. Die dabei stattfindende ehrwürdige Zeremonie vereinigt mythische Elemente der japanischen Überlieferung mit kultischer Reinheit.

Der gotische Kölner Dom mit seinen hohen Zwillingstürmen ist einer der Höhepunkte abendländischer Architektur.

Isfahan

»Unmerklich nimmt die Schönheit Isfahans den Sinn gefangen ... Ehe man sich's versieht, hat es sich einen unverlierbaren Platz in der Galerie der Erinnerungen gesichert.«

DER BRITISCHE REISENDE ROBERT BYRON, DER ISFAHAN 1934 BESUCHTE.

Über dem Horizont erheben sich, leicht flimmernd in der Hitze, die Kuppeln und Minarette Isfahans. Die Stadt liegt etwa 350 Kilometer südlich Teherans am Zayanda in einer flachen, kahlen Steinebene. Sie ist eine Oase sakraler Architektur und islamischer Spiritualität, die im Iran ihresgleichen sucht.

Schah Abbas I., der Große (1588–1629), aus der persischen Safawiden-Dynastie, machte Isfahan zu einer der prachtvollsten Städte der Welt. Im Zentrum ließ er einen weiträumigen Platz anlegen, den Maidan, und beidseits die berühmte Königliche Moschee und die Lutfullah-Moschee erbauen, Beispiele für die üppige Kunst der Safawiden. Die pfauenblau und cremefarben glasierten Ziegel ihrer mit Arabesken und Koraninschriften bedeckten Kuppeln scheinen die festen Mauern in durchsichtig glühende Farbkörper aufzulösen.

Die Safawiden-Dynastie Persiens (des heutigen Iran) wurde 1502 von Ismail begründet, der nach Jahrzehnten innerer Wirren das Land in einer Kette militärischer Siege über die innenpolitischen Gegner einigte. 1499 besetzte er die Stadt Täbris im Nordwesten und eroberte im Jahr darauf Isfahan und Schiras. 1501 rief er sich selbst zum Schah Ismael I. aus und wurde somit zum Begründer einer Dynastie, die mehr als zweihundert Jahre überdauerte.

Die Königliche Moschee von Isfahan (rechts und unten) wurde Anfang des 17. Jahrhunderts in der Regierungszeit Schah Abbas' I. erbaut und ist typisch für den prunkvollen Stil der Safawiden-Architektur. Die Wände sind mit Mosaiken und Fliesen mit Ornamenten verkleidet. Isfahan liegt auf der zentraliranischen Hochebene. Unter den Safawiden (1501–1732) war es für seine Moscheen ebenso berühmt wie für Keramik und Teppiche.

Der Maidan, ein großer Platz im Herzen Isfahans, wurde von Schah Abbas I. angelegt. Am entfernteren Ende führt ein gewaltiges Tor zur Königlichen Moschee, deren Kuppel wie eine blaue Knospe erglänzt. Während der Safawiden-Ära war der Platz von einem Bach umflossen, an dem Platanen standen, und von zweigeschossigen Arkaden umgeben mit Kaffee- und Teehäusern, Herbergen und Restaurants.
Auf dem Platz selbst drängten sich kleine, zeltartige Buden, in denen Lebensmittel, Leder- und Baumwollwaren, Gewürze, Seide, Satin und eiserne wie hölzerne Werkzeuge angeboten wurden. Gelegentlich jedoch wurde der gesamte Platz geräumt. Dann wurden Polowettkämpfe veranstaltet, bei denen auch der Schah selbst brillierte.

Ismails Sohn Tahmasp (1524–1576) verlegte die Hauptstadt von Täbris nach Qazvin, um sie vor der latenten Bedrohung durch die Osmanen im Westen zu schützen. Als Schah Abbas den Thron bestieg, verlegte dieser seinen Regierungssitz noch weiter in den Süden, nach Isfahan. Er sicherte die Grenzen vor Gefahren von außen, unterdrückte Aufstände im Innern und ordnete ein gewaltiges Bauprogramm an mit Moscheen, Palästen, einem Netz gepflasterter Straßen mit Karawansereien und Bewässerungsanlagen. Weil die einheimischen Handwerker nicht ausreichten, holte Abbas große Mengen Armenier nach Isfahan sowie Meister aus Italien, China und Indien.

Zur Regierungszeit Abbas' genoß der safawidische Hof internationalen Ruhm und zog Scharen europäischer Reisender und Diplomaten an. Unter den prominenten Gästen befanden sich auch der Engländer Sir Robert Sherley, der zum persönlichen Berater des Schahs aufstieg und das Heer reorganisierte, sowie der reiche römische Aristokrat Pietro della Valle und schließlich, nach Abbas' Tod, der französische Reisende und Juwelier Jean-Baptiste Tavernier. Am persischen Hof wimmelte es außerdem von Portugiesen, Spaniern, Holländern und Russen, die das Räderwerk der Diplomatie mit Geschenken wie Pelzen, Stoßzähnen und Wodka ölten.

Schah Abbas behandelte all diese hellhäutigen Fremden mit routinierter Höflichkeit und Interesse. Von kleiner, doch kräftiger Statur, mit einem schwarzen, über die Lippen herabhängenden Schnurrbart und feurigen Augen, war der Schah eine der herausragenden Persönlichkeiten seiner Zeit. Ruhelos, energisch, ungeduldig und temperamentvoll, liebte er heiße Diskussionen. Er war ein begeisterter Jäger und besaß großes handwerkliches Geschick. So konnte man ihn mitunter am Webstuhl antreffen, er schmiedete Schwerter oder nähte einen Sattel für sein Pferd.

Bald ruhte das kunstbeflissene Auge des Schahs wohlgefällig auf Backsteinmauern, Ziegeln und Mörtel. Eine fünfzig Meter breite Allee, die Chahar Bagh, wurde angelegt, in deren Mitte ein Bach floß. Er wurde auf Terrassen geführt, auf denen in Abständen Schalen mit Onyxrand standen, die im Sommer von Rosen überquollen.

Zu beiden Seiten des Baches wurden von innen nach außen eine Reihe Platanen, ein Gehweg, Rasenflächen mit Pflanzen und Blumen und eine weitere Baumreihe angelegt. Nachts schlenderten Spaziergänger

Das Polospiel, hier auf einer persischen Miniatur, entstand in Persien als Reiterübung und wurde auf dem Maidan gespielt. Das Spiel verbreitete sich dann nach Arabien, Tibet, China und Indien, von wo es die Briten nach Europa brachten.

am Chahar entlang und verloren sich in den zahlreichen Lustgärten und Pavillons, die durch offene Arkaden von der Allee abzweigten.

Abbas' prächtigstes Bauwerk war jedoch die Königliche Moschee, die auch heute noch das Südende des Maidan beherrscht. Darüber leuchtet eine zwiebelförmige, spitz zulaufende Kuppel in magischem Blau wie das Gefieder eines Paradiesvogels. Und von der vergoldeten, himmelwärts weisenden Spitze der Kuppel fällt kaskadengleich ein verwirrendes Arabeskenmuster – weiße und braungoldene, schwarzgesäumte Girlanden – über ein Meer von Türkis nach unten. Die Kuppel selbst ruht auf einem Tambour, um den ein mitternachtsblaues Band herumläuft. Darauf stehen in Weiß heilige Texte mit den fließenden Vertikalstrichen, Punkten und Schnörkeln der arabischen Kalligraphie.

Man betritt die Moschee durch ein riesiges Portal, fast 27 Meter hoch, das sich zum Maidan hin wie ein gähnendes Maul öffnet. Die Konturen eines Spitzbogens öffnen sich in eine tief zurückweichende Halbkuppel, ausgefüllt mit Muqarnas, typischen islamischen Dekorationen, die wegen der Struktur, in der sie überlappend herabhängen und sich in geometrische Zellen teilen, Stalaktiten oder Honigwaben genannt werden. Optisch mildern die Muqarnas den Übergang vom Spitzbogen zur Horizontalen des Erdbodens, symbolisch verkörpern sie den »Herabstieg der himmlischen Wohnung auf die Erde«.

Das Portal der Nordfassade liegt fast immer im Schatten, doch die unzähligen blau glasierten Ziegel und die Art und Weise, in der die gewölbte Oberfläche der Muqarnas winzige Lichtspuren sammelt und bündelt, macht aus dem Ganzen eine kristallene Grotte mit blinkenden Farben. Durch das Flügelportal, einst mit Silberplatten verkleidet, führt der Weg nach Westen, so daß Hof und Gebetssaal der Moschee nach Mekka ausgerichtet sind, der heiligsten Stadt des Islam.

Auf dieser lackierten, 1609 in Isfahan hergestellten Schachtel empfängt Schah Abbas, zu erkennen an seinem schwarzen Schnurrbart, den Botschafter Kaiser Rudolfs II. Der Schah war der größte Safawiden-Herrscher. Während seiner Regierungszeit (1588–1629) wurden die Türken aus Aserbaidschan vertrieben, und der Einfluß Persiens dehnte sich bis zum östlichen Kaukasus und Persischen Golf aus. Als großer Kunstmäzen förderte Schah Abbas auch das Gewerbe und zog Diplomaten aus ganz Europa und Asien an seinen Hof.

Die Lutfullah-Moschee ist wie die Königliche Moschee ein schiitisches Gotteshaus. Anfang des 7. Jahrhunderts trennten sich die Schiiten von der Hauptströmung des Islam. Sie anerkennen nur die Nachkommen Alis, des Cousins und Schwiegersohns des Propheten, als die wahren Imame, die religiösen Oberhäupter des Islam.

Der Hof selbst erscheint als Geflecht aus blendenden Sonnenlichtstrahlen und scharfen Schatten, die von den zurückliegenden Bögen der zweigeschossigen Arkaden und den vier »Iwans« geworfen werden, großen, gewölbten Nischen, die den Hof an den Kardinalpunkten abschließen und deren Bögen »wie Flammen zum Himmel lodern«. Im Mittelpunkt des Hofes spiegelt das Wasser eines rechteckigen, Waschungen dienenden Beckens das gedämpfte Licht der blauen Ziegel und symbolisiert die rituelle Reinheit, mit der die Gläubigen den Gebetssaal betreten.

Das Innere der Moschee ist ein Asyl von wohltuender Kühle. Die lichtreflektierenden Ziegel mit ihren Laubgirlanden und stilisierten Blüten zeugen von der Liebe der Perser zur Pflanzen- und Blumenwelt. Die üppige Vegetation in Stein ist ein Abglanz der Paradiesvisionen, die im Koran heraufbeschworen werden. Der marmorne Mihrab, eine Nische in der Südwestwand, weist die Richtung nach

Mekka und verstärkt durch sein Echo die Worte des Vorbeters.

Die königliche Moschee wurde 1611 begonnen und auf Geheiß Abbas' mit großer Energie vorangetrieben. Trotzdem wurde das Bauwerk erst 1638, neun Jahre nach seinem Tod, fertiggestellt. Moderne Kritiker sind der Meinung, unter dem übermäßigen Zeitdruck habe stellenweise die Qualität gelitten.

Tatsächlich sparte man sich viel Zeit und Mühe durch Verwendung der »Haft-rangi (Siebenfarben)-Ziegel« die gegenüber den farbtreueren Mosaikziegeln schneller und billiger herzustellen waren. Doch ist deren Glanz nicht so leuchtend wie jener der Mosaikziegel. Trotzdem ist das allgegenwärtige Blau der königlichen Moschee überwältigend.

Die andere große Moschee aus der Ära Schah Abbas' steht an der tiefergelegenen Ostseite des Maidan und erhielt ihren Namen nach Scheich Lutfullah, dem frommen Schwiegervater des Schahs, der auch ein berühmter Prediger war. Ohne Hof und kleiner als die königliche Moschee, wurde die Lutfullah 1603 begonnen und diente Abbas zum privaten Gebet. Während das Ziegelmosaik, das einen Rahmen um das Eingangsportal bildet, von sattem Blau dominiert wird, leuchtet die Kuppel in einem cremigen Kaffeebraun, auf dem sich weißblaue Arabesken girlandenförmig ausbreiten.

In dem 18 mal 18 Meter großen Gebetssaal erheben sich acht mit weißer Kalligraphie bedeckte Bögen vor einem kobaltblauen Hintergrund. Darüber bildet ein kreisförmiger Tambour das Fundament der Kuppel. Dieser große heilige Baldachin endet an der Spitze in einem goldenen, nach allen Richtungen hin ausstrahlenden Stern. Diese Struktur zeigt symbolhaft das Wirken des Göttlichen von oben nach unten, vom Einen zum Vielen, oder vielleicht auch eine Art »Momentaufnahme« der Erschaffung der Welt. Gleichzeitig scheinen die vielen Zellen die Struktur des Mikrokosmos und die molekularen Muster der Biologie wiederzugeben. Insofern ist die Kuppel ein Musterbeispiel für die Kunst des Islam, bei der Symmetrie, Abstraktion und Geometrie ein in sich geschlossenes Kraftfeld begründen und die Einheit Gottes symbolisieren.

Der französische Hugenotte Jean Chardin, der Isfahan Mitte des 17. Jahrhunderts besuchte, schrieb: »Als Schah Abbas der Große zu atmen aufhörte, hörte Persien auf zu blühen.« Und es ist wahr: Das Ende seiner Regierungszeit leitete den hundertjährigen Verfall der Safawiden-Dynastie ein, bevor diese 1722 endgültig erlosch. Doch ihr kulturelles und religiöses Vermächtnis lebt im Iran weiter, und die Moscheen Isfahans mit ihren herrlichen Kuppeln bleiben einer der spirituellen Höhepunkte des Landes.

Muqarnas füllen die Decke einer Nische in der Lutfullah-Moschee. Muqarnas sehen wie Stalaktiten oder Honigwaben aus und sind typisch für die Dekoration islamischer Sakralbauten. In den Worten des iranischen Gelehrten Seyyed Hossein Nasr sind sie »Kristallisierungen der himmlischen oder Äthersubstanz in irdischen Formen«.

ZEITTAFEL

N. CHR.

1501	SCHAH ISMAEL BEGRÜNDET DIE PERSISCHE SAFAWIDEN-DYNASTIE.
1588	SCHAH ABBAS I. WIRD HERRSCHER PERSIENS.
1603	BEGINN DER ARBEITEN AN DER LUTFULLAH-MOSCHEE.
1611 –1638	ERRICHTUNG DER KÖNIGLICHEN MOSCHEE.
1629	TOD SCHAH ABBAS' I.
1666	SCHAH ABBAS II. STIRBT. VON DIESEM ZEITPUNKT AN VERFÄLLT DIE SAFAWIDEN-DYNASTIE.
1722	ENDE DER SAFAWIDEN-HERRSCHAFT.

WAT PHRA KEO

»Überall in unserem Reich stimmen Engel Lobgesänge an und freuen sich über die Vollendung dieses Bauwerkes, nach der wir uns so sehr gesehnt haben.«

KÖNIG RAMA V. NACH DER ENDGÜLTIGEN FERTIGSTELLUNG DES WAT PHRA KEO IM JAHRE 1882, DEM HUNDERTSTEN JAHRESTAG DER WEIHE.

Der Komplex des königlichen Palastes in Bangkok besteht aus einer Ansammlung mit Gold und Fliesen verkleideter heiliger Gebäude, die das spirituelle Herz des Landes bilden. 1782 geweiht und unter dem Namen Wat Phra Keo, »Tempel des Smaragdbuddha«, bekannt, kann sich dieser Sakralbezirk unzähliger Heiligtümer, vergoldeter Spitzen, Türme und Klöster rühmen. Die Bauten sind mit tiefroten, grünen und blauen Fliesen und Spiegelglas überzogen. Das Ganze ist einmal als »heilige Märchenwelt mit Pavillons und Zinnen« beschrieben und mit den phantastischen Schöpfungen des modernen spanischen Architekten Antoni Gaudí verglichen worden.

Wer den Tempelbezirk betritt, fühlt sich wie in einem Märchenwald, dessen Bäume, Büsche, Sträucher und hohle Baumstämme sich in feste Bauten mit glatter, reflektierender Oberfläche verwandelt haben. Während winzige Glockenspiele im Wind erklingen, grüßen mythologische Gestalten, in Statuen gebannt, von den Gebäuden.

Als Wächter stehen an den Eingängen Yakshas, stieläugige Riesen mit zähnefletschenden Mäulern, um Dämonen abzuschrecken, und Kinnaris – Fabelwesen halb Weib, halb Vogel – und Nagas, mythologische Schlangen, lugen aus den Ecken. Natürlich fehlt auch der Garuda nicht: ein geflügeltes Tier mit Kopf und Füßen eines Vogels und dem Rumpf eines Menschen. Er ist das »Wappentier« Thailands.

Der heiligste Gegenstand im Tempel – und im ganzen Land – ist jedoch eine kleine Statue aus grüner Jade: der berühmte Smaragd-Buddha, der mit gekreuzten Beinen

Auf einem geschmückten Altar im größten Heiligtum des Wat Phra Keo-Tempelkomplexes in Bangkok, der Hauptstadt Thailands, thront der Smaragd-Buddha. Die Statue aus Jade ist nur 75 Zentimeter groß, doch wird sie mit größter Sorgfalt gepflegt und bewacht. Denn von ihr hängt Thailands Wohlergehen ab.

Sonnenlicht funkelt auf den goldenen Mauern des Wat Phra Keo, des heiligsten Tempels Thailands. In der Mitte ist die Spitze des Goldenen Chedi zu sehen, links die Bibliothek und das königliche Pantheon.

Thaipilger entzünden Räucherstäbchen und opfern Blumen im heiligen Bezirk des Wat Phra Keo. Die meisten wandern weiter zum eigentlichen Heiligtum, wo durch Weihrauchgewölk bunte Gemälde schimmern, meist Szenen unter anderem aus den Jataka-Geschichten, die Episoden aus den früheren Leben des Buddha erzählen.

in Meditationshaltung auf einem Altar im bedeutendsten Heiligtum – dem Bot – im Süden des Bezirks sitzt. Die Statue wird von den Thai, zu neunzig Prozent Buddhisten der Theravada-Tradition, glühend verehrt und ist eine Art Schutzpatron ihres Landes.

Wie es scheint, erschien der Smaragd-Buddha 1436 auf dieser Welt. Er wurde in einem Chedi (einem kuppelförmigen Reliquienbau) in der Stadt Chiang Rai in Nordthailand gefunden, nachdem dieser von einem Blitz getroffen und geborsten war. Die Statue war mit Gips und Gold überzogen. Aber als sich herumsprach, daß der Kern aus solidem grünen Smaragd bestand, wurde der König im benachbarten Chiang Mai aufmerksam und befahl, die Statue in seine Hauptstadt zu bringen.

Der Elefant jedoch, dem die kostbare Last anvertraut wurde, weigerte sich, nach Chiang Mai zurückzukehren, und trottete weiter in die Stadt Muang Lampang. Das nahm der König als Omen, ließ die Statue dort und erbaute ihr einen Tempel. In späteren Jahren wurde der Buddha doch noch nach Chiang Mai verbracht, wo ihn laotische Banden stahlen. In Laos blieb er 200 Jahre lang, bis ihn der Thai-General Chakkri 1778 zurückholte.

General Chakkri bestieg als Rama I. den Thron und begründete die Chakkri-Dynastie, die auch heute noch regiert. Er ließ die Stadt Bangkok mit dem königlichen Palast und dem Wat Phra Keo im Zentrum ausbauen. 1784 wurde die Statue in einer großen Prozession ins neue Heiligtum überführt und auf einem mit einem baldachingekrönten Thron auf der Spitze eines über zwölf Meter hohen Altars aufgestellt.

Heute ist der mit blauen Kacheln verkleidete Bot von einer Aura frommer Verehrung umgeben. Er steht auf einer Marmorplattform, bewacht von goldenen, Naga-Schlangen in den Klauen haltenden Garudas. Pilger bringen Opfer in Form von Blumen, Weihrauch und Blattgold. Dabei gilt es als besonders verdienstvoll, das Gold eigenhändig auf die Statuen aufzubringen.

Nach Abstreifen ihrer Schuhe betreten die Pilger gemessenen Schrittes das 18 Meter hohe, höhlenartige Innere des Heiligtums, das in tiefem Rot und Altgold erglüht. Sie lassen sich auf den Marmorboden nieder und meditieren, entzünden Räucherstäbchen, legen Blumensträuße nieder oder werfen sich vor den Altären zu Boden. Die Atmosphäre der Frömmigkeit wird unterstrichen durch den Duft von Sandelholz und das dumpfe Gemurmel der Gebete.

Wie überdimensionale Cartoons ziehen sich Gemälde (links) an den Mauern der Klöster hin, die die Gebäude des Wat umgeben. Sie stellen das Epos »Ramakien« dar, das von den Abenteuern König Ramas und seiner Gattin Sita erzählt, die von dem bösen König Ravana aus Sri Lanka entführt wurde.

Yakshas im Tempelbezirk fungieren als spirituelle Wachposten. Ihre furchterregenden, zähnefletschenden Gesichter sollen Dämonen abschrecken. Yakshas und andere Wesen aus dem Volksglauben, z. B. Kinnaris, wurden vom Buddhismus, der in Thailand in seiner Theravada-Form unter König Rama Khameng anerkannt wurde, allmählich assimiliert. Der Enkel des Königs ließ Mönche aus Sri Lanka kommen, um die buddhistische Mönchsgemeinschaft, den Sangha, zu stärken.

Die meisten Besucher aber betrachten in tiefer Versenkung den winzigen Buddha, die geheimnisvoll grüne Gestalt, gekleidet je nach Jahreszeit in eines von drei goldenen Gewändern und geschützt von einer Pyramide aus Sonnenschirmen über seinem Haupt. Trotz der Überfülle an Zierat – goldenen Buddhastatuen, goldenen Kerzenleuchtern, Schalen, Weihrauchgefäßen auf lackierten Tischchen, Lampen und Schirmstaffeln – dominiert die kleine grüne Figur den Raum.
Außerhalb des Heiligtums konzentriert sich die Aufmerksamkeit auf den Goldenen Chedi, den Mondop – die Bibliothek – und das königliche Pantheon. Diese stehen in einer Reihe auf einer erhöhten Marmorplattform. Der Chedi wirkt wie eine Flamme aus goldenem Licht, seine große, gewölbte Kuppel mit Ringsockel und Kegelspitze glänzt in der Sonne. Er wurde während der Regierungszeit Ramas IV. (1851–1868) erbaut und soll ein Stück vom Brustbein des Buddha beherbergen. Daneben erhebt sich der Mondop, in dem Buddhastatuen und winzige weiße Elefanten auf silbernem Fußboden aufgestellt sind. Ein mit Perlmutt ausgelegter Schrein enthält das Tripitaka, die heiligen Schriften der Buddhisten.
Das nächste Gebäude auf der Marmorplattform ist das königliche Pantheon im Grundriß eines griechischen Kreuzes und mit roten und blauen Kacheln verkleidet. Gekrönt wird das Bauwerk von einem Prang – einem reichgeschnitzten, zigarrenförmigen Turm, dessen Architektur sich am Baustil der Khmer orientiert, der in der mittelalterlichen Stadt Angkor Wat in Kambodscha zur Hochblüte gelangte.
Außer von diesen herrlichen Sakralbauten werden die buddhistischen Pilger noch von einer aus 178 Gemälden bestehenden Bilderserie angezogen, die das »Ramakien« schildert, die Thai-Variante eines uralten Hinduepos.
Der Smaragd-Buddha strahlt meditative Stille aus. Er ist der ordnende Bezugspunkt für das vielfältige Chaos der Farben und Formen, das ihn umgibt.

Zeittafel

n. Chr.

1275 –1317	Regierungszeit des Thai-Königs Rama Khameng. Der Theravada-Buddhismus wird unter seiner Herrschaft zur Staatsreligion.
1436	In einem Chedi in Chiang Mai wird der Smaragd-buddha entdeckt.
1778	General Chakkri erobert den Smaragd-buddha aus Laos zurück.
1782	Thronbesteigung Chakkris als Rama I. von Thailand. Der Wat Phra Keo wird eingeweiht.
1784	Im grössten Heiligtum des Wat Phra Keo wird der Smaragd-buddha aufgestellt.
1882	Hundert Jahre nach der Einweihung wird der Wat Phra Keo vollendet.

SPANIEN

Moschee von Córdoba

»Córdoba, mit seinen alten Häusern, besitzt auch seine Moschee, wo sich das Auge in Wundern verliert.«

Der französische Dichter Victor Hugo (1802–1885).

Im 10. Jahrhundert n. Chr. war das im südspanischen Andalusien gelegene Córdoba die höchstzivilisierte Stadt der westlichen Welt. Zu einer Zeit, da das übrige Europa vom finstersten Mittelalter beherrscht wurde, blühte Córdoba als die Hauptstadt der spanischen, islamischen Dynastie der Omaijaden (756–1031), deren Reich den Großteil Spaniens umfaßte. Aber von den vielen prächtigen Palästen, Moscheen, herrschaftlichen Gebäuden und Gärten, die in dieser Epoche erbaut wurden, kam keiner Córdobas großer Moschee – La Mezquita – gleich.

Dieses Juwel der westislamischen Architektur, mit dessen Bau Ende des 8. Jahrhunderts begonnen wurde, ist das drittgrößte Heiligtum der mohammedanischen Welt.

Im Süden begrenzt von den bräunlichgrünen Gewässern des Guadalquivir und eingezwängt in das Häusergewirr der Altstadt, ähnelt die große Moschee von außen einer breit hingelagerten, rechtwinkligen Festung. Ihre mit Strebepfeilern versehenen und wie eine Säge gezackten, ockerfarbenen Mauern erheben sich stellenweise bis zu einer Höhe von 19 Metern.

Mitten in der Gebetshalle der Großen Moschee erhebt sich eine christliche Kathedrale – für viele ein unverzeihlicher Stilbruch.

Doch hinter diesem abweisenden Äußeren verbirgt sich eine Welt größter Feinheit und Zartheit: Ein Hof mit Bäumen und Springbrunnen und eine Gebetshalle, deren Wände mit Mosaiken und kalligraphischen Inschriften geschmückt sind und in der Hunderte von schlanken Säulen und gestreiften Bögen aufragen.
Die Große Moschee steht auf einem Boden, der drei verschiedenen Religionen heilig gewesen ist. Der erste Tempel wurde an dieser Stelle zu einer Zeit erbaut, da Córdoba eine Provinzhauptstadt des römischen Reiches war. Geweiht war er Janus, dem doppelgesichtigen Gott der Tore und Türen. Nach dem Untergang des weströmischen Reichs kam Córdoba unter die Herrschaft der germanischen Westgoten,

Braunweiß gestreifte, hufeisenförmige Bögen im Innern der Großen Moschee. Erbaut im 8. Jahrhundert, wurde die Moschee in den folgenden zweihundert Jahren immer wieder erweitert, so daß sie zu einem der größten Sakralbauten der islamischen Welt wurde.

die den christlichen Glauben annahmen. Die Folge war, daß der römische Tempel in die christliche Kirche San Vincente umgewandelt wurde.

Im Jahre 711 aber setzte ein mächtiges muslimisches Heer aus Nordafrika nach Spanien über. Innerhalb kürzester Zeit hatten die Mauren, wie man diese Araber und nordafrikanischen Berber nannte, den Großteil des Landes erobert. In Córdoba wandelten die neuen Herren die Hälfte der Kirche San Vincente in eine Moschee um, gestatteten aber den Christen, in der anderen Hälfte weiter ihre Gottesdienste abzuhalten. Doch der aus Damaskus nach Spanien geflohene Omaijade Abd ar-Rahman I. (756–788) beanspruchte das ganze Gotteshaus für den Islam und begann 784 mit dem Bau der Großen Moschee, wobei er Teile der alten Kirche miteinbezog. In den nächsten beiden Jahrhunderten wurde das Bauwerk von seinen Nachfolgern noch vergrößert und ausgeschmückt. Doch als Córdoba 1136 von Ferdinand III., dem christlichen König von Kastilien, erobert wurde, war es wieder einmal Zeit für einen Religionswechsel. Ferdinand machte die Moschee erneut zu einem christlichen Heiligtum.

Fast drei Jahrhunderte lang änderte sich wenig am Äußeren des Gebäudes. Doch 1523 veranlaßte der Klerus der Stadt mit Unterstützung Kaiser Karls V., aber gegen den Willen des Stadtrats, den Bau einer kreuzförmigen Kathedrale mitten im Herzen der Moschee. Säulen, Bögen und ein Teil der Holzdecke wurden eingerissen, um Platz für diesen neuen, ganz unpassenden Bau zu schaffen, der sich jetzt wie eine spanische Galeone auf einem mau-

Auf diesem spanischen Historiengemälde aus dem 19. Jahrhundert hält Abd ar-Rahman I. Hof. Er war Begründer sowohl der Großen Moschee als auch der Omaijaden-Dynastie, die von 756 bis 1031 über einen Großteil Spaniens herrschte. Dann zerfiel das Land in einzelne Königreiche. Zur Zeit der Omaijaden war Córdoba die kulturell und zivilisatorisch höchstentwickelte Stadt Europas, besonders im 10. Jahrhundert unter Abd ar-Rahman III., als Künste und Wissenschaften blühten.

rischen Meer über das Dach der Moschee erhob.
Der Kaiser räumte später ein: »Hätte ich das gewußt, hätte ich niemals erlaubt, den alten Bau anzutasten. Ihr habt etwas Einzigartiges durch ein Allerweltsgebäude ersetzt.« Und im 19. Jahrhundert schlug der einflußreiche französische Schriftsteller Théophile Gautier noch härtere Töne an: »Dieser Kirchenparasit … eine architektonische Warze, die sich auf der Haut des arabischen Bauwerks gebildet hat.«
Doch trotz des Stilbruches geht von der Nachbarschaft unterschiedlicher Religionen auf engstem Raum eine Art spiritueller Harmonie aus. Alte römische und westgotische Pfeiler tragen die maurischen Bögen, geschnitztes Chorgestühl aus Mahagoni kontrastiert mit der Leere der islamischen Gebetshalle, gemalte Kreuze und figürliche christliche Bilder stehen den abstrakten, geometrischen und Blumenmustern der islamischen Kunst gegenüber.
Der Haupteingang zum Moscheebezirk führt durch das von Christen erbaute »Tor der Vergebung« in der Nordwand, über der sich ein gegliederter christlicher Glockenturm erhebt. Er steht auf den Fundamenten des früheren Minaretts. Die Tür führt in den »Hof der Orangenbäume«, ein stilles Präludium zum Innern. In Reihen gepflanzte Orangenbäume, schwankende Palmen – die die Mauren, immer von Heimweh nach der Wüste geplagt, so sehr liebten – und die Wasserbecken mit Springbrunnen bilden eine Oase spiritueller Erquickung.
Vom Hof tritt der Besucher durch die »Türe der Palmen« ins weiträumige Innere. Sogleich weicht die Hitze der Außenwelt einer ruhigen Kühle, und mildes Licht ersetzt den gleißenden Schein der Sonne.
Wie ein in Reihen gepflanzter und in Stein gehauener Palmenhain erhebt sich ein Wald von Marmorbögen über dem Mar-

Der Mihrab einer Moschee ist eine in Richtung Mekka weisende Nische. Hier ist der hufeisenförmige Eingangsbogen mit lebhaften Mosaikarabesken und Rankenwerk geschmückt. Sie sollen von einem christlichen Meister ausgeführt worden sein, der aus Konstantinopel nach Córdoba kam. Die Kuppel des Mihrab-Vorraums (unten links) zeigt filigrane geometrische Muster, wie sie für den Islam typisch sind.

Dieses Detail aus einer mittelalterlichen maurischen Handschrift erzählt die Geschichte des Liebespaares Bayjad und Riyad. Es handelt sich um eine der wenigen aus der maurischen Periode erhaltenen illuminierten Handschriften. Die üppigen Bäume und die reichen, wallenden Gewänder der Personen zeugen vom verfeinerten, sinnenfreudigen Lebensstil der Mauren, in dem Dichtkunst, Musik und Liebe eine wichtige Rolle spielten.

morboden. Ein Seitenschiff nach dem anderen zweigt ab, jedes von doppelten, übereinanderliegenden rot-weißgestreiften Bögen überspannt, deren geschwungene Linien von der Lichtflut, die sich durch die Dachfenster ins Innere ergießt, ganz oder zur Hälfte beleuchtet sind.

In ihrer Gesamtheit bildeten diese Seitenschiffe den Gebetssaal der Moschee. Jeden Freitag füllten die Gläubigen die weite Fläche und verrichteten ihre Gebete – stehend, kniend und sich neigend, um den teppichbelegten Boden mit der Stirn zu berühren. Über ihnen hingen Hunderte von Leuchtern und Lampen aus Silber, Gold und Kupfer, die ein schimmerndes Licht auf die Marmorwände warfen. Dahinter öffneten sich einst die Bögen der Nordwand zum »Hof der Orangen«, aus dem der Duft der Blüten ins Innere schwebte und sich mit dem Geruch des aromatischen Lampenöls mischte.

Die Seitenschiffe führen optisch zur südlichen Qibla-Wand, die nach Mekka ausgerichtet ist, und zum Mihrab, einer in die Qibla-Wand eingelassenen Nische oder Vertiefung, in der der Imam seine Gebete sprach. Der Mihrab in der Großen Mo-

Die Große Moschee mit ihrer in den Bau integrierten Kathedrale ist die Hauptattraktion der Stadt Córdoba. Aber mit der Rückeroberung der Stadt im 13. Jahrhundert durch den kastilischen König Ferdinand III. verlor diese an Bedeutung. Einst berühmt für seine Seiden- und Brokatstoffe, Lederwaren und Juwelen, lebt Córdoba heute vor allem vom Tourismus und der Textil- und Brauindustrie.

schee ist eine kleine, achteckige Kammer, die man durch einen schlüssellochförmigen Bogen betritt. Flankiert von zwei dunkelgrünen, rotgefleckten Säulen, strebt der Bogen wie die aufgehende Sonne empor, von bunten Mosaiken wie von geklöppelten Spitzen bedeckt.

Über 200 Jahre wurde an der Moschee gebaut. Abd ar-Rahmans I. Gebäude, ein kleiner, einfacher Bau mit elf Seitenschiffen, wurde von Abd ar-Rahman II. (822–852) nach Süden auf den Fluß zu verlängert, wobei man acht Fensternischen hinzufügte. Im nächsten Jahrhundert vergrößerte der fromme Kalif al-Hakam II., der wegen des koranischen Weinverbotes fast alle Weinberge in Spanien zerstörte, die Moschee wieder in Richtung Süden und erweiterte ihren Umfang wesentlich.

Die letzten architektonischen Änderungen nahm 987 al-Mansur vor, der mächtige Großwesir, der während der Regierungszeit Hischams II., des schwachen Sohnes al-Hakams, die Zügel des Reiches in die Hand nahm. Al-Mansur fügte acht weitere Schiffe hinzu und dehnte die Moschee nach Osten aus.

Ende des 10. Jahrhunderts hatte die Moschee an Umfang und Pracht ihren Höhepunkt erreicht und war fortan mehr als 200 Jahre lang der Schauplatz mohammedanischer Gottesdienste, bevor Córdoba 1236 einer kastilischen Armee erlag. Nun, heilige Stätten lassen sich zwar verwandeln, aber nicht so leicht zerstören. Obwohl man später eine christliche Kathedrale mitten in die Moschee hineinpflanzte, hat die Gebetshalle ihre Identität bewahrt. Und könnte nicht Wahrheit werden, was Théophile Gautier einmal schrieb: »Vielleicht steht die alte Moschee noch so lange, bis sie Zeuge eines vierten Glaubens wird, dem man im Schatten ihrer Bögen huldigt, während man den neuen Gott … in anderen Formen und mit anderen Hymnen feiert. Denn Gott ist immer derselbe.«

Zeittafel

n. Chr.

711	Eine islamische Armee dringt in Spanien ein.
756 –788	Regierung Abd ar-Rahmans I., Begründers der spanischen Omaijaden-Dynastie.
784	Beginn der Arbeiten an der Grossen Moschee.
987	Unter dem Wesir al-Mansur wird letzte Hand an die Moschee gelegt.
1236	Eroberung Córdobas durch Ferdinand III. von Kastilien.
1492	Granada, der letzte Maurenstützpunkt, kapituliert vor dem Heer Ferdinands II. von Spanien
1523	Während der Regierungszeit Kaiser Karls V. wird eine Kathedrale mitten in der Moschee errichtet.

Die Sulaimanija

»Ich habe dir, Padischah, eine Moschee erbaut, die auf dem Erdkreis stehen wird bis zum Tag des Jüngsten Gerichtes.«

Sinan, der Architekt der Sulaimanija, zu Sultan Sulaiman I.

Die Sulaimanija, eine der großartigsten Moscheen, wurde unter der Regierung des osmanischen Sultans Sulaiman I. des Prächtigen (1520–1566) erbaut. Das kaskadenartige Ensemble der Kuppeln und Minarette der Moschee beherrscht die Silhouette Istanbuls, und über 400 Jahre lang hat der mächtige Innenraum Gläubige und Besucher in Ehrfurcht versetzt.

So schrieb z. B. der türkische Reisende Evliya Çelebi Effendi im 17. Jahrhundert, er sei einmal zehn europäischen Besuchern – »fränkischen Ungläubigen« – in die Moschee gefolgt. Dort habe er beobachtet, wie sie ihre Köpfe in den Nacken legten, um den ungeheuren Raum auf sich wirken zu lassen. Und während sie mit offenen Mündern bestürzt umherblickten, »warfen sie die Hüte ab und schrien: ›Heilige Mutter Gottes!‹«

Die lange Regierungszeit Sulaimans I., des bedeutendsten der osmanischen Sultane, markierte die Blütezeit der osmanischen Kultur. Neue Gebiete, unter anderem Teile des heutigen Ungarn, Irak und Libyen, wurden dem Reich hinzugefügt, und die Flotte behauptete unter dem Admiral Chaireddin Barbarossa die Seeherrschaft im Mittelmeer, die erst 1571 mit der Niederlage der Türken in der Schlacht von Lepanto endete.

Im Innern setzte Sulaiman die Umwandlung Istanbuls – der früheren byzanti-

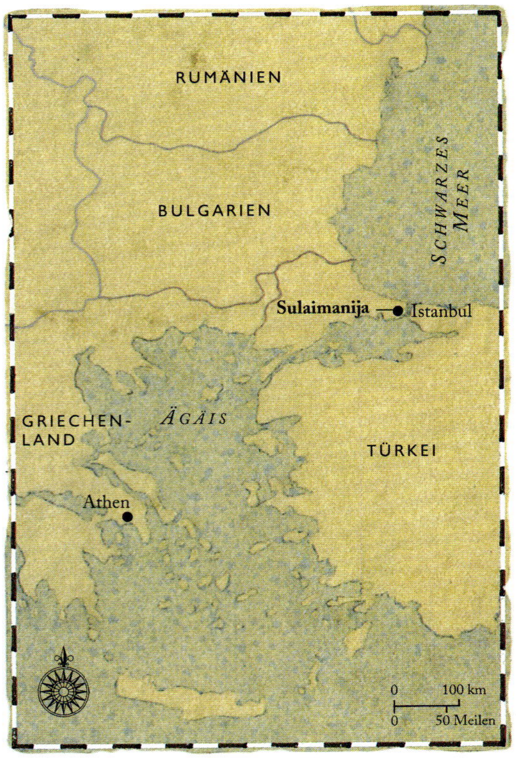

Moslems versammeln sich im weiten Innenraum der Sulaimanija, einer der größten Moscheen der Welt. Erbaut im 16. Jahrhundert von dem ottomanischen Baumeister Sinan, blickt die Moschee über das Goldene Horn (unten), einen Meereseinschnitt, der das alte Istanbul von der modernen Stadt trennt.

nischen Hauptstadt Konstantinopel, die von den Türken 1453 erobert worden war – in eine seinen imperialen Ansprüchen würdige Stadt fort. Brunnen, Paläste, Badehäuser, Schulen, theologische Hochschulen, sogenannte Madrasen, Krankenhäuser, Moscheen und vieles mehr wurden unter seiner Herrschaft in Istanbul und anderen Teilen des Reichs errichtet.
1550 begann Sinan, der größte Architekt des Sultans, mit der Arbeit an der Sulaimanija, seiner bedeutendsten Leistung. Auf dem dritten der sieben Hügel Istanbuls legte ein Heer von Arbeitern, hauptsächlich Griechen und Armenier, die Fundamente, schaffte Kalkblöcke und Marmor aus Steinbrüchen der küstennahen Inseln des Marmara-Meeres herbei. Nach dem Vorbild der etwa tausend Jahre zuvor erbauten Hagia Sophia wählte Sinan als Grundriß einen von einem Viereck umschlossenen Kreis.
Daß sich Sinan persönlich um jedes Detail kümmerte, wird durch eine andere von Evliya Çelebi Effendi berichtete Episode bestätigt. Sulaiman, der sich von den Baufortschritten überzeugen wollte, inspizierte eines Tages unangemeldet und mit einer kleinen Leibwache den Bauplatz. Auf der Suche nach Sinan bahnte er sich seinen

Der turbangekrönte Sarkophag Sulaimans I. – in der Mitte – steht im Mausoleum, einer sogenannten Türbe, im Moscheebezirk. Zu beiden Seiten befinden sich die Särge seiner Tochter und zweier späterer Sultane.

Sulaiman (links) war ein überragender Politiker und Heerführer, der das Osmanische Reich zum Höhepunkt seiner Macht führte. Seiner verführerischen, willensstarken Frau Roxelane (links außen), räumte er großen – für manche zu großen – Einfluß ein.

Weg durch das herumliegende Baumaterial und die Gerüste. Schließlich hörte der Sultan dessen Stimme hoch oben auf einem Gerüst. Sinan las einem armen Steinmetzen wegen seiner Pfuscharbeit die Leviten und zeigte ihm, wie man es richtig machte.

1557 wurde die Sulaimanija vollendet. Es war die größte Moschee des osmanischen Reiches. Dem gewaltigen Baukörper, der über dem Goldenen Horn emporragt, nähert man sich von Nordosten durch eine enge, gewundene Straße mit wimmelndem Verkehr und Fußgängern. In einer Kurve kommt die Moschee plötzlich ins Blickfeld. Ihre taubengraue Hauptkuppel scheint viele kleinere Kuppeln wie Küken um sich zu versammeln. Sie mildern den Übergang von den großzügig geschwungenen Kurven der Kuppel zu den vertikal emporstrebenden Seitenmauern. Und dem Eindruck der schwer lastenden Kuppeln wird durch die vier bleistiftdünnen, spitzen Minarette entgegengewirkt, die nach oben in die blaue Luft stoßen.

Eine von Fenstern mit Eisengittern durchbrochene Steinmauer umgibt die Moschee, ihren Hof und den königlichen Friedhof. Innerhalb dieses Bezirks führt ein kleiner Pfad zu den Steinstufen des Haupteingangs. Zwischen zwei Säulen aus antikem, dunkelgrünem Marmor trennt ein schwerer, grüner Polstervorhang das Innere vom Äußeren, das Heilige vom Profanen. Eine Goldinschrift auf rechteckiger Tafel schmückt den Vorhang. In die Wand zur Rechten des Eingangs ist eine Reihe Stufen und Sitze eingelassen, auf denen die Gläubigen die rituellen Waschungen vollziehen – Füße, Hände und Gesicht –, bevor

Die Kuppeln der Moschee erheben sich über schlanken Bogenreihen, die als Kolonnaden die vier Seiten des Hofes bilden. Die Bögen ruhen auf Säulen, die sich Sinans Bauarbeiter aus Ruinen in und um Istanbul holten.

sie den heiligen Raum betreten dürfen. Für nicht-muslimische Besucher aber führt der Eingang durch den Hof, der sich an die westliche Fassade anschließt. Dieser Hof, ein weitläufiges Viereck, wird an drei Seiten von Portiken gesäumt, deren Bögen auf Säulen aus Granit, Marmor und weinrotem Porphyr ruhen und mit kleinen Kuppeln bedeckt sind. Den Mittelpunkt bildet ein rechtwinkliges, aus Marmor gefügtes Reinigungsbecken mit Springbrunnen und eisernen Gittern.
Der Hof bietet Schatten und Stille, wird aber auch als Ausweichplatz benützt, wenn die Moschee überfüllt ist. Daher sind auch in die hier an die Moschee anschließende Wand zwei Mihrabs eingelassen – Nischen, die die Richtung nach Mekka angeben, in die sich die Mohammedaner im Gebet wenden müssen.
Blickt man durch das Westportal der Moschee, ist der erste Eindruck der einer geräumigen Höhle und eines Meeres roter Teppiche, das sich nach allen Seiten ausbreitet. Das Gefühl des allumfassenden, einheitlichen Raumes ist hier weit inten-

Vor der Sulaimanija verrichten Moslems ihre rituellen Waschungen, ehe sie das Innere betreten. Die Reinheitsgebote des Islam verlangen, daß man sich vor Betreten einer Moschee Füße, Hände und Gesicht wäscht.

siver als etwa in einer Kathedrale, wo Schiff, Chor und Seitenkapellen den Raum gliedern. Von der Decke hängen Hunderte schwarzer Metallketten herab, die ein horizontales Gewebe von Leuchtern tragen. Tausende von Lichtern schweben direkt über dem Kopf des Besuchers und erinnern an leuchtende Lilien über einem See von Teppichen.

Überall schwingen sich Bogengirlanden aus grau- und gelblichgeflecktem Marmor, und massive, tragende Säulen und Pfeiler heben Kuppeln und Halbkuppeln himmelwärts. Der nüchterne, fast strenge, überwiegend graue Stuck verliert seine Stumpfheit durch teils runde, teils spitze Farbglasfenster, die Licht durch die Qibla-Wand, also die nach Mekka gerichtete Seite, einlassen.

Die Hauptkuppel wird von 32 Fenstern

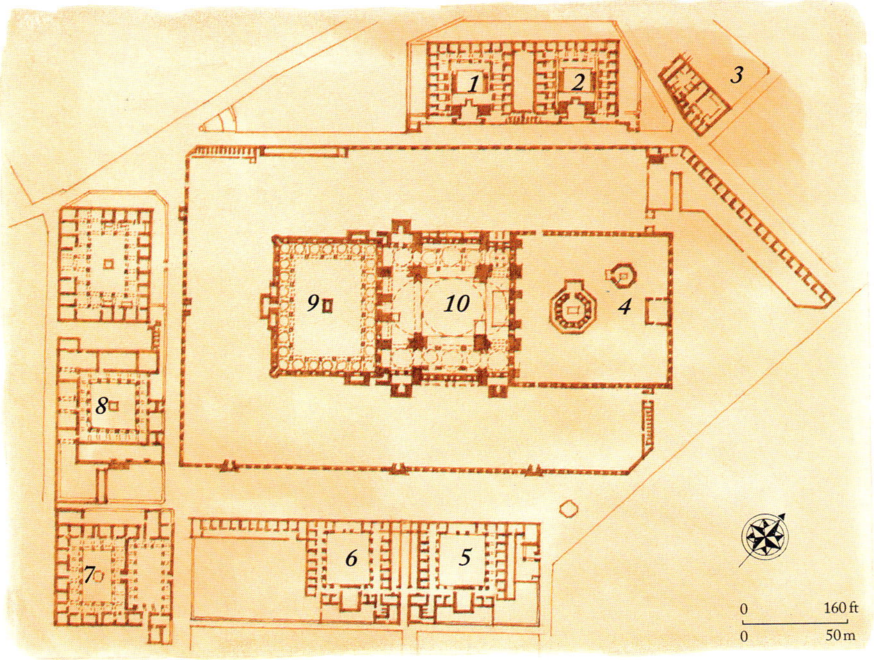

Grundriß der Sulaimanija (unten rechts). Er zeigt die Moschee selbst (10) zwischen dem Hof (9) und dem Friedhof (4). Andere Gebäude des Moscheekomplexes waren die Rechtshochschulen (1, 2, 5 und 6), die Bäder (3), das Hospital (7) und die öffentlichen Küchen (8).

Dieses englische Bild, gemalt 22 Jahre nach dem Tod des Sultans 1588, vermittelt einen Eindruck von der Majestät der Sulaimanija. Die Moschee ist von einer kuppelüberwölbten Mauer umgeben, und im Vordergrund erkennt man das königliche Mausoleum. Die Sulaimanija machte großen Eindruck auf die Westeuropäer. Nach einem Bericht des türkischen Reisenden Evliya Çelebi Effendi aus dem 17. Jahrhundert sagte ein Besucher über die Moschee: »Nirgends sonst sind Inneres und Äußeres eines Bauwerks in so schöner Harmonie.«

durchbrochen. In ihrem Mittelpunkt strahlen vor einem Kreis enggeführter Goldarabesken die geschwungenen Linien arabischer Kalligraphie wie die Funken eines sich drehenden Feuerwerks oder einer explodierenden Sonne, die die ganze Moschee in harmonischer Ordnung hält.
Anders als die Hagia Sophia, die heute ein Museum ist, hat die Sulaimanija ihren religiösen Charakter bewahrt. Wenn bei Sonnenuntergang das orange Licht die Westmauern mit goldenem Glanz überzieht und Lichtpunkte auf dem Goldenen Horn zu zittern beginnen, zieht der magnetische Ruf des Muezzins die Gläubigen zur Moschee. Sie betreten das Gebäude mit den Schuhen in der Hand. Die Männer begeben sich nach vorne und sitzen in einer Reihe in der Nähe des Mihrab, während sich die Frauen rückwärts in besonderen Nischen versammeln.
Der Imam, der geistliche Führer der Gemeinde, steht mit seinem weißen Turban in dem Mihrab, dessen gewölbte Vertiefung für seinen hypnotischen Gesang wie ein natürlicher Verstärker wirkt. Dem Rhythmus und Inhalt der jeweiligen Gebetsformeln entsprechend verneigen sich die Gläubigen, knien oder werfen sich nieder.
Früher freilich war die Sulaimanija noch weit mehr als nur Stätte des Gebets und des Gottesdienstes. Denn außerhalb der den Bezirk umgebenden Mauer errichtete Sinan einen Komplex weiterer Gebäude, einen sogenannten Külliye. Dieser beherbergte vier Madrasen, Schulen, in denen die Muezzins die heiligen Suren des Korans, des heiligen Buchs des Islam, lernten, ein Krankenhaus, eine Armenküche und ein Gästehaus für prominente Besucher. So war die Sulaimanija ein Mikrokosmos im Makrokosmos Istanbuls, ein Ort der Weihe und des Gottesdienstes, diente aber auch der Gelehrsamkeit und den Bedürfnissen des einfachen Volkes.
Im Bezirk der Sulaimanija befindet sich außerdem ein Friedhof. Auffällige Gebäude darin sind die beiden königlichen Mausoleen, die Türbes, errichtet für Sulaiman selbst und seine Königin Haseki Hürrem, im Westen besser bekannt als Roxelane, die »Russische«. Sulaimans Türbe, größer als die seiner Königin, ist ein kleines, oktogonales Bauwerk mit Kuppel. Drinnen steht in gedämpftem Licht des Sultans langer, dreieckiger Sarkophag, eingeschlagen in grünes Tuch und bekrönt mit dem königlichen Turban. An seiner Seite ruhen in kleineren Särgen seine Tochter Mihrimah und zwei spätere Sultane, Sulaiman II. (1687–1691) und Ahmet II. (1691–1695).
Sulaiman entbrannte schon zu Anfang seiner Regierungszeit in Liebe zu Roxelane, überging die anderen Frauen seines Harems und machte sie zu seiner Königin.

Von all den vielen Gebäuden des Sulaimanija-Komplexes ist vielleicht das am wenigsten erwähnenswerte und besuchte das kleine Grab Sinans, das außerhalb des Hauptbezirkes nach Nordwesten mit Blick auf das Goldene Horn liegt. Dieses bescheidene weiße Marmorgrab, eingelassen in die Gartenmauer des Hauses, in dem er einst lebte, gibt durch ein Gitter den Blick frei auf den Marmorsarg mit seinem turbangekrönten Grabstein.

Sinan wurde von griechisch-orthodoxen Eltern 1498 in Anatolien geboren und erlernte den Beruf eines Steinmetzen und Zimmermanns von seinem Vater. Doch 1512 wurde er zum Janitscharen-Corps, der aus dienstverpflichteten christlichen Jungen rekrutierten Eliteeinheit des osmanischen Heeres, eingezogen, wo er zum Kommandeur der Artillerie aufstieg.

1538 begann Sinan als kaiserlicher Oberbaumeister mit seinem ersten zivilen Projekt, einer Moschee. In den nächsten fünfzig Jahren schuf er ein gewaltiges Werk: 79 Moscheen, 34 Paläste, 33 Badhäuser, 19 Mausoleen, 55 Schulen, 16 Armenhäuser, 7 Madrasen und 12 Karawansereien – Herbergen für durchreisende Karawanen – zeugen von einer unermüdlichen Schaffenskraft

Sinan starb 1588 im hohen Alter von 99 Jahren. Doch die Erinnerung an ihn lebt fort – nicht nur in seinem Porträt, das moderne türkische Geldscheine schmückt, sondern auch, besonders für die Einwohner Istanbuls, in den Kuppeln und Minaretten der Sulaimanija. In ihrem heiligen Innenraum schwindet die Zeit hinweg, und das Goldene Zeitalter Sulaimans wird wieder lebendig.

Vom Goldenen Horn aus gesehen prägt die Sulaimanija die Silhouette Istanbuls. Die Lage der Moschee auf einem Hügel der Stadt gibt ihr eine dominierende Stellung, würdig des größten osmanischen Herrschers.

Zeittafel

n. Chr.

1489	Geburt Sinans, des Baumeisters der Sulaimanija.
1520 –1566	Regierungszeit Sulaimans I., in der das osmanische Reich den Zenit erreicht.
1538	Sinan erbaut seine erste Moschee.
1550	Baubeginn an der Sulaimanija.
1557	Vollendung der Moschee.
1566	Sulaiman I. stirbt.
1571	In der Schlacht von Lepanto bricht eine christliche Flotte die türkische Seeherrschaft.

Das Reich Sulaimans des Prächtigen

Mehr als 450 Jahre beherrschten die osmanischen Türken ein Reich, das den größten Weltreichen der Geschichte ebenbürtig ist. Beginnend 1453 mit der Eroberung Konstantinopels, erreichte es seinen Gipfel während der Regierungszeit Sulaimans des Prächtigen (1520–1566), der über einen Großteil des Nahen Ostens, Nordafrikas, Westasiens, den Balkan und Ungarn gebot. Als Sultan war Sulaiman sowohl das geistige als auch das politische Oberhaupt des Reiches und verantwortlich für die heiligen Stätten in seinem Gebiet. Dazu gehörten die Große Moschee in Kairo, die Moschee des Ibn Tulun in Kairo, die Große Moschee in Damaskus und die Scheherazade-Moschee in Istanbul, die alle hier abgebildet sind.

Sulaiman förderte das islamische Recht – die Scharia – und führte den Koran als Erziehungsgrundlage ein. Nach den Maßstäben seiner Zeit war er ein ziemlich toleranter

Herrscher. Nicht-Mohammedaner, die immerhin mehr als die Hälfte der Bevölkerung des Reiches stellten, waren vom Militärdienst befreit. Es wurde ihnen auch eine Art Selbstverwaltung zugestanden, das sogenannte »Hirse-System«. Im Rahmen dieser Freiheiten durften sie ihre geistlichen, kulturellen und gerichtlichen Angelegenheiten selbst regeln.

Nach Sulaimans Tod auf einem Feldzug in Ungarn im Jahre 1566 begann der langsame Niedergang des Osmanischen Reiches. Das Regierungssystem war angeschlagen durch Nepotismus, endemische Korruption und die Unfähigkeit, sich zu modernisieren und mit europäischen Staaten wie Spanien, Portugal und England in Wettbewerb zu treten. Im 19. Jahrhundert sprach man im Westen allgemein vom »kranken Mann vom Bosporus«. 1924 wurde das Osmanische Reich formell aufgelöst.

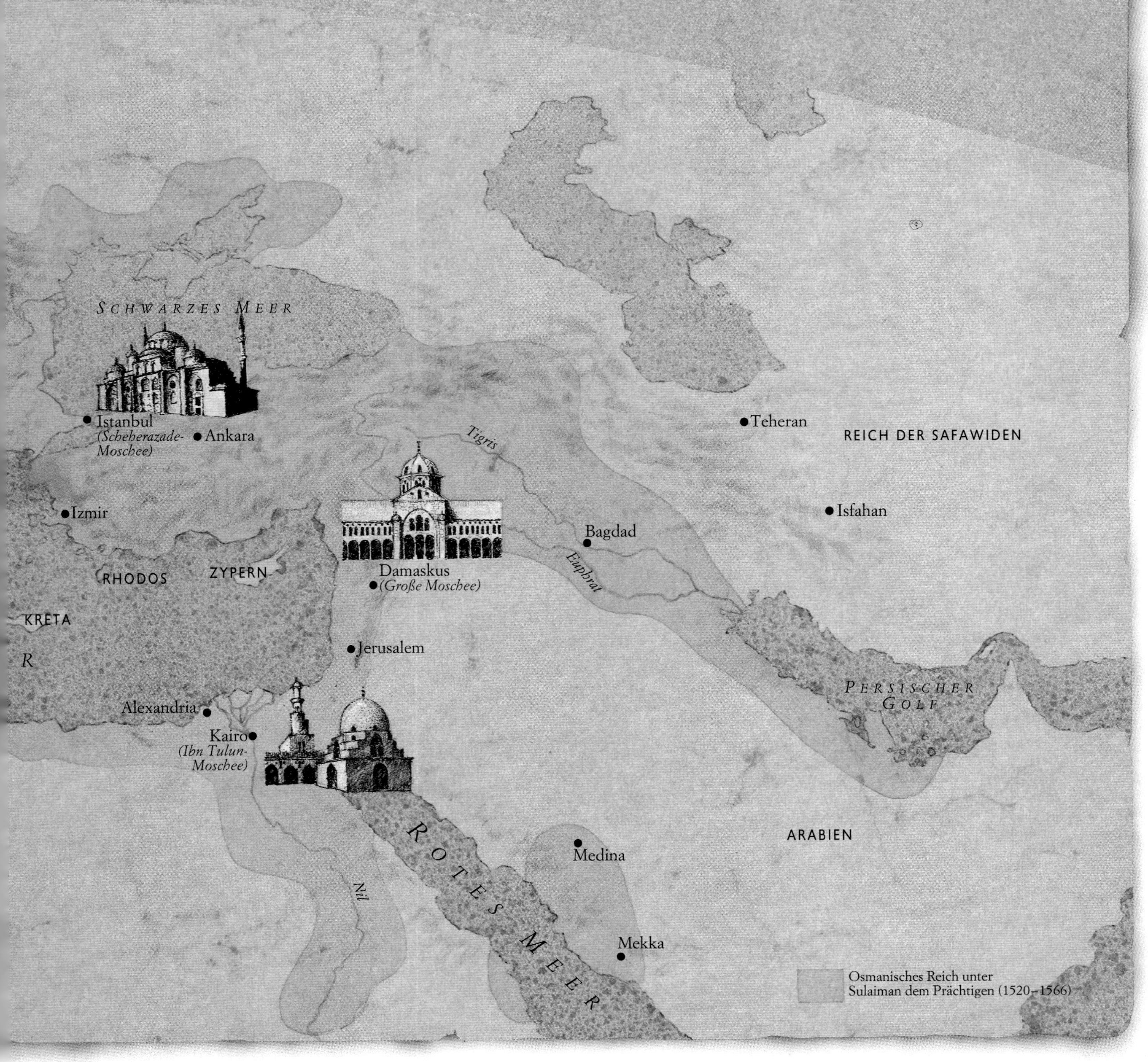

INDIEN

Der Goldene Tempel

»Der eine Gott durchdringt alles. Er allein wohnt in jeder Seele.«

Aus dem Adi Granth.

Wie ein goldener Lotos wächst der Goldene Tempel aus einem künstlichen See in der Stadt Amritsar in Nordwestindien. Er ist das größte Heiligtum der Sikhs. Der Grundstein wurde etwa 1589 gelegt, aber in seiner gegenwärtigen Gestalt stammt der Goldene Tempel, der Harimandir, aus dem späten 18. und frühen 19. Jahrhundert. Seine goldene, an Fabergé erinnernde, kastenartige Architektur zeugt von einer zum Ruhme Gottes geschaffenen Kunst.

Eine breite Marmorallee führt zum Tempel. Dieser besteht aus zwei Stockwerken, das untere aus weißem Marmor, in den feine Blumenmuster aus Perlmutt, Onyx, Lapislazuli, Karneol und anderen Edelsteinen eingelassen sind. Die vier Seiten sind exakt nach den vier Himmelsrichtungen ausgerichtet und werden durch vier große Portale unterbrochen. Über diesem marmornen Unterbau erheben sich als zweites Geschoß Wände aus goldbeschichteten Kupferplatten. Wie Brokatspitzen auf Samt stehen die Inschriften aus den heiligen Büchern, geschrieben in der fließenden Gurmukhi-Schrift der Panjab-Sprache, auf den goldenen Fassaden.

Ganz oben auf dem Dach sitzen kleine, vergoldete Aufbauten mit geriffelten, kürbisähnlichen Kuppeln und Spitzen. In der Mitte gleißt die Kuppel eines größeren Pavillons, des Schish Mahal – Spiegelraums –, in dem gewöhnlich meditiert wird.

Der spirituelle Mittelpunkt im Inneren des Tempels ist keine Statue einer Gottheit, sondern das heilige Buch der Sikhs, das sogenannte Adi Granth oder Guru Granth Sahib. Es liegt auf einem Diwan unter einem vergoldeten Baldachin. Jeden Tag wird das Buch in den frühen Morgenstunden in einer Prozession vom Akal Takht, einem Kuppelgebäude, das auf der anderen Straßenseite liegt, zum Tempel hinübergetragen, und sobald es dort niedergelegt ist, deklamieren eigens dazu ausgewählte Sikhs den ganzen Tag die heiligen Verse.

Der Goldene Tempel spiegelt sich im Amrita Sarovar, dem Nektarteich. Der Tempel bildet das spirituelle Herz der Sikh-Religion.

Eine sechzig Meter lange Allee aus Marmorplatten, gesäumt von vergoldeten Lampen, verbindet den Harimandir mit dem Festland. Gegenüber dem Allee-Eingang steht der Akal Takht, Sitz des höchsten geistlichen Rates der Sikhs.

Bei Einbruch der Dunkelheit wird es zum Akal Takht zurückgebracht.

Die Sikh-Religion wurde von Guru Nanak (1469-1539), einem geistigen Lehrer aus dem Panjab, begründet. Er lehrte, daß es nur einen Gott und eine Menschheit gibt. Und wer mit allem Ernst Gott sucht, der wird das Göttliche in sich selbst finden.

Nach Guru Nanaks Tod wurden seine Lehren von neun folgenden Gurus weitergeführt, die alle von den Sikhs verehrt werden. Guru Gobind Singh, der zehnte und letzte Guru, der 1708 starb, verkündete, daß es nach ihm keine menschlichen Gurus mehr geben werde. Statt dessen übertrug er die Guruschaft auf die heiligen Schriften – das Guru Granth Sahib – und auf die Gemeinschaft der Sikhs, das Panth.

Der fünfte Guru, Arjan, war es, der den ersten Tempel in Amritsar gründete. Mit von der Sikh-Gemeinschaft aufgebrachten Mitteln erbaute er ihn auf einem Grundstück, das die Sikhs von Kaiser Akbar (1556–1605), dem tolerantesten unter den muslimischen Mogul-Herrschern Indiens, als Geschenk erhalten hatten. Das Heiligtum, Verkörperung der Sikh-Religion, unterschied sich beträchtlich von den gewöhnlichen Hindu-Tempeln.

Die spirituelle Offenheit der Sikhs zeigte sich schon darin, daß der Grundstein von einem moslemischen Mystiker aus Lahore namens Mian Mir gelegt wurde. Und während Hindu-Tempel immer in erhöhter Lage stehen, wurde dieses Sikh-Heiligtum in einer Senke errichtet, so daß die Gläubigen im Geiste der Demut nach unten gehen müssen. Seine vier Türen symbolisieren, daß es allen vier Kasten des Hinduismus offensteht. Und das Allerheiligste im Inneren bilden keine Götterbilder, sondern die heiligen Schriften.

In den nächsten 150 Jahren bildete der Tempel das Zentrum der Sikh-Religion. Im 18. Jahrhundert aber begann die Macht der Moguln zu schwinden, was den Afghanenherrscher Ahmad Schah Durrani ermunterte, immer wieder in Nordwestindien einzufallen. Nach Überfällen von Sikh-Scharen auf afghanische Truppen plünderte Durrani 1757 Amritsar, zerstörte den Tempel und warf geschlachtete Tiere in den heiligen See. In den folgenden sieben Jahren gab es weitere Angriffe. Doch 1765 wurde der Tempel endgültig wieder

Auf diesem Sikhgemälde sitzt Guru Nanak – mit Heiligenschein – inmitten der anderen neun Gurus. Neben Guru Nanak ein Hindu, der einen Pfauenfächer hält.

aufgebaut und erhielt sein heutiges Aussehen. Zu Beginn des 19. Jahrhunderts wurde das ganze Gebäude von einem der erfolgreichsten Sikh-Herrscher, Maharadscha Ranjit Singh, renoviert. Als Folge der Pocken auf einem Auge blind, Analphabet und Liebhaber von Juwelen und schönen Frauen, schuf sich der charismatische Ranjit Singh ein Reich, das sich von Peschawar, dem heutigen Pakistan, und dem Himalaja bis zum Sutlej im Süden erstreckte. Singh verwandelte Amritsar in ein blühendes Handelszentrum und ließ den Tempel von den besten Handwerkern der Zeit restaurieren. Seit damals heißt das Heiligtum der »Goldene Tempel«.
Tatsächlich besteht der Tempel aus einem ganzen Komplex von Gästehäusern, Verwaltungsgebäuden, Küchen und Aufenthaltsräumen. Rings um den See verläuft ein marmorgepflasterter Weg, überschattet von Kolonnaden, auf dem die Pilger das Heiligtum umschreiten können. Südlich des Harimandir liegt der »Garten des Guru«, in dem sich Pavillons um einen vierzig Meter hohen Kuppelturm gruppieren. Der 1798 erbaute Turm erhielt seinen Namen nach Baba Atal, dem siebenjährigen Sohn des Guru Hargobind Singh. Die Überlieferung erzählt, Baba Atal habe einst einen tödlich von einer Schlange gebissenen Freund ins Leben zurückgeholt. Doch sein Vater tadelte ihn streng dafür: Baba Atal solle seine geistigen Kräfte lieber in reinen Lehren und einem wahrhaftigen Leben zum Ausdruck bringen als in Wundertaten. Baba Atal bereute, beschloß, das eigene Leben für das gerettete aufzugeben und legte sich am See zum Sterben nieder.
Aber es ist vor allem das goldene Heiligtum selbst, das die Frömmigkeit der Sikhs vertieft und bestärkt. Tausende kommen jedes Jahr aus dem Panjab und vom Ausland und besuchen ihren »Darbar Sahib«, ihren »Hof des Herrn«.

ZEITTAFEL

N. CHR.

1539	TOD GURU NANAKS, DES GRÜNDERS DER SIKH-RELIGION.
1589	GURU ARJAN ERBAUT DEN ERSTEN TEMPEL ZU AMRITSAR, NACH DER ÜBERLIEFERUNG AN EINER STELLE, WO GURU NANAK ZU MEDITIEREN PFLEGTE.
1757	AHMAD SCHAH DURRANI GREIFT AMRITSAR AN UND ZERSTÖRT DEN TEMPEL.
1765	NACH DEM AFGHANISCHEN ANGRIFF WIRD DER TEMPEL NEU AUFGEBAUT.
1801 –1139	HERRSCHAFT DES MAHARADSCHA RANJIT SINGH, DER DEN TEMPEL MIT BLATTGOLD UND MARMOR ÜBERZIEHEN LÄSST.
1984	INDISCHE TRUPPEN GREIFEN SIKH-SEPARATISTEN AN, DIE SICH IM TEMPEL VERSCHANZT HABEN.

San Vitale

»Es gibt keine andere Kirche Italiens, die ihr ebenbürtig ist.«

Andrea Agnello, Chronist Ravennas aus dem 9. Jahrhundert.

Verglichen mit den großen Kathedralen Nordeuropas mit ihren mächtigen Türmen und Glasfenstern nimmt sich die Kirche San Vitale in Ravenna in Nordostitalien klein und bescheiden aus. Doch hinter ihren anspruchslosen Backsteinmauern verbirgt sich eines der großen Wunder der abendländischen Sakralkunst: ein höhlenartiges Inneres, dessen Wände von heiligen Mosaiken gleichsam erglühen.

An Wänden und Decke sind Tausende und Abertausende winziger bunter Glaswürfel zu leuchtenden Bildern mit biblischen Szenen zusammengefügt. In Gold und allen Farben funkeln diese Teppiche aus Kristall unter den flackernden Kerzen und zeigen Gestalten wie Jesus Christus, Abraham, Mose, dazu viele Heilige und Engel. Vor etwa fünfzehn Jahrhunderten war Ravenna eine der Großstädte des Westens. Als Italien Anfang des 5. Jahrhunderts von vordringenden Germanenstämmen bedroht wurde, wählte es Kaiser Honorius wegen seiner geschützten Lage in Sümpfen und am Meer zur Hauptstadt des römischen Westreiches. 540 kam es unter die

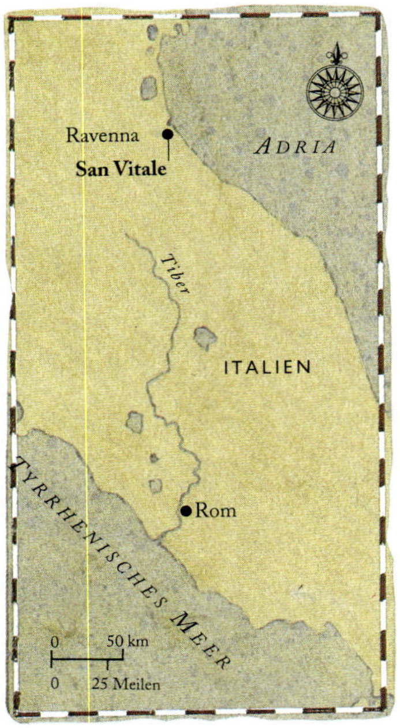

San Vitale ist ein Überbleibsel des Goldenen Zeitalters der byzantinischen Herrschaft in Italien. Es wurde vor 1500 Jahren erbaut und enthält einige der bedeutendsten Sakralmosaike Europas. Von der Raummitte fällt der Blick unter der Kuppel hindurch auf die Apsis mit ihrem großartigen Christus-Mosaik (oben rechts).

Der größte Schatz der Apsis San Vitales ist dieses Mosaik des thronenden Christus. Ihm zur Seite stehen geflügelte Engel. Sie deuten auf Ecclesius – den Bischof, unter dem etwa 526 mit dem Bau San Vitales begonnen wurde und der ein Modell der Kirche in Händen hält – und St. Vitalis, den italienischen Märtyrer aus dem 3. Jahrhundert, dem die Kirche geweiht ist.

Herrschaft der byzantinischen Kaiser in Konstantinopel, die es etwa 150 Jahre lang durch Gouverneure, sogenannte Exarchen, regieren ließen.
In diesem goldenen Zeitalter wurde die Stadt reich geschmückt mit Kirchen, Klöstern und Mausoleen, deren Innendekorationen zu den größten Kunstschätzen der westlichen Welt zählen. Aber von allen Sakralbauten Ravennas kommt keiner San Vitale gleich, das 547 unter der Regierung Justinians I., eines der großen byzantinischen Kaiser, geweiht wurde.
Das schlichte, kompakte Äußere bereitet den Besucher in keiner Weise auf die verschwenderische Fülle im Inneren vor, wo das aus bogenförmigen Fenstern hereinflutende Licht die Galerien erhellt und von den Marmorsäulen zurückgeworfen wird, die geheimnisvolle, schräge Durchblicke in düstere Seitenschiffe gestatten. Vom Mittelpunkt unter der Kuppel wird das Auge zum Triumphbogen gezogen, durch den der Blick auf Chor und Apsis – die größten Wunder San Vitales – fällt. Hier glühen aus der Tiefe die Gestalten Christi, der vier Evangelisten Matthäus, Markus, Lukas und Johannes und anderer Heiliger in

schimmernden Mosaiken von den Wänden. Aus einer gewissen Entfernung wirkt jedes Mosaik wie eine homogene Fläche. Erst bei näherem Hinsehen erkennt man, daß die Magie dieser Kunstwerke auf winzigen »Tesserae« beruht – kleinen Glaswürfeln in unzähligen Farben, die von tiefem Blau über Violett-, Grau- und Grün-Töne zu Rot- und Braunnuancen reichen. Besonders auffallend sind die goldenen Steinchen, die die Heiligenscheine und den Bildhintergrund füllen. Sie wurden hergestellt, indem man Blattgold auf einen Glaswürfel preßte und dann wieder eine dünne Glasschicht darüberzog. Diese Tesserae drückte man in feuchten Kalk – immer in leicht versetzten Winkeln, damit das Licht gebrochen wurde.

Am besten lassen sich die reichen, komplizierten Muster der Mosaike vielleicht an der Chordecke bewundern. Hier hebt sich das »Lamm Gottes« leuchtend von einem blauen Sternenhimmel ab. Es ist von einem ringförmigen Kranz umgeben, den vier auf blauen Kugeln stehende Engel tragen.

Unter dieser strahlenden Gegenwart des Lammes sitzen die Apostel Johannes und Lukas auf der linken Wand zu beiden Seiten eines dreifachen Bogens, der sich in eine Felslandschaft öffnet. Mit aufgeschlagenen Büchern blicken sie nach oben, in Erwartung göttlicher Inspiration. Zwischen ihnen ranken sich Weinlaub und Reben, und Pfauen und Tauben tummeln sich unter den Ranken.

Auf der gegenüberliegenden Wand sind spiegelbildlich die Apostel Matthäus und Markus angeordnet. Darunter opfert auf einer halbkreisförmigen Fläche Abel, der zweite Sohn Adams, ein Lamm, und der Priesterkönig Melchisedek bringt Brot herbei. Diese beiden Figuren aus dem Alten Testament bereiten auf die Gestalt Christi in der Apsis vor, da ihre Opfer das Opfer Christi und das Opfer des Brotes in der Eucharistie vorwegnehmen.

Das Äußere San Vitales besteht aus schlichten Backsteinen, hinter denen niemand die herrlichen, farbig leuchtenden Mosaike im Innern vermuten würde. Gekrönt wird das Gebäude von einer kegelförmigen Kuppel, die aus ineinandergeschobenen Tongefäßen besteht und oben mit Holzsparren und Ziegeln abgedeckt ist. Durch diese Konstruktion ist sie so leicht, daß sie keine Stützpfeiler braucht.

Die Apsis – optischer Höhepunkt der Kirche – ist Fortsetzung und Abschluß des Chores. In ihrem Halbrund sammelt und reflektiert sich das Licht. In der Mitte thront, die ganze Kirche überblickend und von Engeln flankiert, die majestätische Gestalt Christi auf einem blauen Globus, der den Himmel symbolisiert. Mit seinem Purpurgewand, dem kurzen Haar und dem glattrasierten Gesicht wirkt er wie ein römischer Imperator, doch in kosmische Dimensionen entrückt. Für den Gläubigen ist dieser thronende Christus das heiligste Mosaik der Kirche. Doch die prachtvollsten sind jene, die Justinian und seine Gattin Theodora darstellen. Sie beherrschen die Wände der Apsis zu beiden Seiten Christi.

Justinian stieg aus dem Bauernstand zu höchsten Ehren auf und wurde einer der bedeutendsten byzantinischen Kaiser. Auf dem Mosaik erscheint seine imponierende Gestalt in purpurrotem Gewand vor dem Hintergrund eines Gefolges weiß gekleideter Diener. Von der gegenüberliegenden Wand blickt dem Betrachter die temperamentvolle Gattin des Kaisers, Theodora, entgegen, Tochter eines Zirkusbärenführers, die als Tänzerin und Schauspielerin Berühmtheit erlangte. Sie ist mit Perlenketten und Juwelengirlanden behängt, trägt eine Purpurrobe, auf der in Goldstickerei die heiligen drei Könige abgebildet sind, und hält einen goldenen Kelch in der Hand. In ihren Augen liegt ein Hauch von Schwermut, als habe der Künstler geahnt, daß die Kaiserin 548 an Krebs sterben würde.

Geschmückt mit wohlbekannten heiligen und weltlichen Gestalten blieb San Vitale bis ins 8. Jahrhundert das Juwel des byzantinischen Verwaltungszentrums Ravenna. Dann aber wurde die Stadt zuerst von den Langobarden, später von den Franken eingenommen. Seitdem ging es mit ihr stetig bergab, bis sie im Mittelalter im Schatten der großen Mächte dahindämmerte.

Doch sind die reich ausgestatteten Kirchen der Stadt, insbesondere San Vitale, wie heilige Herde, auf denen das Feuer der sakralen Kunst am Brennen gehalten wurde. In einer zeitgenössischen Inschrift heißt es: »Entweder wurde hier das Licht geboren, oder es gingen Reiche zugrunde.«

ZEITTAFEL

N. CHR.

404	KAISER HONORIUS ERHEBT RAVENNA ZUR HAUPTSTADT DES RÖMISCHEN WESTREICHS.
493	RAVENNA WIRD VON DEM OSTGOTENKÖNIG THEODERICH EINGENOMMEN.
521 –532	ECCLESIUS BISCHOF VON RAVENNA. DER GRUNDSTEIN ZU SAN VITALE WIRD GELEGT.
527	JUSTINIAN I. WIRD BYZANTINISCHER KAISER IN KONSTANTINOPEL.
540	BYZANTINISCHE HEERE UNTER BELISAR EROBERN RAVENNA VON DEN OSTGOTEN ZURÜCK.
547	SAN VITALE WIRD GEWEIHT.
548	TOD DER KAISERIN THEODORA.
751	DIE LANGOBARDEN BESETZEN RAVENNA.

Beherrschende Figur an der Decke des Chores ist das »Lamm Gottes«, das Agnus Dei, umgeben von vier auf Weltkugeln stehenden Engeln.

San Vitale wurde als Zentralbau errichtet. Hauptsehenswürdigkeiten sind der Eingang (1), der Innenraum (2) unter der Kuppel, der Chor (3) und die Apsis (4) mit den Mosaiken von Jesus Christus und Justinian und Theodora.

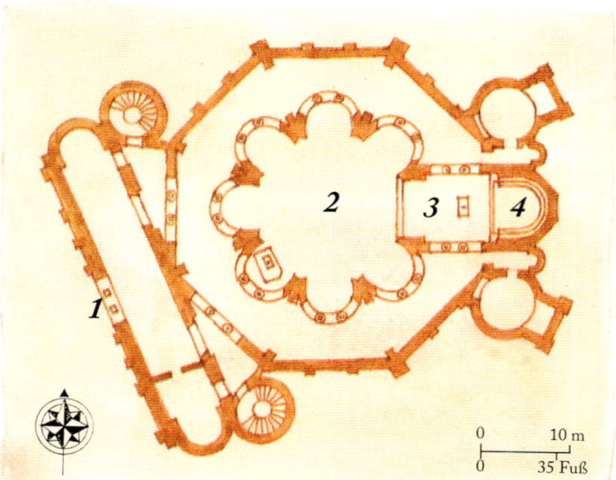

JAPAN

Ise

»Ich weiß zwar nicht, was sich drinnen befindet, aber mir kommen Tränen der Dankbarkeit.«

Der japanische Priester Saigyo im 12. Jahrhundert über Ise.

Das Ise-Heiligtum, in einem Wald an der Südwestseite der Ise-Bucht südlich von Honshu gelegen, ist eine der ältesten heiligen Stätten Japans. Aber, so paradox es klingt, seine strohgedeckten Holzbauten sind jüngsten Datums. Alle zwanzig Jahre werden sie mit großem Aufwand abgebaut und so, wie sie waren, ein paar Schritte weiter wieder zusammengesetzt.
Diese periodische Wiedergeburt – wie ein Phönix aus der Asche –, die erstmals im 7. Jahrhundert n. Chr. praktiziert wurde, macht die Faszinination Ises aus, das einerseits vom Hauch des immer Neuen, andererseits vom Ernst ehrwürdiger Tradition bestimmt ist. Die mystische Aura wird noch durch den Umstand verstärkt, daß der Bezirk für jedermann unzugänglich ist, außer für Priester und die Mitglieder des japanischen Kaiserhauses. Der gewöhnliche Besucher darf nur durch den weißen Seidenvorhang des Portals spähen und erhascht dabei einen dürftigen Blick auf das schlichte Gebäude, das hinter immergrünen Pflanzen verborgen und ins Mysterium gehüllt ist.
Anders als die himmelwärts strebenden, von bunten Glasfenstern geheimnisvoll er-

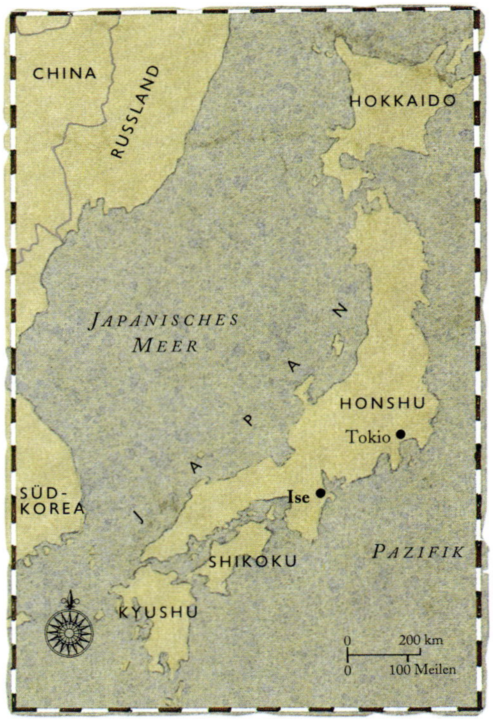

Amaterasu, die Sonnengöttin, ist der Schutz-Kami, die Schutzgottheit, des Inneren Ise-Schreins. Auf diesem von dem japanischen Künstler Kunisada stammenden Holzschnitt aus dem 19. Jahrhundert tritt sie, von gleißendem Licht umflutet, aus einer Höhle. Nach einem japanischen Mythos hielt sie sich wegen ihres rebellischen Bruders in dieser Höhle verborgen. Doch wurde sie von anderen Gottheiten aus ihrem Versteck gelockt und brachte der Welt das Licht zurück.

Das hölzerne Eingangstor zum Inneren Ise-Schrein ist verwittert und mit Moos und Flechten bewachsen. Gewöhnliche Besucher dürfen die Schwelle nicht überschreiten. Alle zwanzig Jahre wird das Ise-Bauwerk in einer Zeremonie erneuert, die vermutlich 1500 Jahre zurückgeht.

leuchteten europäischen Kathedralen, anders auch als die vergoldeten buddhistischen Tempel oder die mit Kacheln verkleideten Moscheen, sind die Bauten dieses Shinto-Tempels von äußerster Schlichtheit. Die beiden hüttenähnlichen Heiligtümer, die innerhalb zweier rechteckiger Flächen stehen, sind aus dem bleichen Holz der Honiki, der japanischen Zypresse, errichtet. Man läßt das Holz ohne Bemalung und Politur. Die steilen Dächer bestehen aus einer dichten Lage sorgfältig bearbeiteten braunen Schilfstrohs. Und diese Kombination aus kunstvoll zusammengefügten Materialien, die in einem Hain wie Türme emporragender Cryptomeria-Bäume steht und Wind und Sonne ausgesetzt ist, erzeugt eine Aura des Numinosen, die der Religion der autochthonen Japaner genauestens entspricht.
Denn Shinto, »der Weg der Götter«, beruht auf der Verehrung der Kami, der un-

zähligen Gottheiten, die die Natur, die Bäume, Felsen und Wasserfälle bewohnen, ja überhaupt alles Ungewöhnliche, z. B. das Echo, den Donner oder auch einen Menschen mit besonderer Ausstrahlung. Daher gibt es in Japan buchstäblich Tausende von den Kami geweihten Heiligtümern, vor allem an von der Natur besonders begünstigten Stellen. Dieses mystische Naturgefühl, das den Gläubigen aus der irdischen in die geistige Welt erhebt, hat Ise seit seinen Anfängen das unverwechselbare Gepräge gegeben.
Der heiligste Teil Ises ist Naiku, der Innere Schrein, dem Kami Amaterasu Omikami, der Sonnengöttin, geweiht. Von ihr leitet die japanische Kaiserfamilie ihre Herkunft ab. Geku, der Äußere Schrein, der etwa sechs Kilometer vom Inneren entfernt ist und nicht ganz so viel Verehrung genießt, ist der Toyouke no Omikami geweiht, der alten Göttin des Ackerbaus, der Nahrung und der Ernte. Lage und Architektur sind ähnlich denen des Inneren Schreins.
Um zu diesem zu gelangen, müssen Besucher den Isuzu-Fluß über eine Bogenfußbrücke und ein »Torii« überqueren. Dieses typische Shinto-Portal besteht aus zwei aufrechtstehenden Pfosten, über die zwei horizontale Balken gelegt sind. Es bedeutet den Übergang vom Profanen zum Heiligen. Die Gläubigen ziehen dann weiter bis zu einer Stelle am Flußufer, wo sie die Hände waschen und den Mund in einem Akt der Reinigung mit Wasser ausspülen.
Der von Kieseln gesäumte Hauptweg windet sich durch riesige Cryptomeria-Bäume und führt schließlich zu dem Strohdachportal des Schreins. Nur Priester und Mitglieder der kaiserlichen Familie dürfen die

Das Ise-Heiligtum besteht aus naturbelassenem Zypressenholz und weist Züge der traditionellen japanischen Architektur auf. So laufen z.B. die Firste in auffällige X-förmige Enden aus, sogenannte Chigis. Und auf dem Giebel liegen im rechten Winkel walzenähnliche Balken, die Katsuogi.

Auf diesem Holzschnitt aus dem 19. Jahrhundert wallfahrten Pilger nach Ise. Am Heiligtum selbst war für das leibliche Wohl der Pilger und deren Unterhaltung bestens gesorgt.

vier das Heiligtum umschließenden Einfriedungen passieren, die wiederum aus unpoliertem Holz hergestellt sind und den heiligen Grund rings um das eigentliche Heiligtum und die kleineren Nebengebäude von der Außenwelt abschließen.
Das Hauptgebäude, im Shinmei (»göttliche Klarheit« -)Stil gehalten, steht auf starken Pfählen etwa zwei Meter über dem mit Kieseln bedeckten Boden. Es heißt, das Heiligtum beherberge den heiligen Spiegel, der gemeinsam mit dem Schwert und dem Edelstein, die anderenorts aufbewahrt werden, die Regalien des japanischen Kaisers bilden und seine Herrschaft legitimieren. Nach der Überlieferung war es dieser Spiegel, mit dem in einem bekannten japanischen Mythos Amaterasu aus ihrem Versteck hervorgelockt wurde.
Die Legende erzählt, daß sich die lichte Göttin, empört über den Sturmgott, in eine Höhle zurückzog, wodurch sie die Welt in Finsternis hüllte. Durch eine List aus der Höhle gelockt, erblickte sich Amaterasu in einem Spiegel, den die Götter in einem Baum vor der Höhle aufgehängt hatten. Ein Gott packte die Überraschte, hielt sie fest, und seitdem erleuchtet ihr Licht wieder die Welt. Amaterasu ließ den heiligen Spiegel im Palast des Kaisers Sujin niederlegen. Später wurde er nach Ise verbracht.
Ise hatte ursprünglich nur dem Kaiser offengestanden. Doch als im japanischen Mittelalter die kaiserlichen Subsidien für das Heiligtum immer spärlicher flossen, sandten die Ise-Priester Boten ins ganze Land und riefen das Volk dazu auf, nach Ise zu pilgern und Fördervereine zu gründen. Die Wallfahrten erfreuten sich bald großer Beliebtheit, da Ise zahlreiche Gaststätten, Tavernen und Bordelle bot.
Heute ist die Atmosphäre etwas nüchterner. Aber der magische Bund zwischen Ises natürlicher Lage und dem geheimnisvollen, nur teilweise zu besichtigenden Heiligtum verfehlt auch jetzt niemals seine Wirkung. Dies und der heilende Balsam der Stille, die von den wie Wächter dastehenden Bäumen ausgeht, zieht weiterhin Scharen von Besuchern an, die ebenso beeindruckt sind von dem, was sie nicht sehen dürfen, wie von dem, was sie sehen.

Zeittafel

n. Chr.

7. Jh.	Erste Wiedererrichtung des Ise-Schreins.
1600 –1868	Edo-Periode. Zu drei festlichen Gelegenheiten kommen Millionen Pilger nach Ise.
1868	Restauration des Kaisertums in Japan. In die Shinto-Religion dringen nationalistische Elemente ein.
1945	Der japanische Kaiser verzichtet auf seinen Status als Kami.
1947	Die japanische Verfassung garantiert die Trennung von Staat und Religion.
1993	Im Oktober wird das Ise-Heiligtum wiedererrichtet.

Japanische Shinto-Heiligtümer

Die Anfänge der Religion Japans, des Shinto, verschwinden im Nebel der Vorgeschichte. Sie muß als Kult der Kami begonnen haben – der unzähligen Götter, die sich nach allgemeiner Anschauung hinter den Naturerscheinungen verbergen, aber auch personifiziert auftreten. So war z. B. der Kami Inari ursprünglich eine Schutzgottheit des Ackerbaus, an die sich heute aber auch Unternehmer um einen guten Gang ihrer Geschäfte wenden. Es gibt etwa 80 000 Shinto-Schreine in Japan. Manche sind groß, andere eher klein, aber fast alle besitzen ein Torii, ein Portal mit zwei Säulen, über die zwei Balken gelegt sind. Ein typisches Heiligtum enthält auch einen Haiden, eine erhöhte, über-

dachte Plattform, wo dem Kami geopfert und Gebete verrichtet werden, sowie ein Honden, das Hauptgebäude mit einem geweihten Gegenstand, in dem der Kami wohnen soll. Die meisten japanischen Heiligtümer liegen auf Honshu. Die bedeutendsten sind Itsumo, das große Heiligtum in Ise, das Bergheiligtum von Aso, Itsukushima mit seinem im Meer stehenden Torii und Sumiyoshi in Osaka. Der heiligste Berg Japans ist der Fujiyama – unten auf einem Gemälde von Katsushika Hokusai. Dieser charakteristische Gipfel erhebt sich knapp 3800 Meter hoch und ist Shintoisten und Buddhisten gleichermaßen heilig. Mehr als 300 000 Pilger besteigen ihn Jahr für Jahr.

Fujiyama von Katsushika Hokusai (1769–1849)

DER KÖLNER DOM

»Ich sah auch die Kathedrale im Zentrum der Stadt ... Sie nennen sie nicht mit Unrecht die schönste der Welt.«

DER ITALIENISCHE DICHTER PETRARCA, DER KÖLN 1331 BESUCHTE.

Die großen Zwillingstürme des Kölner Doms ragen 157 Meter in den Himmel. Ihre kegelförmig zulaufenden Spitzen spiegeln sich im Rhein, der im Osten vorbeiströmt. Diese größte gotische Kathedrale Nordeuropas, eine der gewaltigsten der Welt, beschrieb der Schweizer Historiker Jacob Burckhardt im 19. Jahrhundert als »Offenbarung eines göttlichen Genius, der seinesgleichen nicht hat«.

Mit seinem Wald emporstrebender Pfeiler und seinen Spitzen gleich gefrorenen Stalagmiten, vermittelt der ganze Bau den Eindruck eines unwiderstehlichen Drangs zum Himmel. Diese Architektur, die die Schwerkraft aufzuheben scheint, verkörpert vollkommen die Vision des mittelalterlichen Baumeisters von einem Gotteshaus, das Herzen und Häupter der Menschen himmelwärts reißen sollte.

Die wie ins Unendliche strebende Höhe der Kathedrale wirkt im Inneren noch atemberaubender. Wer das Gotteshaus durch das Westportal betritt, wirft unwillkürlich den Kopf zurück, um aufzusehen zur unendlich weit entfernten Deckenwölbung. Scheinbar schwerelos schwebt das Kreuzrippengewölbe auf den 56 eleganten Bündelsäulen, die es 45 Meter über dem Fußboden tragen. Das Auge wandert weiter zum östlichen Ende, wo aus bunten Glasfenstern das Licht in einen Kranz von sieben strahlenartig angeordneten Kapellen fällt. Licht flutet auch auf den Halbkreis aus Fliesen hinunter, der Zugang zu den Kapellen gewährt, und in den Chor mit seinen 104 eichenen Chorstühlen. Ihr Schnitzwerk stellt groteske Figuren, Blätter und Tiere dar. Das Chorgestühl gilt als das größte Deutschlands.

Der Grundstein zum Kölner Dom wurde im 13. Jahrhundert gelegt, und es vergingen 600 Jahre bis zu seiner Fertigstellung – eine Lücke von 300 Jahren eingerechnet. Die Kathedrale ist ein Kulturdenkmal ersten Ranges, das eine der ältesten Städte Deutschland überragt. Denn die Ursprünge Kölns gehen rund 2000 Jahre zurück, als sich die Römer – etwa 38 v. Chr. – hier ansiedelten. 88 Jahre später verlieh Kaiser Claudius der Siedlung den Status einer römischen »Colonia« – daher der Name.

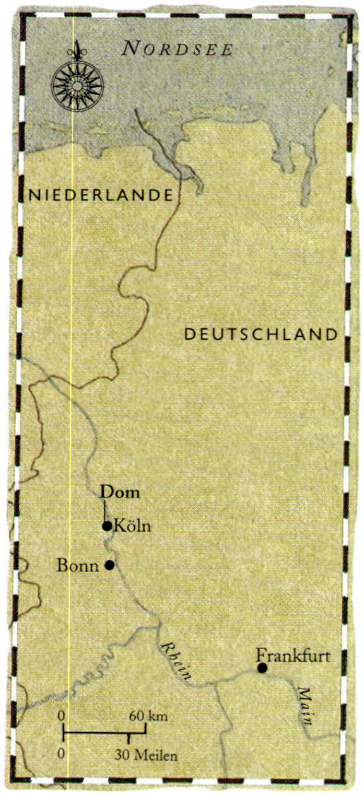

Der größte Schatz des Kölner Doms, der Dreikönigsschrein, enthält Reliquien, die von den Heiligen Drei Königen stammen sollen. Der Schrein wurde 1182 von Nikolaus von Verdun begonnen und etwa 1220 vollendet (links).

Ein gotisches Wunderwerk ist der Kölner Dom, Deutschlands berühmteste Kathedrale (rechte Seite).

HOTEL
KD

Als Konstantin der Große, der erste römische Kaiser christlichen Glaubens, dort 310 Brücke und Kastell errichtete, gab es in Köln bereits eine Christengemeinde. Im Lauf des 8. Jahrhunderts ernannte Karl der Große, 800 in der »Renovatio Imperii«, der Wiedererrichtung des Weströmischen Reiches, zum Kaiser gekrönt, den ersten Erzbischof der Stadt.

Auf dem Gelände des Doms hatte schon in römischer Zeit ein christliches Gotteshaus gestanden. Die erste Kathedrale wurde aber erst im 9. Jahrhundert unter der Ägide des Erzbischofs Hildebold errichtet, einem

Die Säulen des Doms tragen das Kreuzrippengewölbe 45 Meter über dem Erdboden. Hier geht der Blick auf den Hochaltar und den Chor, den ältesten Teil des gewaltigen Bauwerks.

Eines der größten Kruzifixe des Abendlandes: das vom Ende des 10. Jahrhunderts stammende Gerokreuz (unten rechts). Das aus Eichenholz geschnitzte Meisterwerk ist zwei Meter hoch und hängt heute in der Nähe der Sakramentskapelle.

Auf diesem Kupferstich aus dem 18. Jahrhundert gähnt noch eine gewaltige Lücke im Bauwerk. Der Blick kommt von Südosten, zur Rechten erhebt sich der Chor. Links steht ein Kran auf dem Stumpf des Südturms. Der unvollendete Zustand der Kathedrale war den Kölnern ein so vertrauter Anblick, daß ein lokales Sprichwort lautete: »Wenn der Dom fertig ist, geht die Welt unter.«

Freund und geistigen Mentor Karls des Großen. 870 geweiht, erhielt die alte Hildebold-Kathedrale den Beinamen »Mutter und Meisterin der deutschen Kirchen«. Doch auch dieses große Bauwerk wurde von einem noch größeren übertroffen.
Der Gedanke an einen Neubau tauchte 300 Jahre später auf, als man heilige Reliquien aus Mailand nach Köln überführte. Diese stammten der Überlieferung nach von den drei heiligen Königen, Magiern oder Weisen, die nach dem Matthäusevangelium aus dem Morgenland herbeigekommen waren, um dem Jesuskind zu huldigen, und sie waren im 4. Jahrhundert aus dem Heiligen Land nach Konstantinopel gebracht worden.
Die Überreste der »Heiligen Drei Könige« wurden in einem prächtigen goldenen Schrein aufbewahrt und machten Köln zu einem bedeutenden Wallfahrtszentrum. Es war die Zeit, da Europas Straßen von frommen Pilgern wimmelten, die zu ähnlichen Heiligtümern auf dem ganzen Kontinent wallfahrteten. Bald war Köln – mit 40 000 Einwohnern und 150 Kirchen – zur größten Stadt Deutschlands und zu einem großen kulturellen und Handelszentrum angewachsen, und da war es nur eine Frage der Zeit, bis die steigenden Pilgerzahlen die Stadt dazu veranlassen würden, eine der Bedeutung dieser Reliquien würdige Kathedrale zu errichten.
1248 wurde mit dem Bau begonnen. Die Leitung hatte Meister Gerhard, ein von der französischen Gotik geprägter Baumeister, der die Kathedrale von Amiens kannte und vielleicht an deren Bau mitgewirkt hatte. Der Chor des Doms wuchs allmählich wie eine gewaltige Krone dicht beim Rhein empor und wurde 1322 eingeweiht. Aber der übrige Bau kam nur schleppend voran, und 1560 gingen die Geldmittel aus. Dabei war das mächtige Skelett der Kathedrale immer noch unvollendet! Der Bau mußte eingestellt werden.
Zu diesem Zeitpunkt war der mittelalterli-

Die Menschen vor dem gotischen Portal an der Westfassade des Doms vermitteln einen Eindruck von dessen Größe. Das Petrus-Portal rechts ist das einzige von neun Portalen der Kathedrale, das im Mittelalter fertig wurde. Doch seine Bronzetür wurde erst 1889 installiert.

che Wohlstand Kölns dahin, und niemand brachte mehr Mittel und Willen auf, die Bautätigkeit wieder aufzunehmen. Erst im 19. Jahrhundert war es soweit. Bis dahin aber galt der halb vollendete Bau der Kirche als eine der seltsamsten Sehenswürdigkeiten Europas.

Der große deutsche Dichter Johann Wolfgang von Goethe, der den Dom 1774 besuchte, brachte Bewunderung und Enttäuschung auf einen Punkt: »In Gesellschaft bewunderte ich zwar diese merkwürdigen Hallen und Pfeiler, aber einsam versenkte ich mich in dieses, mitten in seiner Erschaffung, fern von der Vollendung schon erstarrte Weltgebäude, immer mißmutig. Hier war abermals ein ungeheurer Gedanke nicht zur Ausführung gekommen!« (»Dichtung und Wahrheit«, 14. Buch)

Und William Wordsworth, ein Dichter der britischen Romantik des 19. Jahrhunderts, fühlte sich gedrängt zu schreiben: »Ach, daß doch Engel hülfen, den Tempel zu vollenden!«

Zwanzig Jahre nach Goethes Besuch schien das Schicksal des Doms auf dem Tiefpunkt. Von 1794–1815 hielten die Franzosen die alte Stadt besetzt, und in dieser Zeit wurde die Kirche als Strohspeicher benützt. Man bediente sich ausgiebig vom Blei des Daches, und Holzverkleidungen wurden zum Feuermachen herausgerissen. Doch Goethes Begeisterung für die gotische Baukunst steckte auch die Pioniere der deutschen Gotik-Renaissance an, unter ihnen Friedrich von Schlegel, Joseph Görres und Sulpiz Boisserée. Sie alle riefen zur Vollendung des Doms auf. Schließlich begann man auf einer Woge der Begeisterung auf Befehl König Friedrich Wilhelms IV. von Preußen 1842 von neuem mit der Arbeit. Und 1880, 600 Jahre nach Baubeginn, war das Werk endlich fertiggestellt.

Die nächsten sechzig Jahre stand der Dom in frischem Glanz am Rhein, reinste Verkörperung des gotischen Geistes in Deutschland. Doch im Zweiten Weltkrieg hing sein Schicksal wieder an einem seidenen Faden, als die Alliierten Köln bombardierten und neun Zehntel des Stadtkerns zerstörten. Vierzehnmal wurde der Dom von Brandbomben getroffen und schwer beschädigt, doch bereits 1956 konnte er seiner Bestimmung wieder übergeben werden.

Heute kommen Tag für Tag Tausende von Besuchern in den Dom, angezogen von seiner Größe und den heiligen Schätzen, die er birgt. Die wichtigsten davon sind das Gero-Kruzifix, das Triptychon – ein Dreitafel-Gemälde mit der »Anbetung der Könige« – und der goldene Schrein, in dem

Die »Anbetung der Könige« von Stephan Lochner ist einer der Höhepunkte im Innern des Doms. Offiziell das »Altarstück der Stadtpatrone« genannt, wurde es Mitte des 15. Jahrhunderts ursprünglich für die Ratskapelle in Auftrag gegeben. Während der französischen Besatzung versteckte man das Gemälde zunächst in einem Keller, brachte es aber später, 1809, in die Kathedrale zurück. Die Mitteltafel (links) zeigt die drei Weisen, wie sie der Jungfrau Maria und dem Christuskind ihre Gaben überbringen.

sich die Reliquien der »Weisen aus dem Morgenland« befinden.

Um 975 aus Eichenholz geschnitzt und nach einem ortsansässigen Erzbischof benannt, hängt das Gerokreuz in der Nähe der Sakramentskapelle, gleich hinter dem nördlichen Transept. Es ist zwei Meter hoch und zeigt, obwohl im Lauf der Jahrhunderte mehrmals übermalt, den gekreuzigten Christus mit eindringlichem Realismus. Dem Kreuz gegenüber, in der Kapelle Unserer Lieben Frau, steht die »Anbetung der Könige«, das von Stephan Lochner um 1450 geschaffene »Dombild«. Die Mitteltafel zeigt die thronende Gestalt der Madonna, in ein fürstliches Gewand gekleidet und mit einer goldenen Krone auf dem Haupt. Auf den Knien hält sie das Christkind, und im Vordergrund bringen die Heiligen Drei Könige ihre Gaben dar.

Der bedeutendste Domschatz jedoch ist der Dreikönigsschrein, der sich in einem Glaskasten hinter dem Hochaltar befindet: ein großer Eichenschrank in Form einer Basilika, mit Gold und Silber überzogen und mit Juwelen besetzt, auf dem biblische Szenen abgebildet sind. Bei aller ehrfurchterweckenden Größe der Kathedrale bildet doch dieser kleine Schrein ihr heiliges Herz und ihre spirituelle Grundlage, ein gnadenreiches Überbleibsel aus einer großen Zeit des Glaubens und der Wunder.

ZEITTAFEL

V. CHR.	
CA. 38	ERSTE RÖMISCHE SIEDLUNG AUF DEM TERRITORIUM DES HEUTIGEN KÖLN.
N. CHR.	
50	KAISER CLAUDIUS VERLEIHT DER SIEDLUNG DEN STATUS EINER »COLONIA«.
310	KONSTANTIN DER GROSSE BEFESTIGT KÖLN.
800	KARL DER GROSSE WIRD KAISER DES RÖMISCHEN REICHES.
870	DIE ALTE KATHEDRALE WIRD EINGEWEIHT.
1164	FRIEDRICH BARBAROSSA BESCHAFFT SICH DIE RELIQUIEN DER HEILIGEN DREI KÖNIGE AUS MAILAND. SIE WERDEN SPÄTER IM KÖLNER DOM AUFGESTELLT.
1248	BAUBEGINN DES GOTISCHEN DOMS.
1322	EINWEIHUNG DES CHORES.
1560	DIE MITTEL GEHEN AUS, DIE ARBEIT AM DOM WIRD ABGEBROCHEN.
1842	FRIEDRICH WILHELM IV. ORDNET DIE WIEDERAUFNAHME DER BAUARBEITEN AN.
1880	FERTIGSTELLUNG DES DOMS.

Am Ende der Reise

Pilgerschaft als Praxis und Symbol hat in allen Hochreligionen stets eine große Rolle gespielt. Pilgerschaft bedeutet Reise. Konkret gesehen kann sie zu einer Kirche oder einem Tempel, einer Stadt, einem Heiligtum oder einer heiligen Reliquie führen. Doch spirituell betrachtet verkörpert sie die Wanderung zur letzten Wahrheit, zum höchsten Bewußtsein, zu Gott, und die wirkliche, oft sehr mühsame Fahrt, bei der schwere Strapazen mit Zeiten der Besinnung abwechseln, hat nur den Sinn, die spirituelle Sehnsucht im Menschen zu entfachen und ihm Selbsterkenntnis zu vermitteln.

Für viele Pilger allerdings bringt das Ende der Reise in erster Linie auch handfeste Vorteile. Für den Hindu z. B. bedeutet der Tod am Gangesufer in Varanasi, daß er endgültig dem ewigen Kreislauf von Leben, Tod und Wiedergeburt entronnen ist. Und in der Antike zogen Pilger zum griechischen Orakel in Delphi, um die Priesterin des Gottes Apollo über sehr alltägliche Dinge zu befragen, etwa den Gang ihrer Geschäfte, den Ausgang eines Feldzugs oder die Zukunft ihrer Ehe.

Im Mittelalter war Europa von einem Netz von Pilgerstraßen überzogen, die zu geweihten Heiligtümern führten. Eines der wichtigsten war das Grab des heiligen Thomas Becket in der Canterbury Cathedral in Südengland. Und auch heute noch sind die christlichen Wallfahrten lebendig, besonders jene nach Lourdes in Frankreich, das meistbesuchte Heiligtum der Welt, wo auch immer wieder Wunderheilungen geschehen.

Der heiligste Ort der islamischen Welt ist Mekka in Saudi-Arabien, und Tausende von Moslems sind jedes Jahr auf dem Hadsch dorthin unterwegs, einer Wallfahrt, die mehrere heilige Stätten in und um die Stadt berührt.

Aber die Pilgerfahrt braucht nicht immer an einem Tempel oder Heiligtum zu enden: So besitzt z.B. der Berg Kailas in Tibet immer noch die Kraft, die Gläubigen zur Pilgerschaft auf dem fünfzig Kilometer langen Pfad zu rufen, der um den schneebedeckten Gipfel führt.

Tibetische Pilger umwandern den Kailas, einen Berg, der Buddhisten und Hindu gleichermaßen heilig ist.

VARANASI

»Benares (Varanasi) ist älter als die Geschichte, älter als die Überlieferung, älter sogar als die Legende, ja, es scheint zweimal so alt zu sein wie all dies zusammen genommen.«

MARK TWAIN

Die Gebäude Varanasis, der heiligsten Hindustadt Indiens, erheben sich wie eine Opernbühne über einer Schleife des Ganges. Tausende kommen alljährlich in diese Stadt, um ihre Tempel zu besuchen, auf den Pilgerrouten zu wandern und sich im Ganges zu reinigen. Und Tausende verlassen den Ort nicht mehr. Denn in den heiligen Bezirken Varanasis zu sterben, bedeutet die Befreiung aus dem gnadenlosen Kreislauf von Geburt, Tod und Wiedergeburt, den die Hindu Samsara nennen.
Varanasi, auch unter dem Namen Benares, Banaras und Kashi – »Stadt des Lichtes« – bekannt, liegt unmittelbar am Fluß und bietet einen großartigen Anblick. Auf fünf Kilometer ragen Spitzen, Stufentürme, winzige Heiligtümer, vielstöckige Gebäude, Pavillons und Tempel über das Steilufer empor, von dem breite Treppen, sogenannte Ghats, hinunter ins Wasser führen. Wenn bei Tagesanbruch der Sonnengott Surya die auf dem Strom liegenden, milchigweißen Nebel aufsaugt, zeigen sich die Sandsteinfassaden der Häuser in all ihrer goldenen Herrlichkeit, wie ein Felsenantlitz, das in ein Panorama geschwungener Nischen, spitzer Kegel, Bögen und Säulen gehauen ist.
Am Flußrand tauchen Scharen von Menschen in die Fluten, gießen sich Wasser über den Kopf oder sitzen auf den sonnenschirmstarrenden Stufen, in Yoga und Meditation versunken. Für die Hindu ist kein Strom heiliger als der Ganges, der nach der Legende vom Himmel gefallene

Mit gekreuzten Beinen und in tiefer Versenkung zieht sich dieser Hinduheilige, ein »Sadhu«, meditierend in sich selbst zurück und läßt alles Äußere, das unaufhörliche Getümmel Varanasis, draußen. Viele Sadhus und Sannjasins, Menschen, die der Welt entsagt haben, befinden sich unter den Pilgern, die in die heilige Stadt unterwegs sind.

Von dichtgedrängt stehenden Türmen und Häusern führen die berühmten Treppen Varanasis, die Ghats, zum Fluß hinab, belagert von Menschen, die im Ganges baden wollen. Unzählige Hindupilger strömen alljährlich nach Varanasi, viele mit dem Wunsch, dort zu sterben und so vom Kreislauf von Geburt, Tod und Wiedergeburt erlöst zu werden.

Fluß. Nur ein paar Tropfen vom Wasser »Mutter Gangas« zu trinken reicht schon aus, um von den Sünden eines ganzen Lebens reingewaschen zu werden. Und obwohl der Fluß täglich Tausende von Tonnen Abwässer aufnimmt, ganz zu schweigen von der Asche, sogar den Körpern der Toten, ist seine rituelle Kraft ungebrochen. Flaschen mit Gangeswasser sind begehrte Trophäen, und Tropfen davon werden auf die Lippen der Sterbenden geträufelt.

Wenn die Ghats von Menschen zu wimmeln beginnen, spiegelt das Wasser an den Ufern die Regenbogenfarben zahlloser bunter Seidensaris. Mehr als siebzig Ghats liegen am Flußufer, jedes mit eigener Geschichte und Legende. Das heiligste ist Manikarnika, eins der beiden Verbrennungs-Ghats der Stadt, wo die Leichen vom Feuer verzehrt werden und ihre Asche auf Mutter Gangas breiten Wasserrücken gestreut wird.

Eine eigene Kaste »Unberührbarer«, die sogenannten Doms, dienen als Leichenbestatter. Rund um die Uhr werden in weiße oder rote Gewänder gekleidete Leichen auf leiterähnlichen Bambusbahren hierhergeschafft. Tagsüber schicken die heiligen Feuer Rauchfahnen zum Himmel, und des Nachts werfen die zischenden Flammen flackernde Schatten auf die Steinfassaden der benachbarten Häuser.

Varanasis unzählige Tempel und Heiligtümer sind einer ganzen Reihe von Hindugöttern geweiht, unter denen Shiva die höchste Verehrung genießt. Er ist eine der

Wie metallische Goldflammen ragen die Spitzen des dem Gott Shiva geweihten Vishvanatha-Tempels empor. Im Sanktum versenken sich die Gläubigen in den Darshana - den heiligen Anblick - Shivas in Gestalt eines schwarzen Stein-Lingams.

drei großen Gottheiten der Hindutrinität (neben Brahma und Vishnu) und erscheint in vielerlei Formen. Oft wird er als asketischer Yogi mit aschebeschmiertem Leib dargestellt, mitunter steckt er in einer Tiger- oder Elefantenhaut, oder Schlangen umwinden seinen Hals. Doch ist er auch der milde Bräutigam in Samt und Seide, der lächelnd neben seinem Weib Parvati sitzt.

Shivas Emblem ist sein »Lingam,« ein stilisiertes Phallussymbol. Es ähnelt einem gedrungenen, konischen Schaft, der auf einer ringförmigen Unterlage steht und Shivas schöpferische und erotische Potenz verkörpert. In einem speziell auf Varanasi bezogenen Hindumythos erscheint der Lingam auch in Gestalt einer blendenden Lichtsäule. Nach dieser Legende stritten einst Brahma und Vishnu, wer von beiden der höchste Gott sei, als plötzlich ein großer, feuriger Lichtstrahl aus dem Boden zwischen ihnen hervorbrach und in den Himmel emporschoß.

Erstaunt über diese helleuchtende Säule, gingen die beiden Götter der Sache nach. Vishnu bahnte sich in Gestalt eines Ebers seinen Weg hinab in die Tiefen der Erde, während Brahma, auf einer Gans reitend, in den Himmel flog. Beiden gelang es nicht, die Enden des Lichtstrahls zu erreichen. Bei ihrer Rückkehr aber stießen sie zu ihrer nicht geringen Bestürzung auf Shiva, der gerade aus dem Lichtpfeiler hervortrat. Vishnu zollte ihm gebührende Achtung, doch Brahma verspottete ihn. Zur Strafe schlug Shiva Brahma eines seiner fünf Häupter ab. Doch der Schädel des Gottes blieb an Shivas Hand haften, und was immer er auch unternahm, er konnte ihn nicht abschütteln. Erst in Varanasi fiel der Schädel von selbst von ihm ab: Shiva war von seiner Sünde erlöst.

In Varanasi blühen nicht nur die Mythen, es ist auch eine der ältesten indischen Städte. Seine Ursprünge reichen mindestens 3000 Jahre zurück bis in die Zeit, als das Gangestal zum erstenmal von den Nachkommen der Arier besiedelt wurde, die um 1500 v. Chr. in den Nordwesten Indiens eingedrungen waren. Im 6. Jahrhundert v. Chr. war die Stadt Hauptstadt des Königreichs Kashi und wurde von Gautama, dem Buddha, besucht. In den folgenden Jahrhunderten geriet Varanasi in den Sog verschiedener indischer Königreiche des Nordens. Im 7. Jahrhundert n. Chr. beschrieb es der chinesische Reisende Xuan Zhang als eine Oase mit schattenspendenden Bäumen, funkelnden Bächen, Tempeln und Heiligtümern. Seine Worte erinnern an den Beinamen »Wald des Segens«, der Varanasi in überlieferten Hinduschriften beigelegt wird.

Seine Hochblüte erreichte Varanasi im Mittelalter, als es die Hauptresidenz der Gadhadavala-Könige wurde, deren liberale Regierung die Hindureligion und Gelehrsamkeit förderte. Das änderte sich schlagartig mit der Invasion islamischer Truppen,

die Ende des 12. Jahrhunderts unter Muhammad Ghuri in Nordindien eindrangen. Auch Varanasis Heiligkeit konnte den islamischen Angriff nicht aufhalten. Seine Häuser wurden geplündert, seine Tempel zerstört. 1500 Kamele, so heißt es, waren nötig, um die Beute fortzuschaffen.
In den folgenden Jahrhunderten wurde das Gangestal von Moslems, vor allem den Mogul-Kaisern (1526–1857) beherrscht. In diesen Jahren schwankte das Schicksal Varanasis zwischen harter Unterdrückung und neuem Aufschwung. Aber seit dem Beginn der britischen Kolonialherrschaft in Indien Ende des 18. Jahrhunderts konnte die Stadt ihren heiligen Charakter und ihren Ruf als Hauptsitz hinduistischer Gelehrsamkeit wiedergewinnen, vor allem als später, 1916, die Banaras-Hindu-Universität gegründet wurde. Auch gewann es seinen besonderen Status als Wallfahrtsort zurück – ein Privileg, das ihm bis heute geblieben ist.

In einem Feuerwerk von Farben drängen sich Scharen von Menschen auf einem der vielen Ghats Varanasis, die den Ganges auf einer Strecke von etwa fünf Kilometern säumen. Mitten in der Menge stellen Priester Strohschirme auf den Stufen auf, die sie vor der Sonne schützen sollen. Gegen eine kleine Gebühr erteilen sie den Menschen ihren Segen und verdienen sich so ihren Lebensunterhalt.
Wer bis zum Fluß vordringt, badet im Wasser, trinkt davon oder gießt es sich über den Kopf. Manche, wie diese Frau (rechts), opfern ihm auch eine kleine Lampe.

Kinder brennen auf dem Divali-Fest in Varanasi Feuerwerkskörper ab. Dieses lebensfrohe Hindufestival der Lichter findet im Monat Karttika (Oktober/November) statt und bildet mit noch anderen Festen, etwa dem Holi – wo sich die Leute ausgelassen mit gefärbtem Wasser bespritzen –, das Gegenstück zu den ernsten und feierlichen Verbrennungen auf den Ghats Varanasis.

Eine der beliebtesten Wallfahrten in der Stadt selbst ist das Panchakroshi. Die Pilger brechen vor Tau und Tag auf, baden im Ganges am Manikarnika-Ghat und ziehen dann im Uhrzeigersinn auf der teils gepflasterten, teils sandigen Hauptstraße durch die Vorstädte. Vier Gasthäuser sorgen auf diesem achtzig Kilometer langen Weg für das leibliche Wohl. Die Reise dauert fünf Tage und führt an insgesamt 108 Heiligtümern vorbei, an denen jedesmal angehalten werden muß.

Noch beliebter ist das Panchatirthi, das am Asi-Ghat im Süden beginnt und am Ufer des Ganges entlangführt. Die Pilger müssen an fünf bestimmten Tirthas – Furten – anhalten und baden. Dabei bezieht sich der Begriff »Tirtha« nicht nur auf wirkliche Furten, sondern auch auf geistige, in denen die Menschen die Grenze zwischen der Welt des Samsara und einem übersinnlichen Reich spiritueller Befreiung überschreiten. An jedem Halt müssen die Pilger das Samkalpa rezitieren – ein Gelöbnis, die Götter fromm zu verehren – oder einem Priester zuhören, der es vorträgt.

Einer der Höhepunkte der Route ist das vierte Tirtha am Panchaganga-Ghat, dessen gewaltige Treppenfront von kleinen, kastenähnlichen Heiligtümern am Ufer

Rauch steigt aus den Flammen und der Asche eines der Verbrennungs-Ghats in Varanasi auf. Zu jeder Tages- und Nachtzeit bringt man die Toten hierher. Ihre Asche wird in den Ganges gestreut. Die Hindu glauben, daß im Tod nur der Körper stirbt, während die Seele (Atman) weiterlebt und sich immer wieder verkörpert, bis Mokscha – die Befreiung aus dem Kreislauf von Geburt, Tod und Wiedergeburt – erreicht ist.

über zahllose Steinstufen bis zu einer majestätischen Kuppelmoschee aus der Mogulzeit ansteigt.

Außer diesen besonders heiligen Routen und Tirthas gibt es zahllose Tempel, in denen Pilger die vielen Götter des Hindupantheon verehren können. Einer der großartigsten ist der Vishvanata (Herr des Alls, ein Name Shivas), dessen glänzende Goldspitzen wie Flammen in den Himmel hinaufschlagen. Der Tempel wurde 1776 erbaut und ist nur für Hindu zugänglich.

Im Süden der Stadt steht der Durga-Tempel mit seinem heiligen Wasserbecken und der gestuften goldenen Spitze, dem Sikhara, die sich über die Mauern erhebt. Auf einem Wandgemälde neben dem Eingangsportal reitet die Schutzgöttin Durga im roten Sari auf einem Tiger. Drinnen müssen die Besucher durch Scharen von Affen spießrutenlaufen, die dort wohnen. Die Gläubigen legen am Bildnis der Göttin Opfer in Form von Kokosnüssen, Süßigkeiten und Blumen nieder. Das Götterbild, eine Silbermaske, hat sich dereinst, wie es heißt, selbst magisch materialisiert.

Zwar ist Varanasi zu allen Zeiten heilig, aber an bestimmten Festen ist es noch heiliger als sonst. Eines der anziehendsten ist Divali, das Festival der Lichter, das im Monat Karttika (Oktober, November) stattfindet. Man beleuchtet dabei die Häuser und die Straßen mit unzähligen kleinen Glühbirnen, Kerzen und Öllampen.

Bei Einbruch der Nacht wird die Dunkelheit von Myriaden Lichtpunkten durchglüht, und Mutter Ganga steht in Flammen, denn wie winzige Funken schwimmen Lampen auf ihr, als ob sich ein Schwarm Feuerfliegen auf ihr niedergelassen hätte. In diesen Tagen gewinnt Varanasi wirklich das Aussehen einer himmlischen Stadt, und die Todesfeuer der Verbrennungs-Ghats erlöschen, während Kashi, die »Stadt des Lichtes«, ersteht.

ZEITTAFEL

V. CHR.

CA. 1500	DIE ARIER DRINGEN AUS NORDWESTEN IN INDIEN EIN. IN DEN FOLGENDEN JAHRHUNDERTEN BESIEDELN SIE DAS GANGESTAL.
CA. 531	GAUTAMA BUDDHA HÄLT SEINE ERSTE PREDIGT IN SARNATH, EINEM VORORT VARANASIS.

N. CHR.

CA. 635	DER CHINESISCHE PILGER XUANG ZHANG BESUCHT VARANASI.
1194	EIN ISLAMISCHES HEER GREIFT DIE STADT AN UND VERWÜSTET SIE.
1440	GEBURT KABIRS. BEEINFLUSST VOM ISLAM UND DEM HINDUISMUS, WIRD ER ZU EINEM DER BERÜHMTESTEN HEILIGEN VARANASIS.
1526	BEGINN DER HERRSCHAFT DER MOGUL-KAISER IN INDIEN.
1707	TOD DES MOGUL-KAISERS AURANGZEB, DER MEHRERE HINDU-TEMPEL IN VARANASI DURCH MOSCHEEN ERSETZT HATTE.
1916	BAU DER BANARAS-HINDU-UNIVERSITÄT. IN DEN NEUNZIGER JAHREN WIRD SIE ZU EINER DER BEDEUTENDSTEN UNIVERSITÄTEN ASIENS.
1948	INDIEN WIRD VON GROSS-BRITANNIEN UNABHÄNGIG.

GRIECHENLAND

DELPHI

»Ich weiß die Zahl der Sandkörner und das Maß des Meeres. Ich verstehe den Stummen und höre den Schweigenden.«

DAS DELPHISCHE ORAKEL ZU FRAGESTELLERN DES KÖNIGS KRÖSUS VON LYDIEN.

Delphi liegt genau nördlich des Golfs von Korinth, der einen blauen Spalt aus dem griechischen Festland herausschneidet. Es war der Sitz des berühmtesten Orakels der Antike und der heiligste Ort Griechenlands. Wegen seiner zentralen Lage und spirituellen Bedeutung hielt man Delphi für den »Omphalos«, den Nabel der Welt. Dieser Glaube erhielt zusätzliche Nahrung durch einen Mythos: Zeus ließ einst an den entgegengesetzten Enden der Erde zwei Adler frei. Die Stelle, an der sie sich trafen, sollte der Mittelpunkt der Erde sein. Es war Delphi, und ein kegelförmiger Stein markierte fortan die Stelle.

Etwa tausend Jahre lang, bis zur Auflösung des Orakels im 4. Jahrhundert n. Chr., kamen Menschen aus ganz Griechenland und dem Ausland zu Fuß, zu Schiff oder im Wagen, um das Apollo-Orakel über die Aussichten ihrer Geschäfte, ihrer Ehe, ihrer Landwirtschaft und viele andere Belange zu befragen. Auf all diese Fragen antwortete Apollo durch seine Priesterin, die Pythia, eine Bäuerin aus der Umgebung, die über fünfzig Jahre alt sein und ein untadeliges Leben führen mußte. Im Apollo-Tempel verfiel sie in Trance und sprudelte einen Strom unzusammenhängender Worte hervor. Diese wurden von einem Priester gedeutet, der sie in Verse brachte und die Antwort dem Fragesteller übermittelte.

Auch noch andere Orakel gab es im alten Griechenland, z. B. in Dodona im Nordwesten. Dieses Orakel stand in Verbindung mit Zeus, der seine Antworten gab, indem

Das Orakel von Delphi war das berühmteste der Antike und galt als Mittelpunkt der Welt. Abseits vom eigentlichen Temenos, dem heiligen Bezirk, steht das Sanktuarium der Athena Pronaia (rechts). Drei schlanke dorische Säulen sind alles, was von dem dazugehörigen Tholos übriggeblieben ist, einem Rundbau aus dem 4. Jahrhundert v. Chr., dessen Funktion unbekannt ist.

er die Blätter eines heiligen Eichbaums erzittern ließ. Doch Delphi war die bei weitem berühmteste Orakelstätte. Unter seinen Bittstellern befanden sich Könige und Kaiser, wie Krösus von Lydien (in der heutigen Türkei), Alexander der Große und der römische Kaiser Nero.

Ein Teil des Ansehens der Stätte beruhte zweifellos auf deren bevorzugter Lage. Kein anderer Ort Griechenlands kann mit so herrlicher Landschaft aufwarten. Der Temenos – der heilige Bezirk – des Apollo, wo sich das Orakel befand, war an einem Berghang erbaut, über dem sich 300 Meter hohe Felsen auftürmten, »Phaidriades«, die Leuchtenden genannt, weil sie im Morgen- und Abendlicht der Sonne wie Lava erglühten. Aus einer tiefen Felsenkluft sprudelten die klaren Wasser der Kastalischen Quelle, die seit undenklichen Zeiten die Dichter inspiriert hatten. Unterhalb des Heiligtums zieht sich in weiten Schwüngen ein tiefer, breiter Einschnitt zum Golf hinunter, gefüllt mit den schwankenden Kronen tausender silbergrüner Olivenbäume.

Das ganze Gebiet, von den zerklüfteten Gipfeln des Parnaß-Gebirges beherrscht, wird immer wieder von elektrischen Stürmen heimgesucht, bei denen Zeus »seinen Donnerkeil mit funkensprühender Hand schwingt«, ebenso von Erdbeben und Erdrutschen.

Delphi ist ein Ort, an dem einem die moderne Gaia-Theorie – nach der die Erde ein lebender Organismus ist – ungeheuer plausibel erscheint. Kein Wunder also, daß, bevor der Ort Apollo geweiht wurde, Delphi der Gäa, der Erdgöttin, heilig war. Nach der Legende war ihr Orakel-Heiligtum, ursprünglich Pytho geheißen, von einer riesigen Schlange, dem Python, bewacht, einem Geschöpf, das mit den chthonischen

Dicht am geweihten Weg, der sich durch den heiligen Bezirk emporschlängelt, steht ein einsames ionisches Kapitell. Im Hintergrund ist das Schatzhaus der Athener zu erkennen, das diese kurz nach ihrem Sieg über die Perser in der Schlacht von Marathon 490 v. Chr. dem Gott Apollo errichteten.

Die polygonale Mauer unterhalb des Apollotempels ist mit Inschriften bedeckt. Viele von ihnen berichten über Sklaven, die von ihren Herren freigelassen wurden.

Naturgewalten assoziiert wurde. Doch Apollo, Gott des Lichtes, der Vernunft und der Künste, Musik, Medizin und Architektur, kam zu dem Heiligtum, erschlug den Python und setzte seine eigene Priesterin, die Pythia, ein.
In geschichtlicher Zeit gewann Apollos Orakel immer mehr an Ansehen, und schon Ende des 7. Jahrhundert v. Chr. zeugte eine Vielzahl heiliger Gebäude, deren Ruinen heute noch sichtbar sind, von der Bedeutung der Stätte. Könige und Stadtstaaten, die Apollo huldigen oder ihren Dank abstatten wollten, errichteten zahllose Statuen, Monumente und kleine, tempelähnliche Schatzhäuser, die wertvolle Opfergaben bargen. So sandte z. B. König Krösus einen goldenen Löwen nach Delphi, der eine Vierteltonne wog und auf einer Pyramide aus 117 weißgoldenen Steinen stand.
Die Statuen und Schatzhäuser säumten den heiligen Weg, der im Zick-Zack den Temenos-Hügel bis zum großen dorischen

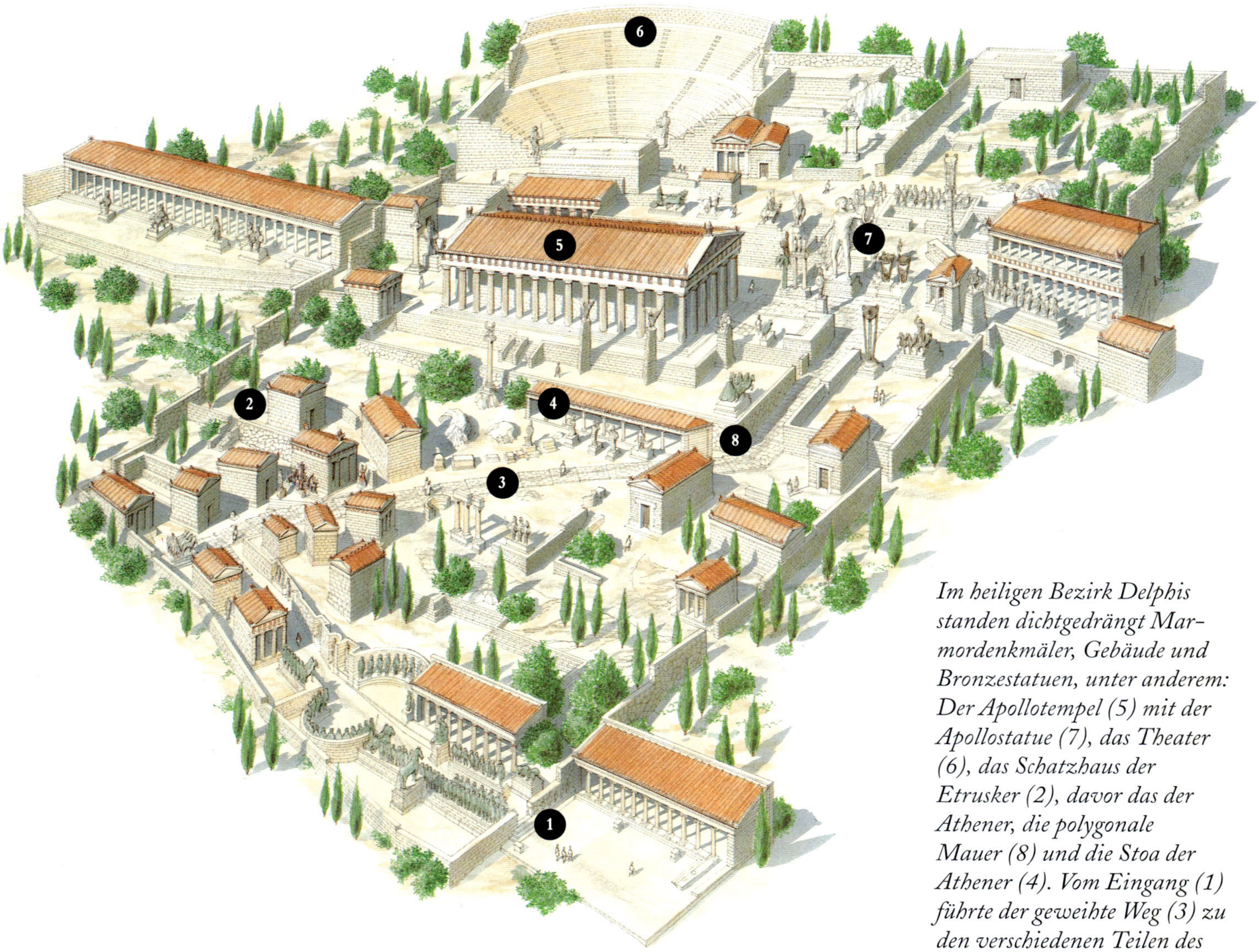

Im heiligen Bezirk Delphis standen dichtgedrängt Marmordenkmäler, Gebäude und Bronzestatuen, unter anderem: Der Apollotempel (5) mit der Apollostatue (7), das Theater (6), das Schatzhaus der Etrusker (2), davor das der Athener, die polygonale Mauer (8) und die Stoa der Athener (4). Vom Eingang (1) führte der geweihte Weg (3) zu den verschiedenen Teilen des Temenos.

Die Pythia war Apollos Priesterin, durch deren Mund der Gott Fragen beantwortete. Auf dieser Dekoration einer griechischen Vase (unten) aus dem 5. vorchristlichen Jahrhundert sitzt sie ruhig auf einem Dreifuß und hält einen Lorbeerzweig und eine Schale, möglicherweise mit heiligem Wasser, in der Hand. König Ägeus von Athen begehrt von ihr eine Auskunft.

Apollotempel hinaufführte, in dem die Orakelantwort erteilt wurde. Heute sind vom Tempel nur noch ein paar Säulen übrig, die langsam verwittern, und die Grundmauern liegen frei. Doch Umfang und Lage sind ehrfurchtgebietend. Weit schweift der Blick von hier aus über die Pleistos-Schlucht.

Nach dem griechischen Reisenden und Schriftsteller Pausanias, der Delphi Ende des 2. Jahrhunderts n. Chr. besuchte, standen auf diesem Gelände nacheinander mehrere Tempel. Sie sollen zuerst aus Lorbeerzweigen, dann aus Bienenwachs und Federn, danach aus Bronze und schließlich aus Stein errichtet worden sein. Der Steintempel brannte 548 v. Chr. ab. Man baute ihn sofort wieder auf, doch stürzte er bei einem Erdbeben 373 v. Chr. ein. Sein Nachfolger war jener, dessen Ruinen der Betrachter heute vor sich sieht. Oberhalb des Tempels befindet sich ein wohlerhaltenes Theater, und ganz oben ein Stadion. Es wurde für die Pythischen Spiele benutzt, die hier nach 582 v. Chr. alle vier Jahre abgehalten wurden. Der gesamte Sakralbezirk mit einer Fläche zwischen etwa 200 mal 140 Metern muß ein schimmerndes Labyrinth aus Marmor und Bronze gewesen sein. Von Nero wird berichtet, er habe mehr als 500 Bronzestatuen gestohlen. Doch seien noch mindestens 3000 übriggeblieben.

Trotz dieser eindrucksvollen Demonstration des Reichtums der Stadtstaaten war und blieb der Lebensnerv des Heiligtums das Orakel. Es bezog sich auf das persönliche Schicksal von Männern und Frauen, aber auch auf das Los der Stadtstaaten Griechenlands, und aus dem Mund der Pythia sprach der Gott Apollo selbst.

Eine solche lebensentscheidende spirituel-

Ein Kupferstich aus dem 19. Jahrhundert zeigt die Pythia in Ekstase. Ob wirkliche Schlangen dabei eine Rolle spielten, ist nicht geklärt.

Auch heute noch beherrscht der Apollotempel den Temenos Delphis, obwohl nur noch wenige seiner dorischen Säulen stehen. Im Tempelinneren gelangte man durch den Hauptbau, die Cella, ins Adyton, das innere Heiligtum, wo die Pythia saß, abgeschirmt von den Fragestellern und Priestern.

le Begegnung erforderte aufwendige rituelle Vorbereitung. Die Quellen geben zwar kein einheitliches Bild von der Prozedur, aber es hat den Anschein, als ob sich die Pythia, die Priester und die Fragesteller zunächst im Wasser der Kastalischen Quelle reinigen mußten. Um festzustellen, ob der Gott bereit war, in die Pythia einzutreten und seinen Rat zu geben, wurde dann eine Opferziege mit kaltem Wasser übergossen. Erschauerte sie, war das ein gutes Omen für die Orakelsitzung.

Die Bittsteller mußten einen geweihten Kuchen kaufen und ihn auf dem Altar vor dem Tempel opfern. Dann wurden sie einer nach dem anderen eingelassen, um auf dem Herd in der Cella, dem Hauptteil des Tempels, eine Ziege oder ein Schaf zu opfern. Sie schritten weiter ins Adyton, das innerste Heiligtum, und setzten sich dort mit den Priestern in erwartungsvollem Schweigen nieder.

Die Pythia saß auf einem Dreifuß, einer Bronzeschale auf drei Beinen, dem Blick der Bittsteller, wahrscheinlich durch einen Vorhang, entzogen. Zu diesem Zeitpunkt befand sie sich schon in Trance, die sie vielleicht dadurch hervorrief, daß sie Lorbeerblätter kaute und geweihtes Wasser trank. Eine Quelle der Überlieferung berichtet, der Dreifuß habe über einer Spalte im Boden gestanden, aus der ein betäubender Dampf aufstieg. Doch konnten die Archäologen keine Spur von einem solchen Erdriß finden. Hierauf überbrachte ihr einer der Priester die Frage des Bittstellers, und nachdem sie ihre kryptisch verschlüsselten Worte gesprochen hatte, übermittelte er die Antwort dem Ratsuchenden in Versen.

Viele Orakelsprüche müssen rätselhaft und doppeldeutig gewesen sein. Krösus z. B. erhielt die Antwort: »Wenn du den Halys überschreitest – also die Perser angreifst –, wirst du ein großes Reich zerstören.« Er griff sie an, aber es zeigte sich, daß sein eigenes Reich gemeint war. Nero wurde gewarnt, er solle sich vor den »73 Jahren« hüten. Wie sollte er wissen, daß sich das nicht auf sein persönliches Alter bezog, sondern

Der in Delphi ausgegrabene bronzene Wagenlenker wirbt 1990 für ein internationales Festival des griechischen Dramas in Delphi. Diese Theatertradition wurde von Angelos und Eva Sikelianos begründet. Unter anderem haben sich Deutschland, Dänemark, Italien, Holland, Spanien und Frankreich daran beteiligt.
In den neunziger Jahren wurde das Stück »Trackers of Oxyrhynchus« von dem britischen Dramatiker Tony Harrison im delphischen Stadion aufgeführt.

auf das seines Nachfolgers Galba? Trotz solcher Doppeldeutigkeiten und der Möglichkeit, daß die delphischen Priester die Antworten der Pythia zu politischen Zwecken beeinflußten, behielt das Orakel sein Ansehen bis zum 1. Jahrhundert v. Chr. bei, als Griechenland unter die Herrschaft Roms geriet.
Im 1. Jahrhundert n. Chr. war der Niedergang schon weit fortgeschritten. Der griechische Schriftsteller Plutarch (ca. 46–120 n. Chr.), selbst ehemaliger Priester zu Delphi, schrieb eine Abhandlung unter dem Titel »Über das Versagen der Orakel«, ein Phänomen, das er dem allgemeinen Bevölkerungsrückgang zuschrieb. Und als Pausanias im Jahrhundert darauf Delphi besuchte, fand er es schon ganz vernachlässigt und verlassen.
Das letzte Orakel, über das Berichte vorliegen, wurde etwa 362 n. Chr. gegeben. Es

war die Antwort auf eine Frage des römischen Kaisers Julian Apostata. Das Orakel erklärte bedeutungsschwer: »Sage dem Kaiser: Der glorreiche Tempel ist zur Ruine geworden. Apollo hat kein Dach mehr über dem Haupt. Die Lorbeerblätter schweigen. Die prophetischen Quellen und Brunnen sind versiegt.« 393 schloß der christliche Kaiser Theodosius die Orakelstätte offiziell. Apollo, der Lichtgott, der die Erdgöttin überwunden hatte, war nun selbst von einem neuen Gott besiegt worden, dem Gott eines mächtigeren spirituellen Lichtes.

In den folgenden Jahrhunderten zerfiel das Heiligtum vollends, und im Mittelalter entstand das Dorf Kastri auf den Ruinen. Im 17. Jahrhundert wurde die Stätte von zwei Gelehrten, dem Franzosen Jacques Spon und dem Briten George Wheler, als das alte Delphi identifiziert, doch erst 1892 gelang es einem französischen Archäologenteam, die Erlaubnis der griechischen Regierung zu Ausgrabungen zu erhalten. Zu diesem Zweck mußten sie das dort stehende Dorf gegen den Willen seiner Einwohner Stein um Stein abtragen und einen Kilometer westlich wieder aufbauen.

Delphis Omphalos(Nabel)-Stein bezeichnete nach dem Glauben der Griechen den Mittelpunkt der Welt. Diese römische Kopie befindet sich im Museum zu Delphi.

Delphi war wieder in aller Munde. Und der Ort hatte seine heilige Aura noch nicht eingebüßt. Selbst ohne die Pythia war das Heiligtum eine Stätte, die die von allen Enden der Erde herbeiströmenden Besucher faszinierte. Apollos Atem inspirierte vor allem einen griechischen Dichter namens Angelos Sikelianos (1884–1951), der zusammen mit seiner Ehefrau Eva, einer gebürtigen Amerikanerin, beschloß, aus Delphi wieder ein einflußreiches, internationales geistiges Zentrum zu machen.

Sie planten daher ein Festival in Delphi, auf dem das klassische Stück des Aischylos »Der gefesselte Prometheus« aufgeführt werden sollte. Am 9. und 10. Mai 1927 ging das Festival mit großem Erfolg über die Bühne.

Der von Angelos und Eva gesäte Samen war nicht auf steinigen Boden gefallen. Ende der sechziger Jahre wurde der Gedanke eines internationalen Theaterfestivals von der griechischen Regierung erneut aufgegriffen und später auch verwirklicht. Das Festival findet heute regelmäßig statt, und renommierte Schauspieler aus ganz Europa bringen das klassische Drama im Sommer zur Aufführung.

Aber selbst im Winter, zu einer Zeit, in der Apollo das Heiligtum für drei Monate zu verlassen pflegte, um sich ins Land der Hyperboreer irgendwo im Norden zurückzuziehen, strömen Tausende moderner Pilger nach Delphi. Sie kommen nicht zu Fuß oder im Wagen, sondern in Bussen, und sie kommen nicht, um ein Orakel zu befragen, sondern um die Berge und Täler, den alten Tempel, das Stadion und das Theater, sogar die jetzt dort stehenden christlichen Klöster zu bewundern und den Geistern der Gaea, des Apollo und Jesu Christi zu huldigen, jedem nach seiner Art.

Zeittafel

v. Chr.	
ca. 600	Delphi festigt seinen Ruf als bedeutendes Orakelzentrum.
582	Wiederaufnahme der Pythischen Spiele.
548	Brand des Apollotempels, der bald wieder aufgebaut wird.
373	Der zweite Tempel, jetzt aus Stein, wird durch ein Erdbeben zerstört, doch ebenfalls wieder aufgebaut.
n. Chr.	
362	Das Orakel antwortet Berichten zufolge zum letztenmal, und zwar auf eine Frage des Kaisers Julian Apostata.
393	Kaiser Theodosius schliesst das Orakel.
1892	Französische Archäologen beginnen mit Ausgrabungen.
1927	Angelos und Eva Sikelianos bringen den »Gefesselten Prometheus« des Aischylos in Delphi zur Aufführung.

SAUDI-ARABIEN

MEKKA

»Das erste Gotteshaus, das den Menschen aufgestellt wurde, ist dasjenige in Bakka (Mekka), zum Segen und zur Leitung aller Menschen in der Welt.«

KORAN, SURE 3,96

Wenn die islamischen Tuareg, nomadische Berber aus der Sahel-Region, in der Wüste beten, steigen sie vom Kamel und malen den Grundriß einer Moschee in den Sand. Sie betreten diesen »heiligen Bezirk« und wenden sich mit der Sonne als Führerin nach Mekka, eine Stadt in Saudi-Arabien. Überall auf der Welt verneigen sich gläubige Muslime fünfmal am Tag in den Moscheen, um vor bestimmten Nischen, den Mihrabs, die ihnen die Richtung nach Mekka weisen, zu beten.

Mekka, die Umm al-Qura, die »Mutter der Städte«, ist für gläubige Moslems der heiligste Ort der Welt. Hier wurde der Prophet Mohammed (ca. 570–632 n. Chr.) geboren, der »Botschafter Gottes« und Begründer des islamischen Glaubens, hier befindet sich auch in der Großen Moschee der Stadt das Heiligste der Heiligen der Muslime, die Kaaba.

Nach der Überlieferung ist dieser große Steinquader, gehüllt in schwarzes Tuch, das mit einem Streifen heiliger Verse in Gold- und Silberfäden bestickt ist, einem himmlischen Urmuster nachgebildet. Schon vor

Moslemische Pilger füllen Mekkas Große Moschee, in deren Hof die Kaaba, das größte Heiligtum des Islam, steht. Die Kaaba ist mit einem bestickten Tuch bedeckt, einer Kiswa, die jedes Jahr erneuert wird. Auf der Wallfahrt, dem Hadsch, muß sie siebenmal umschritten werden.

Lebzeiten des Propheten war er den Einwohnern Mekkas heilig, und seit den Anfängen des Islam im 7. Jahrhundert ist und bleibt er das Ziel des Hadsch, der größten jährlichen Wallfahrt der Welt. Der Hadsch, eine der fünf Säulen des Islam, dauert fünf Tage, in deren Verlauf die Pilger vorgeschriebene Rituale in Mekka und an heiligen Stätten der Umgegend zelebrieren.

Eingekesselt vom Sirad-Gebirge, liegt Mekka in einer von der Sonne ausgedörrten Trockenzone etwa siebzig Kilometer östlich des Hafens Djidda am Roten Meer. In vieler Hinsicht gleicht es mit seinen hohen Wohnblocks und Hotels und der kosmopolitischen Bevölkerung den übrigen Städten des Nahen Ostens. Doch während des Hadsch drängen etwa eine Million Besucher aus aller Welt in die Stadt.

Für alle »Hadschis«, wie die Pilger heißen, ist die Große Moschee mit ihrem riesigen Marmorhof, der von zweistöckigen Säulengalerien eingefaßt ist, das Ziel. Das Bauwerk scheint sich unter je zwei Minaretten auf den vier Ecken gleichsam zu ducken. Und die Kaaba in seinem Mittelpunkt ist die Nabe, um die sich nicht nur Mekka, sondern die ganze islamische Welt dreht.

Bis zur Zeit des Propheten im »Zeitalter der Unwissenheit« war Mekka eine gewöhnliche Oasenstadt an der Karawanen-Handelsroute, die die Länder am Mittelmeer im Norden mit Südarabien, Ostafrika und Südasien verband. Die dort ansässigen arabischen Stämme verehrten Naturerscheinungen wie Bäume und Felsen und zahllose Götter, unter anderem al-Uzza, den Mächtigen, und al-Lat, die große Muttergottheit. Die Kaaba, die heidnische Götzenbilder beherbergte und von solchen umgeben war, war auch damals schon das religiöse Zentrum der Gegend. Aber mit der Geburt Mohammeds um 570 n. Chr. kam für die Stadt die große Wende.

Der Prophet entstammte einer gutsituierten Familie. Im Alter von 25 heiratete er eine wohlhabende Frau namens Khadija, deren Karawanen er organisierte. Der entscheidende Punkt in seinem Leben kam 15 Jahre später, als er 40 Jahre alt war.

Als er in einer Höhle in dem nahe gelegenen Berg Hira weilte, um zu meditieren, er-

Viele Moslems bemalen ihre Häuser zur Erinnerung an ihre Wallfahrt nach Mekka. Auf diesem Haus in Luxor hat der Hadschi die Kaaba und das Schiff, mit dem er gereist ist, abgebildet.

Auf dieser Abbildung aus der »Universalgeschichte« des Rashid al-Din vom Anfang des 14. Jahrhunderts hält der Prophet Mohammed den heiligen schwarzen Stein in Händen. Etwa 27 Zentimeter breit und 37 hoch, liegt der Stein heute in Silber gefaßt in der Südostecke der Kaaba, die man hier im Rücken des Propheten erkennt.

Die Pilger müssen auf einem überdachten Fußweg zwischen den Hügeln al-Safwa und al-Marwa hin- und hergehen. Der Ritus erinnert an Abraham – im Islam als Prophet verehrt –, der von Gott den Befehl erhielt, sein Weib Hagar und seinen Sohn Ismael in der Wüste auszusetzen. In ihrer verzweifelten Suche nach Wasser lief Hagar zwischen den beiden Hügeln hin und her, bis sie den Brunnen Zamzam fand (der heute auf dem Gelände der Großen Moschee liegt).

schien ihm der Engel Gabriel und redete zu ihm: »Sprich mir nach: Im Namen deines Herrn, der den Menschen aus einem Blutklümpchen geschaffen hat.«

Das war die erste von vielen noch folgenden Offenbarungen, die Mohammed bis zu seinem Tod 632 n. Chr. empfing. Sie wurden später in dem Heiligen Buch gesammelt, das als »Koran« bekannt ist. Er bildet die Grundlage des Islam (»Unterwerfung unter Gott«). Aber Mohammeds Botschaft, die den Nachdruck auf die Einheit Gottes legte und Laster wie Stolz und Habsucht heftig verurteilte, rief die Feindschaft seiner Mitbürger in Mekka hervor. 622 verließ Mohammed seine Heimatstadt und begab sich nach Yathrib (später Medina, Stadt des Propheten, genannt).

Bis 630 herrschte Krieg zwischen Mekka und Mohammed und seinen Gefolgsleuten, den »Moslems«. In diesem Jahr jedoch drang der Prophet mit einem Heer in Mekka ein. Man leistete ihm wenig Widerstand. Er reinigte die Kaaba von Götzenbildern und weihte sie Allah, dem einen Gott. Von da an war Mekka das Zentrum der muslimischen, nicht mehr der heidnischen Wallfahrten.

Zwei Jahre später verließ Mohammed Medina noch einmal in Richtung Mekka, dieses Mal zu seiner letzten Pilgerfahrt. In der Arafat-Ebene, ungefähr 24 Kilometer

östlich Mekka, predigte er einer dort versammelten Schar von ungefähr 30 000 Anhängern. Dann hob er seine Augen gen Himmel und rief: »O Herr, habe ich Deine Botschaft, die Du mir aufgetragen hast, richtig ausgerichtet und meine Berufung erfüllt?« Die Antwort wurde von der begeisterten Menge erteilt, die schrie: »Ja, bei Gott, du hast sie erfüllt!«

Etwa zwei Monate später starb der Prophet in Medina. Doch der islamische Glaube wurde von seinen Nachfolgern, den Kalifen, gewaltsam und durch Verträge ausgebreitet. Innerhalb von hundert Jahren erstreckte sich der islamische Einfluß von Spanien bis nach Indien.

Der Islam gehört heute zu den größten Weltreligionen. Die Moslems betrachten die Stadt und ein Territorium im Umkreis von einigen Kilometern als *haram* (heiliges Sperrgebiet). Es ist für Nicht-Moslems verboten. Nur sehr wenige Westler haben ihr Leben riskiert, um den Hadsch durchzuführen. Zwei solcher tollkühnen Abenteurer waren der Schweizer Johann Burckhardt im Jahre 1814 und der Brite Sir Richard Burton 1853.

Der Hadsch findet im islamischen Monat Dhu-al-Hijjah statt. Jeder Mohammedaner muß ihn einmal im Leben durchführen, sofern er die Mittel dazu besitzt und gesund ist. Vor Betreten des heiligen Bezirks um Mekka muß sich der Pilger einer rituellen Reinigung, dem Ihram (Weihe), unterziehen. Und Männer müssen ein Gewand anlegen, das aus zwei weißen Tüchern ohne Naht besteht. Manche Pilger legen ihr Ihram in Moscheen am Rande des heiligen Bezirks an, andere tun das schon in Djidda, wo die meisten ankommen, oder sogar

Pilger rasten in der Arafat-Ebene (oben links). Die meisten bleiben hier betend und meditierend bis nach Sonnenuntergang und wiederholen immer wieder die Talbiyah: »Labbayka - Llahumma labbayk« - »Hier bin ich, Gott, hier bin ich.« Am nächsten Tag werfen die Pilger in Mina Steine auf drei Pfeiler, von denen einer oben abgebildet ist.

Rechte Seite: Ein muslimischer Adliger reist standesgemäß nach Mekka. Das Bild stammt aus dem 19. Jahrhundert.

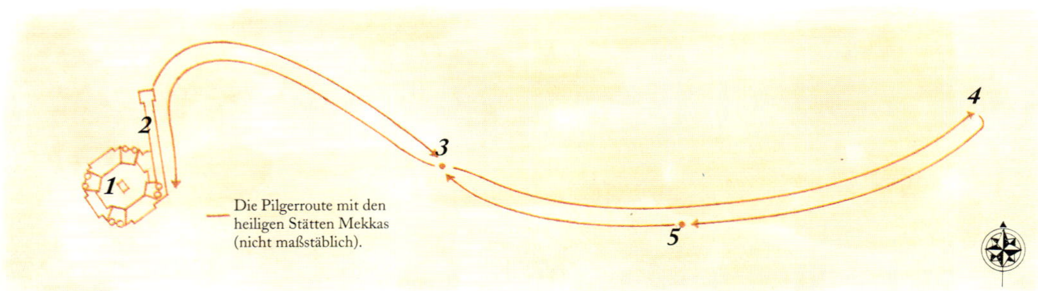

Der Hadsch beginnt mit dem Tawaf um die Kaaba (1). Es folgt ein Marsch, siebenmal zwischen al-Safwa und al Marwa (2), hin und her. Nach der Wanderung nach Mina (3) und Arafat (4) kehrt der Pilger über Muzdalifah (5) nach Mekka zurück.

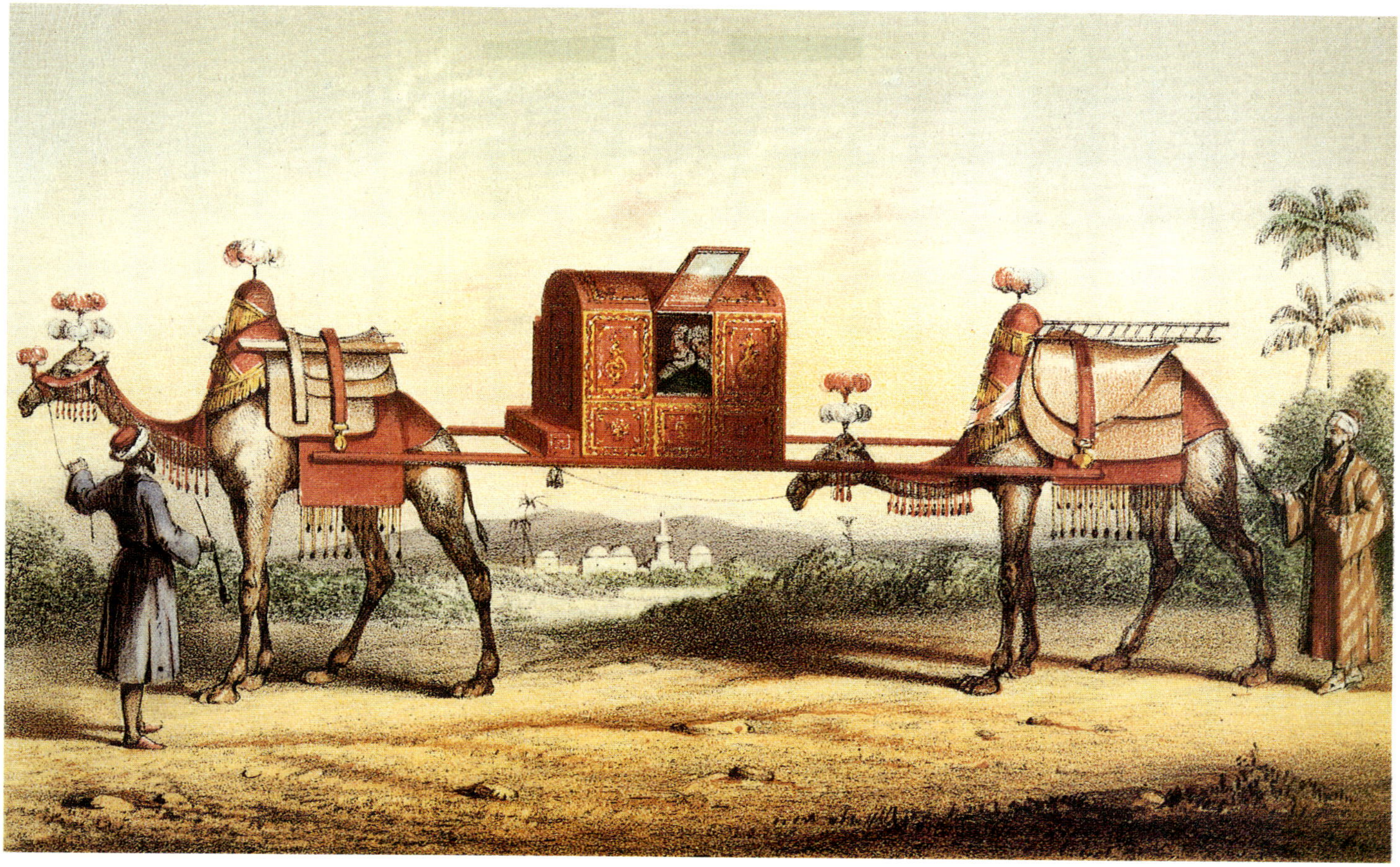

schon bei der Abreise in der Heimat. Befinden sie sich aber einmal im »Ihram«, dürfen sie weder Haare noch Nägel schneiden, müssen sexuell enthaltsam leben und dürfen außer Schädlingen keine Tiere töten. Am ersten Tag der Wallfahrt, dem 8. Dhu-al-Hijjah, zelebrieren die Pilger den Tawaf, die rituelle Prozession siebenmal um die Kaaba herum. Wenn möglich küssen sie dabei den schwarzen Stein an der Südostecke. Aber meist sind sie so in der Menge eingekeilt, daß sie gar nicht an ihn herankommen. Daher muß eine Geste in seiner Richtung genügen.

Sodann marschieren die Pilger siebenmal zwischen zwei kleinen Hügeln, al-Safwa und al-Marwa, hin und her, die dem Hof der Moschee benachbart liegen, von Wegen umgeben und mit solchen verbunden sind. Das nächste Ziel ist Mina, eine kleine, etwa acht Kilometer entfernte Stadt, und hierauf die Arafat-Ebene, 18 Kilometer weiter im Osten. Man verbringt den Tag in Gebet und Versenkung, woraufhin die Pilger über Muzdalifah und Mina wieder nach Mekka zurückeilen. Hier werfen sie kleine Steine an drei Steinsäulen; denn dreimal warf Abraham Steine nach dem Teufel.

Am Ende des Hadsch steht ein Opferfest, bei dem in Erinnerung an Abrahams Widderopfer eine Ziege, eine Kuh oder ein Kamel geopfert wird. Und den Abschluß bildet ein letzter Tawaf um die Kaaba.

Die in und um Mekka verbrachten Tage bilden den spirituellen Höhepunkt im Leben eines jeden Mohammedaners. Das war vor allem noch vor der Einführung moderner Verkehrsmittel der Fall, als viele Pilger aus Westafrika und Indien zu Fuß kamen und manchmal zwei Jahre für ihre Wallfahrt brauchten. Heute kommen die Hadschis per Flugzeug, Schiff und Bus. Die ärmeren verbrauchen manchmal ihre gesamten Ersparnisse auf dieser Fahrt. Ein erschütternder Moment ist vor allem der erste Anblick der heiligen Stadt: ein einzigartiges Erlebnis, wie es etwa Sir Richard Burton beschrieb. Als er sich nachts Mekka näherte, riefen seine muslimischen Begleiter plötzlich: » ›Mekka, Mekka … das Heiligtum, o das Heiligtum!‹ Und alle brachen in laute » ›Labbayk‹ «-Schreie aus, immer wieder unterbrochen von Schluchzern.«

Zeittafel

n. Chr.

ca. 570 Geburt Mohammeds, des Propheten des Islam.

622 Mohammed verlässt Mekka und begibt sich nach Yathrib (Medina), was als Hedschra, »Emigration«, bezeichnet wird.

630 Einnahme Mekkas durch die Moslems. Säuberung der Kaaba von Götzenbildern.

632 Mohammeds letzte Pilgerfahrt nach Mekka. Im gleichen Jahr stirbt er.

1324 Der afrikanische Herrscher Mansa Musa wallfahrtet mit 60 000 Mann im Gefolge nach Mekka.

1814 Johann Burckhardt schmuggelt sich verkleidet nach Mekka.

1853 Sir Richard Burton gibt sich als persischer Arzt aus und macht den Hadsch mit.

1987 Schiitische Pilger aus dem Iran demonstrieren in Mekka, ein Aufstand flammt auf. Mehrere Iraner werden von saudischer Polizei erschossen.

1991 Etwa zwei Millionen Pilger versammeln sich in Mekka zum Hadsch – ungefähr 720 000 davon kommen von ausserhalb Saudi-Arabiens.

Zur Zeit des Propheten

Der Teil der Welt, in den der Prophet Mohammed im Jahr 570 n. Chr. hineingeboren wurde, war damals von zwei Supermächten beherrscht. Im Norden und Westen der arabischen Halbinsel lag das Gebiet des christlich-byzantinischen Reiches, und im Osten erstreckten sich die Länder der persischen Sassaniden-Könige, deren Staatsreligion die monotheistische Lehre Zarathustras war.
Die arabische Halbinsel selbst war kreuz und quer von Handelsrouten durchzogen und bildete ein wichtiges Bindeglied zwischen dem mittelalterlichen Europa einerseits, Indien und dem fernen Osten andererseits. Karawanen, beladen mit Seide, Gewürzen, Duftstoffen, Edelmetallen und sonstigen Waren, folgten vorgegebenen Spuren durch heißes, unwirtliches Gelände und rasteten in Oasen. Mekka, der Geburtsort Mohammeds, war eine solche Zwischenstation auf Routen, die Südarabien mit dem mediterranen und Ostafrika und das Rote Meer mit dem Persischen Golf verbanden.

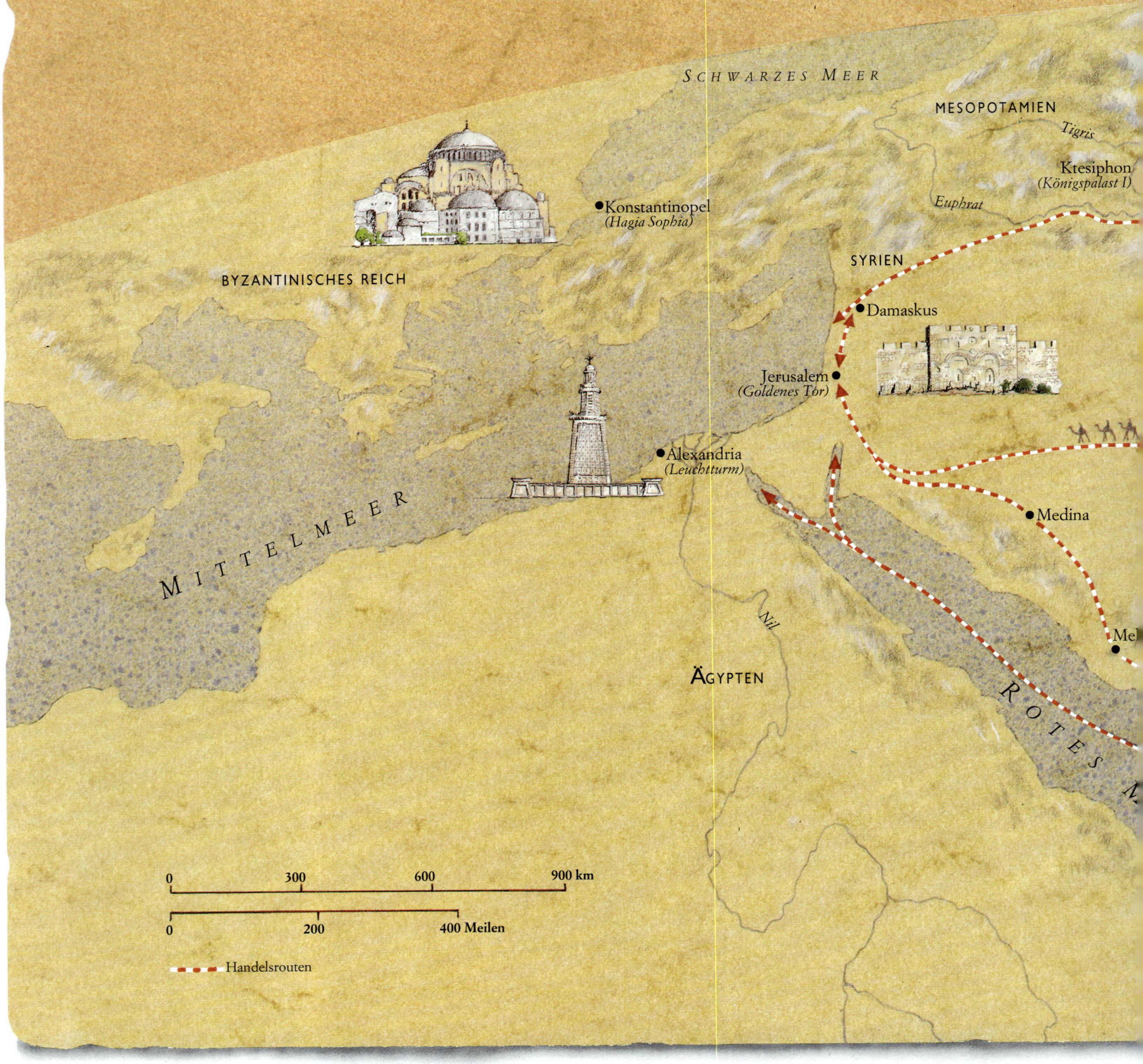

Die Karte zeigt die Welt Mohammeds – die hauptsächlichen Handelsrouten und die wichtigsten Städte seiner Zeit. Dazu gehörten die byzantinische Hauptstadt Konstantinopel mit der prächtigen Kirche Hagia Sophia; Ktesiphon, die Hauptstadt der Sassaniden, beherrscht vom prächtigen Palast König Khosrows I.; Alexandria mit seinem Leuchtturm, einem der Sieben Weltwunder der Antike; Jerusalem, dessen Goldenes Tor in der Frühzeit der byzantinischen Kultur erbaut wurde; Damaskus und schließlich Aden.

Eine der größten Leistungen des Propheten bestand darin, die feudalen Nomadenstämme Arabiens zu einigen und daraus eine disziplinierte, kampferprobte Streitmacht zu schmieden. Nach seinem Tod 632 erlitten die alten imperialen Mächte an allen Fronten Niederlagen. Zwischen 634 und 650 schlugen muslimische Heere byzantinische und persische Streitkräfte in die Flucht und übernahmen die Herrschaft in Libyen, Ägypten, Palästina, Syrien, Irak und dem größten Teil Persiens.

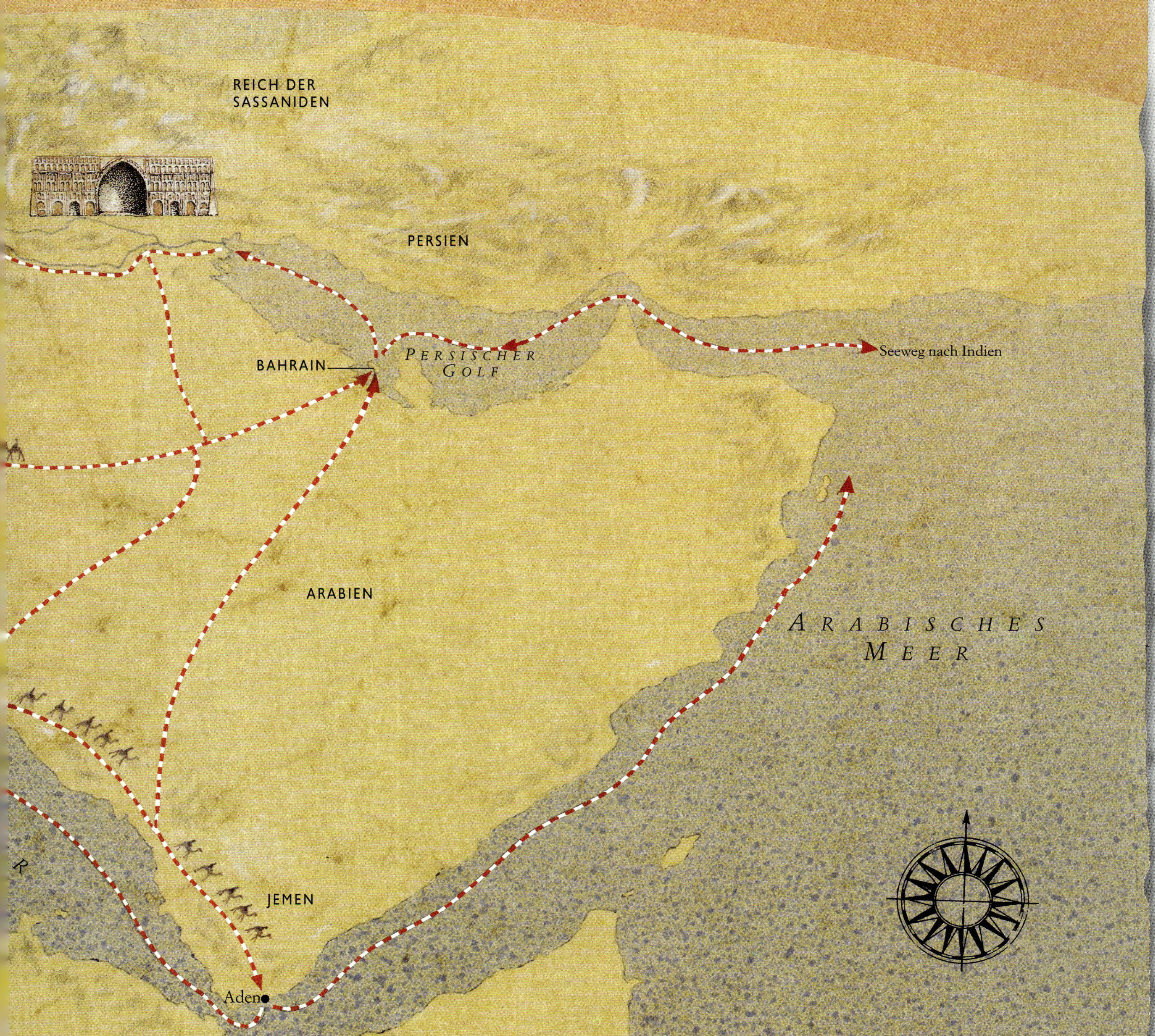

TIBET

DER KAILAS

»Es gibt kein Gebirge wie den Himalchal, denn der Kailas und der Manasarovar liegen dort. Wie der Tau von der Morgensonne, so werden die Sünden der Menschheit beim Anblick des Himalchal getrocknet.«

AUS DER HINDU-SCHRIFT »RAMAYANA«.

Inmitten öder Gegenden Südwest-Tibets, über die eisige Winde fegen, erhebt sich der Kailas, umgeben von einem Gürtel kleinerer Felsspitzen, wie ein Vollmond über dem Horizont. Sein scharf umrissener Eiskegel gleicht einer Leinwand aus Kristall, auf die die tiefstehende Sonne morgens und abends violette und goldene Farben malt. Und in der dünnen Luft, 4500 Meter über Meereshöhe, leuchtet er »heller als das Licht von tausend Sonnen« vor dem kobaltblauen Himmelsgewölbe.

Schon das Äußere des Berges prädestiniert ihn zum Heiligtum. Die vier steilen Flanken, glattgeschliffen wie die Facetten eines Diamanten, blicken genau nach den vier Himmelsrichtungen. Auf der Südseite kreuzen sich ein vertikaler Riß und ein horizontales Band, so daß eine Figur entsteht, die einer Swastika, einem alten indischen Machtsymbol, gleicht. Und die symmetrische Nordseite mit der Schneekuppe in reinem Weiß rechtfertigt den Titel »Kang Rinpoche«, »Juwel des Schnees«.

Der Kailas ist den Buddhisten, Hindus, Jainas und den Bon-po, den Anhängern der vorbuddhistischen tibetischen Bon-Religion, gleichermaßen heilig. Pilger all dieser Glaubensrichtungen wandern zu dem Berg, um den rituellen Rundgang, das Parikrama, zu vollziehen. Es handelt sich um einen fünfzig Kilometer langen Weg rings um den Berg, der an kleinen Steinpyramiden, munter im Wind flatternden Gebetsfahnen, viereckigen Kuppeldenkmälern, den Tschörten, und Klöstern vorbeiführt, die willkommenen Schutz gewähren.

Die mühevolle Wallfahrt über steiniges Gelände, steile Abhänge hinauf und hinab, dauert zu Fuß im allgemeinen einen bis zwei Tage, doch einige ganz fromme Pilger legen die Route auf Händen und Füßen zurück. Sie werfen sich mit ausgestreckten Armen auf den Bauch, stehen an dem Punkt, den sie mit den Händen berühren, wieder auf und wiederholen dies unzählige Male. Bei dieser qualvollen Art der Vorwärtsbewegung kann der Rundgang einen Monat dauern.

Kleinere Heiligtümer wie dieser Kuppeltschörten stehen überall an der Pilgerroute um den Kailas.

Für Hindu wie Buddhisten ist der Kailas Wohnstatt des Gottes Shiva, hier mit seiner Frau Parvati und ihren Kindern. Für die Hindu ist der Gipfel zudem mit dem mythischen Berg Meru identisch. Dieser kosmische Berg liegt im Mittelpunkt des Universums, Sonne, Mond und Sterne umkreisen ihn. Konzentrisch umgürtet von sieben Kontinenten mit sieben Meeren dazwischen, liegen die vier Seiten des Meru nach den vier Himmelsrichtungen. Sie bestehen aus Gold, Kristall, Lapislazuli und Rubin.

Ein Buddhist, der das Parikrama hinter sich bringt, sühnt die Sünden eines ganzen Lebens, während er nach 108 Rundgängen ins Nirwana, die Erleuchtung, eingeht.
Manche Pilger absolvieren das Parikrama auch um den heiligen See Manasarovar, der ein paar Kilometer südlich des Kailas liegt. Er war einst von acht buddhistischen Klöstern gesäumt, und die Hindu glauben, er sei aus einem Gedanken des Gottes Brahma entstanden und der Gott Shiva, als Schwan inkarniert, gleite über die Oberfläche. Ein Teil der Asche Mahatma Gandhis wurde kurz nach seinem Tod 1948 in die Wasser des Manasarovar gestreut.
Die meisten Pilger, die zum Kailas kommen, sind tibetische Buddhisten. Für sie ist der Berg die Wohnung Demchogs, eines

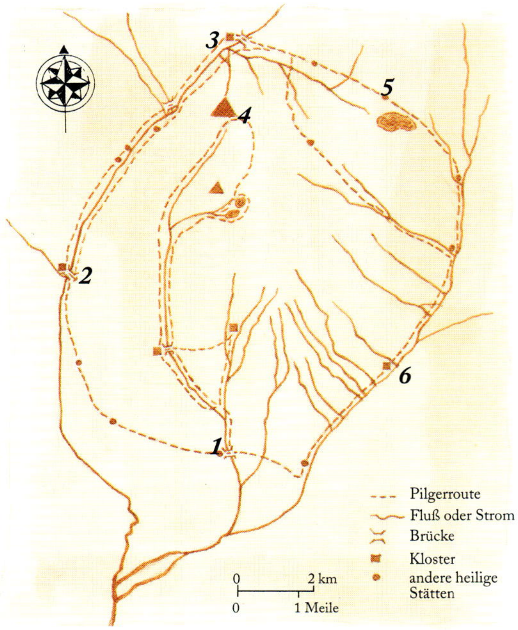

Yidams. Diese Gottheit besitzt vier Gesichter in den Farben Rot, Blau, Grün und Weiß, ist mit einem Tigerfell bekleidet und trägt eine Krone aus Menschenschädeln. Seine Gefährtin ist die rothäutige Durje Phangmo, die auf einem kleinen Gipfel westlich des Kailas lebt. Beide werden gewöhnlich in geschlechtlicher Umarmung dargestellt.
Die Hindu dagegen verehren den Berg als Wohnort des Gottes Shiva, des Zerstörers und Wiederbelebers. Oft wird er als großer Yogi-Asket abgebildet, der in tiefe Meditation versunken auf dem Kailasgipfel sitzt. Er ist dort auch mit seinem Weib Parvati zusammen, die als Tochter und Personifizierung des Himalaja verehrt wird.
Bei den Jainas, deren Religion vor allem Askese und Gewaltlosigkeit betont und im 6. Jahrhundert v. Chr. entstand, heißt der Kailas Astapada. Hier wurde Rishabha, nach der Überlieferung der erste Jaina-Heilige, die Erleuchtung zuteil.
Lange vor der Ankunft des Buddhismus betrachteten die einheimischen, tibetischen Bon-po den Kailas als heiligen Ort. Eine berühmte Legende schildert den

Die Pilgerroute um den Kailas (links) ist fast 50 Kilometer lang und wird von kleineren Heiligtümern und Klöstern, den Gompas, unterbrochen. Sie führt von Tarchen (1) über Chukku Gompa (29) nach Dirapuk Gompa (3) nördlich des Kailas (4). Vom DolmaLa-Paß (5) geht es überZutulpuk Gompa (6) wieder heimwärts.

Wettkampf zwischen dem buddhistischen Dichter und Asketen Milarepa aus dem 11. Jahrhundert und dem Bon-Priester Naro-Bonchung. Die Geschichte spiegelt die Auseinandersetzung zwischen den beiden Religionen. Der Buddhismus triumphierte, aber trotzdem erhielt Naro-Bonchung die Erlaubnis, einen Gipfel in der Nähe zu bewohnen, womit eine Versöhnung zwischen den beiden Religionen angedeutet wird.

Nur wenige Besucher aus dem Westen haben die Pilgerfahrt um den Kailas beobachten oder gar selbst daran teilnehmen können, da die Tibeter in der Vergangenheit Fremden meist mit Mißtrauen, ja Feindseligkeit begegneten. Die meisten, die in diese entlegene Gegend vorzudringen wagten, mußten sich verkleiden und extreme Temperaturen und Erschöpfung ertragen. Außerdem riskierten sie Krankheit, Gefangenschaft, Folter und Tod durch die Hände tibetischer Soldaten oder Banditen.

Die ersten Menschen aus dem Westen, die im Jahre 1715 den Kailas sahen, waren zwei Jesuitenmissionare: der Italiener Ippolito Desideri und der Portugiese Emanoel Freyre. Doch der heilige Berg beeindruckte sie nur durch seine gewaltige Höhe und seinen Umfang. Desideri meinte, er sei »stets in Wolken gehüllt, bedeckt von Schnee und Eis, äußerst abweisend, wild, steil und bitterkalt«.

Im Lauf des 19. Jahrhunderts gelang es einer Anzahl englischer Forscher, Geographen und Abenteurer, vom sicheren Nordindien aus, das unter britischer Herrschaft stand, die Grenzen Tibets zu überschrei-

Pilger am DolmaLa-Paß verneigen sich ehrfurchtsvoll neben einem riesigen Stein, der mit Gebetsfahnen bedeckt und mit Mantrams beschrieben ist.

ten. Unter ihnen befanden sich der Forscher und Unternehmer William Moorcroft und sein Freund, der anglo-indische Abenteurer Hyder Jung Hearsey. Die beiden Männer betraten Tibet 1812 als Hindu-Pilger verkleidet. Moorcroft war der erste Engländer, der den »schneebedeckten« Kailas wenigstens aus der Ferne sah. Er gelangte auch an den Manasarovar, bevor er sich entschloß, wieder nach Nepal umzukehren.

Auch der Schwede Sven Hedin, ein kühnentschlossener Forscher, der tausende Quadratkilometer tibetischen Territoriums kartographierte, stieß bis zum Kailas vor und war von der heiligen Aura des Berges zutiefst bewegt. Hedin war der erste Westler, der, 42 Jahre alt, im Jahre 1907 das Parikrama um den Kailas herum zurücklegte. Von Kloster zu Kloster ziehend, die »wie kostbare Edelsteine in einem Armreif daliegen«, machte Hedin seinen Weg um den Berg, »den Finger, der auf die mächtigen, wie Sterne im unendlichen Raum thronenden Götter deutet«.

Unter den Pilgern, die im 20. Jahrhundert inzwischen klassische Berichte über den Kailas verfaßt haben, befinden sich auch der italienisch-tibetische Gelehrte Giuseppe Tucci und der Australier Herbert Tichy. Aber sie blieben vom Unglück nicht verschont. Auf seiner 1935 unternommenen Reise mußte Tucci ununterbrochen mit Stürmen kämpfen und einmal einen Angriff von Banditen abwehren, die sich nur dadurch abschrecken ließen, daß Tuccis

Am funkelnden Wasser des Manasarovar-Sees hebt eine tibetische Frau neben einer Gebetsfahne inbrünstig die Hände zum Gebet. Die Tibeter nennen den Manasarovar-See »Tso Rinpoche«, den Kostbaren See, und glauben, daß er Heilkräfte besitzt. Die Frau hat eine Feldflasche mitgebracht, um heiliges Wasser mit nach Hause zu nehmen.

Zwei Tibeter auf dem Kailas-Parikrama bringen an einem der zahllosen heiligen Felsen, die die Route säumen, ihr Opfer dar. Andere Pilger vor ihnen haben hier schon Gegenstände befestigt, z. B. Fotos von sich selbst und Geld, in der Hoffnung, sich dadurch ewige Verdienste zu erwerben.

Kollege seine auf einem Stativ befestigte Filmkamera auf sie richtete.
Ein Jahr später kam Tichy, verkleidet als Hindu, in ernstliche Schwierigkeiten. Man stellte ihn in einem Kailas-Kloster, als er heimlich eine Aufnahme machte. Vor Gorpon Sahib, den Gouverneur West-Tibets gebracht, der gerade in diesem Kloster weilte, zwang man Tichy, Brille und Turban abzulegen, so daß seine blauen Augen und das schwarzgefärbte Haar zum Vorschein kamen. Das schwarze Haar wenigstens war überzeugend, und es gelang Tichy, sich mit Hilfe eines Dolmetschers herauszureden.
Doch der Doyen der Kailas-Pilger war auf jeden Fall Swami Pranavananda, der den Berg zum erstenmal 1928 besuchte. In den nächsten zwanzig Jahren absolvierte er 23 Parikramas um den Berg und 25 um den Manasarovar. Sein Buch »Der Gefährte des Pilgers«, 1938 veröffentlicht, enthält Höhenflüge spiritueller Prosa neben profaneren Tips, etwa zu den erforderlichen Arzneimitteln und zur Abwehr von Räubern.
Ein anderer Pilger, der die Wallfahrt sehr lebhaft schilderte, ist der Deutsch-Bolivianier Lama Anagirika Govinda. Er konvertierte 1928 in Birma zum Buddhismus und besuchte zwanzig Jahre später zum erstenmal den Kailas. Sein Buch »Der Weg der weißen Wolken« beschwört die Landschaft Tibets herauf und auch des Pilgers innere Verfassung, den Zustand mentaler und emotionaler Empfänglichkeit, in den er durch die Mühsal der Wanderung gerät.
1950 nahm das Schicksal Tibets und des Kailas-Pilgerweges eine dramatische Wendung, als die Chinesen das Land annektierten. Nach dauernden Repressalien floh der Dalai Lama, Tibets spirituelles und politisches Oberhaupt, 1959 nach Indien. Der Pilgerweg durch den Himalaja wurde geschlossen. Und in den Jahren der chinesischen Kulturrevolution (1966–1976) wurde jegliche Religionsausübung grausam verfolgt. In den achtziger Jahren lockerte China seine Unterdrückungspolitik und erlaubte einer kleinen Anzahl Pilger, das Land zu betreten. Heute, in den neunziger Jahren, ist die politische Lage in Tibet immer noch unsicher und instabil. Doch wem es gelingt, zum großen heiligen Berg vorzudringen, dem ist die Aussicht auf unendlichen Frieden gewiß.

ZEITTAFEL

N. CHR.

1040	GEBURT MILAREPAS, DER NACH DER LEGENDE MIT DEM BON-PRIESTER NARO-BONCHUNG AUF DEN GIPFEL DES KAILAS UM DIE WETTE LIEF.
1715	DIE JESUITEN-MISSIONARE IPPOLITO DESIDERI UND EMANOEL FREYRE SIND DIE ERSTEN EUROPÄER, DIE DEN KAILAS SEHEN.
1812	WILLIAM MOORCROFT SIEHT DEN KAILAS ALS ERSTER BRITE – WENIGSTENS AUS DER FERNE.
1900	PILGERFAHRT DES JAPANISCHEN MÖNCHS EKAI KAWAGUCHI, VERKLEIDET ALS CHINESISCHER LAMA – »GEISTLICHER LEHRER«.
1907	DER SCHWEDISCHE FORSCHER SVEN HEDIN IST DER ERSTE EUROPÄER, DER DEN PARIKRAMA UM DEN KAILAS MITMACHT.
1938	VERÖFFENTLICHUNG VON SVAMI PRANAVANANDAS »DER GEFÄHRTE DES PILGERS«.
1950	CHINA ANNEKTIERT TIBET.
1959	DER DALAI-LAMA FLIEHT VON TIBET NACH INDIEN.
1966 –1976	CHINESISCHE KULTURREVOLUTION, IN DEREN VERLAUF DIE RELIGION IN TIBET, SOMIT AUCH DIE KAILAS-WALLFAHRT, UNTERDRÜCKT WIRD.

FRANKREICH

Lourdes

»Ich hob den Kopf und schaute in die Grotte, da sah ich eine Frau, ganz in Weiß gekleidet.«

Bernadette Soubirous bei ihrer ersten Vision in Lourdes.

In einer natürlichen Felsgrotte in Lourdes hatte ein junges Bauernmädchen Mitte des 19. Jahrhunderts eine Reihe von Erscheinungen, die diese kleine Stadt in Südwest-Frankreich zum größten christlichen Pilgerzentrum der Welt gemacht haben. In wenigen Jahrzehnten verwandelte sich Lourdes, zwischen sanften Hügeln und klaren Flüssen nicht weit von den Pyrenäen gelegen, aus einer unbedeutenden Gemeinde zu einem internationalen Heiligtum. Heute strömen Jahr für Jahr bis zu drei Millionen Pilger in die Stadt. Viele von ihnen sind krank und behindert. Sie kommen vor allem, um im Quellwasser von Lourdes zu baden, und sie hoffen dabei auf eine Wunderheilung.

Der Aufstieg von Lourdes zur Gnadenstätte begann am 11. Februar 1858, als die vierzehnjährige Bernadette Soubirous in einer Felsengrotte beim Gave de Pau, der durch die Stadt fließt, die Vision einer weißgekleideten Frau hatte. In den nächsten fünf Monaten sah das Mädchen diese geheimnisvolle Gestalt in derselben kleinen Höhle noch siebzehnmal.

Zunächst wußte Bernadette nicht, was sie von dieser Erscheinung halten sollte, obwohl die Frau mehrere Male zu ihr sprach. Einmal erzählte sie Bernadette von einer in

Flackernde Kerzenflammen bewegen sich langsam durch die Dunkelheit, während christliche Pilger in einer Prozession durch den Bezirk Unserer Lieben Frau, das spirituelle Kerngebiet von Lourdes (oben), ziehen. Im Mittelpunkt liegt die Grotte (links), wo Bernadette Soubirous eine Reihe von Erscheinungen der Jungfrau Maria hatte.

der Grotte verborgenen Quelle, und tatsächlich fand sie das Mädchen gemäß ihren Angaben, und schon bald glaubte man an die Heilkraft des Quellwassers, das jetzt in ein Badehaus geleitet wird.

Die Nachricht von Bernadettes mystischen Begegnungen verbreitete sich wie ein Lauffeuer in der Stadt, und Scharen von Menschen beobachteten sie in der Grotte, wobei vor allem die seltsame Schönheit auf dem ekstatischen Antlitz des Mädchens auffiel. Alarmiert durch das öffentliche Aufsehen unterzogen Polizei und Behörden Bernadette einem strengen Verhör. Es gelang ihnen jedoch nicht, ihre Überzeugung zu erschüttern, sie habe etwas Heiliges gesehen. Sogar der Gemeindepriester des Ortes, Pater Peyramale, war anfangs mißtrauisch. Doch änderte er seine Meinung nach der 16. Erscheinung am 25. März, als sich die Frau Bernadette noch einmal in voller Majestät zeigte und zu ihr sprach: »Ich bin die Unbefleckte Empfängnis.«

Diese Worte erschütterten Peyramale zutiefst, denn der Begriff bezog sich auf das katholische Dogma, daß Maria, die Mutter Jesu, frei von Erbsünde geboren sei. Und hier wurde er von einem ungebildeten

Der Bezirk Unserer Lieben Frau, ein abgeschlossenes Gelände zwischen den Hügeln und dem Fluß, umfaßt die Hauptkirchen und Heiligtümer von Lourdes. Beherrschend ist der Turm der Basilika, der sich über drei übereinandergebauten Kirchen erhebt. Geschwungene Rampen führen zum Portal. Die Grotte liegt in der Felswand, gleich rechts vom Turm.

Bauernmädchen verwendet, dem er nicht geläufig war und das ihn sich niemals hätte ausdenken können. Peyramale jedenfalls war dies Beweis genug, und von da an war er Bernadettes eifrigster Fürsprecher. Vier Jahre später bestätigte ein von dem Bischof von Tarbes eingesetzter Ausschuß Peyramales Ansicht, die heilige Jungfrau Maria sei Bernadette erschienen.

Nach dieser offiziellen Anerkennung stieg das Ansehen der neuen Gnadenstätte, und ihre Popularität wuchs weiter, nachdem ab 1866 eine neue Eisenbahnlinie die Pilger zu Tausenden heranschaffte. Bald wurde Lourdes zu einer zweigeteilten Stadt: der spirituellen Seite stand die profane gegenüber.

Die spirituelle Hälfte, »Domäne Unserer Lieben Frau« genannt, besteht aus einem Bereich vor und um die Grotte. Eiserne Geländer säumen den Eingang zu diesem heiligen Bezirk, und Rasenflächen, Bäume und Statuen zieren ihn. Über der Grotte ragt eine große, leuchtend weiße Basilika auf, deren hoher Turm einen der markanten Punkte von Lourdes bildet. Das Heiligtum besteht eigentlich aus drei verschiedenen, übereinander gebauten Kirchen und ist mit dem Erdboden durch zwei geschwungene Rampen verbunden, die wie Aquädukte auf Bögen geführt werden. Doch das ungewöhnlichste Bauwerk des Bezirks ist gewiß die unterirdische Basilika St. Pius X. Wenn sie von den Gebeten von 20 000 Gläubigen widerhallt, verfliegt jede Erinnerung an den profanen Trubel und die betonierten Parkplätze.

Im Osten des heiligen Bezirks liegt das weltliche Lourdes. Hier sorgen mehr als 400 Hotels und unzählige Bars, Cafés und

Bernadette Soubirous wurde als ältestes Kind eines Müllers 1844 geboren. Nach einem von Krankheit, besonders Asthma, überschatteten Leben starb sie mit nur 35 Jahren. Ihre letzten Worte: »Heilige Maria, Mutter Gottes, bitte für mich arme Sünderin.«

Ein Querschnittsgelähmter zündet mit Hilfe einer der vielen Schwestern und Freiwilligen, die sich in Lourdes um Kranke und Behinderte kümmern, eine Kerze an. So manchem Pilger hat das Heiligtum neue Hoffnung gegeben und seinen Glauben gestärkt, und von Zeit zu Zeit kommt es zu medizinisch nicht erklärbaren Spontanheilungen.

Restaurants für das leibliche Wohl der Pilger, während Hunderte von Läden sich in der Vielfalt ihrer Souvenirs überbieten.

Doch Lourdes transzendiert jeden profanen Geschäftsgeist. Hoffnung und Glaube von Millionen Pilgern wehen um die Grotte, das Herz des Heiligtums. Hier zünden die Gläubigen ihre Kerzen an, hier beten sie vor der Statue der Jungfrau, die dort steht, wo Bernadette ihre Erscheinungen hatte. Und die Kranken ziehen in endlosen Prozessionen zu den nahegelegenen Bädern, wo man ihnen in umzäunte Bassins mit eiskaltem Wasser aus Bernadettes Quelle hilft.

Wer ein solches Bad nimmt, hofft auf eine von Gott selbst gewährte Heilung. Und hier scheiden sich die Geister zwischen Gläubigen und Skeptikern. Unbestreitbar hat es außergewöhnliche Heilungen gegeben, doch deren Ursache wird immer noch heftig diskutiert. Die geistlichen Behörden des Heiligtums selbst setzten 1885 ein ärztliches Kuratorium ein, das strengstens prüfen sollte, was es damit auf sich hatte.

Ein Fall, den das Kuratorium anerkannte, war der einer jungen Französin namens Lydia Brosse, die an Tuberkelabszessen litt und am 9. Oktober 1930 nach Lourdes kam. Schwer krank und »dem Tode nahe«, wurde sie im Wasser von Lourdes gebadet. Schon auf der Rückreise im Zug fühlte sie sich besser. Innerhalb von Stunden heilten ihre entsetzlichen Wunden, und sie konnte wieder sitzen und gehen. Am 12. Oktober wurde sie von den Ärzten im Krankenhaus untersucht, die über ihre so rasche und vollständige Genesung nur staunen konnten. Und sie blieb gesund.

Bernadette schien sich um die Heilungen nicht zu kümmern, obwohl sie selbst ihr Leben lang an Krankheiten litt. Nach ihrem Annus mirabilis lebte sie noch acht Jahre in Lourdes. Dann zog sie sich 1866 in ein Kloster in Nevers zurück, mehrere hundert Kilometer im Norden. Hier verbrachte sie den Rest ihres Lebens, abgeschlossen von den neugierigen Blicken der Welt. Sie starb 1879, nachdem sie tapfer große körperliche Schmerzen ertragen hatte.

Niemals hätte sich Bernadette vorstellen können, welche Menschenströme sich heute jährlich aus den vier Himmelsrichtungen in ihr kleines Dorf ergießen. Aber abgesehen von den profanen Aspekten – die zahllosen Beweise wahrer Frömmigkeit, die vielen stillen Gebete, die gläubigen Hoffnungen, die auf den Flammen zahlloser Kerzen himmelwärts schweben, hätten gewiß ihren Beifall gefunden.

Zeittafel

n. Chr.

1844	Geburt Bernadette Soubirous' in Lourdes.
1858	Von Februar bis Juli hat Bernadette 18 Erscheinungen einer Frau, die sich schliesslich als die Gesegnete Jungfrau Maria offenbart.
1866	Mit dem Bau der Eisenbahn kommen wachsende Pilgerscharen nach Lourdes. Im selben Jahr verlässt Bernadette Lourdes und zieht sich in ein Kloster in Nevers zurück.
1879	Tod Bernadettes in Nevers.
1885	Einsetzung eines Ärztekuratoriums in Lourdes, das angebliche Wunderheilungen untersuchen soll.
1933	Papst Pius XI. kanonisiert Bernadette in St. Peter zu Rom.
1958	Zum hundertsten Jubiläum der Erscheinungen wird die unterirdische Basilika fertiggestellt.

Kathedrale von Canterbury

»Um des Namens Jesu willen und zur Verteidigung der Kirche: Ich bin zum Sterben bereit.«

Die letzten Worte Thomas Beckets, der 1170 in der Canterbury Cathedral ermordet wurde.

Als am 29. Dezember 1170 das Licht eines kurzen Wintertages schwand und in den kalten Gewölben der Kathedrale von Canterbury die Kerzenflammen flackerten, erschlugen vier dem König von England, Heinrich II., treu ergebene Ritter den prominentesten Kirchenfürsten des Landes: Thomas Becket, Erzbischof von Canterbury. Durch den Mord wurde Becket zum berühmtesten Märtyrer Englands, und die Kathedrale verwandelte sich in das größte Heiligtum des Landes, gefeiert in den »Canterbury Tales« des mittelalterlichen Dichters Geoffrey Chaucer.

Gegründet 602 durch den Missionar St. Augustin, ist »Canterbury Cathedral« in Südostengland das Zentrum der englischen Christenheit und der anglikanischen Kirche. Der Turm mit seinen Zinnenspitzen, das steil emporstrebende Schiff und der hohe Chor sowie die Seitenkapellen sind in normannischem und gotischem Stil errichtet und ruhen auf alten sächsischen Fundamenten. Doch im Mittelalter war die Kathedrale nicht wegen ihrer Architektur, sondern wegen der Ermordung Beckets berühmt, ein Ereignis, das die westliche Christenheit erschütterte und aus Canterbury einen der bedeutendsten Wallfahrtsorte Europas machte.

Becket war einst König Heinrichs Kanzler gewesen, aber nachdem er sich im Jahre 1162 zum Amt des Erzbischofs hatte überreden lassen, entzweite er sich mit dem König. Die Meinungsverschiedenheiten bezogen sich vordergründig auf die Frage, ob Kleriker der kirchlichen Gerichtsbarkeit unterstehen sollten, wie Becket es wollte, oder der weltlichen, was Heinrich verlangte. Dahinter stand das Ringen um die Vorherrschaft zwischen Kirche und Krone.

Der Zwist wurde immer erbitterter, so daß Becket 1164 nach Frankreich floh. Doch sechs Jahre später kehrte er zurück, vom Volk enthusiastisch begrüßt. Heinrich, der sich zu dieser Zeit auf einem Kriegszug in Nordwestfrankreich befand, befürchtete den endgültigen Triumph des alten Feindes und war mit seinem Latein am Ende. Vor seinem Hofstaat rief er wutentbrannt aus: »Ist denn niemand da, der mich von diesem aufsässigen Priester befreit?« Vier seiner Ritter, de Tracy, FitzUrse, de Moreville und Brito nahmen den König beim Wort und setzten nach England über,

Canterbury Cathedral erstrahlt im Licht der Wintersonne. Sie wurde im Mittelalter nach dem Mord an Erzbischof Thomas Becket zum bedeutenden Wallfahrtsort.

entschlossen, das Problem dieses »verräterischen« Kirchenmannes endgültig aus der Welt zu schaffen.
In Canterbury führten die Ritter eine hitzige, ergebnislose Debatte mit Becket, der sich daraufhin auf den Rat seiner Mönche in die Kathedrale flüchtete. Aber die Ritter verschafften sich gewaltsam Zugang zur Kirche und stellten den Bischof. Nach kurzem Kampf streckte de Tracy Becket mit einem Hieb nieder. Brito versetzte ihm den Todesstreich und schlug ihm den Kopf ab, wobei das Schwert zerbrach. Dann plünderten die Ritter unter grausigen

Diese mittelalterliche Buchmalerei zeigt Thomas Becket, wie er auf den Knien, die Hände zum Gebet gefaltet, den Todesstreich von den Rittern Heinrichs II. erwartet. Becket wurde 1118 in London als Sohn eines reichen Kaufmanns geboren. Er studierte in Paris und trat 1141 in die Dienste des Erzbischofs Theobald von Canterbury. Vierzehn Jahre später ernannte ihn Heinrich II. zum Kanzler. Die Gunst des Königs machte ihm die Bürde des Amtes leicht. Becket liebte die Jagd, den Prunk des Hoflebens und beteiligte sich sogar an einem Feldzug gegen Frankreich. 1162 nahm er widerstrebend den Krummstab des Erzbischofs, wußte er doch, daß er bei der Verteidigung der Interessen der Kirche in Konflikt mit dem König geraten würde.

Schlachtrufen den erzbischöflichen Palast. Außer sich über diesen Frevel stürzten die Mönche in die Kathedrale, säuberten den Tatort und bahrten den Leichnam auf dem Hochaltar auf, wo er die Nacht über blieb. Schließlich bestatteten sie ihn in der Krypta.

Becket, der energische, mutige Verteidiger der Rechte der Kirche, starb – um als Thomas, der wundertätige Märtyrer, sogleich wieder aufzuerstehen.

Die Kraft, die von Beckets Grab ausging, zog Hunderttausende von Pilgern an, darunter auch König Heinrich selbst. Und das ging 350 Jahre so. Es hieß, in der Nacht von Beckets Ermordung habe ein Blinder auf wunderbare Weise sein Augenlicht wiedergewonnen und wisse, daß diese Heilung dem Erzbischof zuzuschreiben sei.

Nicht lange, und man berichtete von weiteren Wunderheilungen, von denen einige auf den farbigen Glasfenstern der Trinity Chapel aus dem 13. Jahrhundert hinter dem Hauptschiff dargestellt sind. Da wird z. B. in leuchtenden Farben die Geschichte eines von einem Wilderer schwer verwundeten Jägers erzählt, der wunderbarerweise genas, nachdem er Wasser aus dem Brunnen des hl. Thomas getrunken hatte. Als sich durch dieses und andere Wunder Beckets Ruhm in ganz Europa verbreitete, sprach ihn Papst Alexander III. 1173 offiziell heilig und verkündete den 29. Dezember als seinen Feiertag.

König Heinrich, der wußte, daß ihm ein Großteil des christlichen Europa den Mord zur Last legte, und den Zorn des Papstes fürchtete, entschloß sich zur öffentlichen

Die Flamme einer einsamen Kerze in der Trinity Chapel kennzeichnet die Stelle, an der einst der Becket-Schrein stand – bevor ihn Heinrich VIII. 1538 zerstörte. 1220 wurde der Schrein aus der Krypta in die Kapelle überführt. Mit einem Flaschenzug am Dach konnte man den Deckel öffnen.

Buße. Im Juli 1174 segelte er von Frankreich nach England und machte eine Wallfahrt zum Grab des heiligen Thomas. Im Weichbild Canterburys streifte sich der König das traditionelle härene Hemd des Büßers über, legte die Schuhe ab und wanderte barfuß zur Kathedrale. Dort küßte er die Steinplatten, auf die Becket niedergesunken war. In der Krypta kniete er nieder und legte den Kopf in eines der beiden Löcher in den Außenwänden der Gruft, durch die Pilger den Sarg berühren konnten – und erhielt von jedem der anwesenden Bischöfe, Äbte und Mönche einen Geißelhieb auf den bloßen Rücken. So erlangte er die Vergebung der Kirche. Heinrich durchwachte die Nacht in der Krypta und reiste am nächsten Morgen nach London.

In den nächsten 300 Jahren wurde Canterbury zu einem der beliebtesten Wallfahrtsorte Europas. In der ganzen Christenheit wurde der hl. Thomas in Buch- und Glasmalereien sowie in Skulpturen dargestellt, und Kirchen wurden ihm geweiht. Jedes Frühjahr brachen Pilger mit Langstab, Brotbeutel und breitkrempigem Hut auf und bevölkerten die Straßen, die aus London, Winchester oder den Küstenstädten zum Heiligtum führten. Manche flehten um eine Wunderheilung, andere hofften auf einen vollkommenen oder wenigstens teilweisen Ablaß. Für viele war die Wallfahrt auch nur ein Akt der Frömmigkeit, verbunden mit ein paar freien Tagen. Die Pilger reisten zu Pferd, in Sänften und Kutschen und auf Schusters Rappen, jedenfalls meist in Gruppen, um sich gegen Räuber und wilde Tiere zu schützen.

Eine der berühmtesten Pilgerscharen ist jene, die Geoffrey Chaucer in seinen »Canterbury Tales« beschreibt, einem der größten Werke der Weltliteratur. Die Erzählung aus dem 14. Jahrhundert schildert die Wallfahrt einer buntgemischten Pilgergruppe nach Canterbury. Sie besteht aus einer Priorin, einem sehr weltlich gesinnten Mönch, einem gelehrten Schreiber, einem dudelsackspielenden Müller, einem Ritter und einer redseligen Witwe aus Bath.

Die Pilger brechen von Tabard Inn in Southwark, London, auf und vereinbaren, sich gegenseitig Geschichten zu erzählen, um den Weg abzukürzen. Diese Geschichten bestehen aus einer üppigen Mischung aus Allegorien, Fabeln, Predigten, höfischen Romanzen und frivolen Anekdoten. So erzählt z. B. die Frau aus Bath von ihren fünf Ehegatten selig und eifert gegen das Junggesellenleben. Im Gegensatz dazu steht die »Geschichte des Ablaß-Krämers«

Besucher der Kathedrale betreten diese durch die Südwesttür (1) und gelangen ins Schiff (2). Im Norden liegen der große Kreuzgang (3), die Bibliothek (4) und das Kapitelhaus (5), wo die Versammlungen der Geistlichen stattfanden. An der »Martyrium« genannten Stelle (6) erinnert die Skulptur eines zerbrochenen Schwertes an den Mord. Hinter dem Chor (7) liegen die Trinity Chapel (8), wo Beckets Schrein stand, und die Corona Chapel (9), die den Märtyrern unserer Zeit geweiht ist.

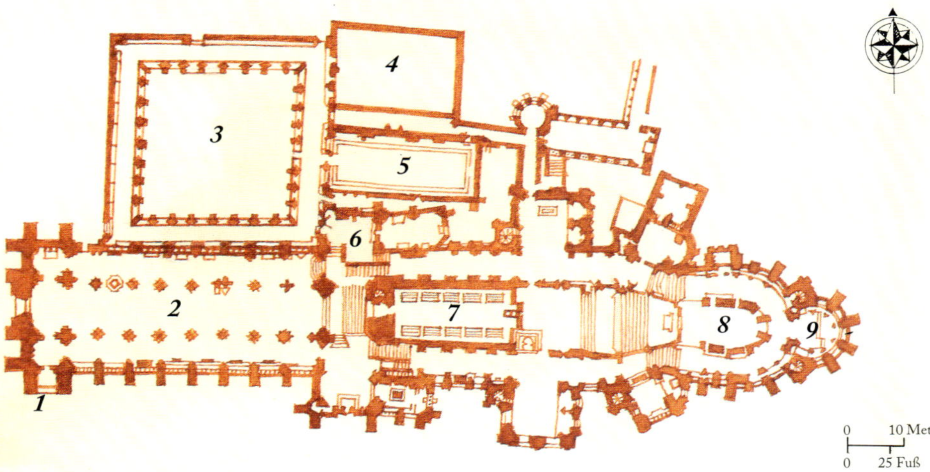

eine moralisierende Fabel über drei Männer auf der Suche nach dem »Tod«, der ihren Gefährten geholt hat.
Bei ihrer Ankunft in Canterbury durchkämmten die Pilger die engen, schmutzigen Gassen nach einer Absteige in einem der vielen Gasthöfe oder, wenn sie zu arm waren, in einem Konvent oder Kloster. Danach begaben sie sich zur Kathedrale, wo ihnen Mönche auf den verschiedenen Stationen der Wallfahrt das Geleit gaben.
Zuerst ging es zum »Martyrium«, der Stelle im nordwestlichen Querhaus, wo Becket erschlagen wurde und wo heute die moderne Skulptur eines zerbrochenen Schwertes steht. Pilger, die die Kathedrale noch vor dem großen Brand im Jahr 1174 besuchten, wurden dann zu den Stufen des Hochaltars geführt, wo Beckets Leichnam zuerst niedergelegt worden war. Danach ging es zur Krypta und zum Sarkophag des Heiligen hinunter, wo der Pilger durch die beiden Löcher in der Gruft den Sarg mit Lippen oder Händen berührte.

Nach dem Brand und der Zerstörung des Chores wurde eine neue Kapelle errichtet, die Trinity Chapel, um das Grab des Heiligen aufzunehmen. Dahinter erhob sich die Corona Chapel, in der die Bischofsmütze von Beckets Haupt ausgestellt war. Heute ist diese Kapelle den Heiligen und Märtyrern unserer Zeit geweiht, unter anderem Dietrich Bonhoeffer, dem deutschen Theologen, der von den Nazis 1945 hingerichtet wurde, und dem 1968 in Memphis ermordeten Martin Luther King.
Die beiden neuen Kapellen wurden 1220 vollendet. Man überführte die Reliquien des Heiligen unter großem Pomp und in Gegenwart König Heinrichs III., des päpstlichen Legaten und des Erzbischofs Stephen Langton in einen neuen, mit Goldplatten überzogenen Sarkophag, der auf einem Marmorfundament ruhte. Das Grab wurde mit einem Netz aus Goldfäden überzogen, an dem man Pilgergaben aufhängte, z. B. Edelsteine, Broschen, Gold-

Flankiert von Engeln thront eine gewaltige moderne Christusfigur über dem Christchurch-Portal, das den Südausgang der Kathedrale bildet. In dem Portal, das Anfang des 16. Jahrhunderts vollendet wurde, befinden sich zwei Kammern, ursprünglich die Wohnung eines der sechs offiziellen Prediger der Kathedrale. Die neue Christusstatue ersetzt eine Figur aus dem 16. Jahrhundert, die fanatische Parlamentstruppen im englischen Bürgerkrieg als Zielscheibe benützten. Später zogen übereifrige Puritaner die Statue mit Seilen herunter und zerschlugen sie. Die Engel tragen jetzt restaurierte Schilde, auf denen die Werkzeuge der Passion Christi abgebildet sind.

Wie steinerne Fontänen streben die Säulen des Fächergewölbes an den vier Seiten des Großen Kreuzgangs empor, der ein schattiges Refugium für die Mönche Canterburys darstellte, wo sie studieren und sich besinnlichen Gedanken hingeben konnten. An der dem Kirchenschiff parallelen Seite befanden sich von hölzernen Schirmen abgeteilte Kammern, in denen Mönche Handschriften kopierten oder Buchmalereien schufen.

VCTVM EST ANNO DOMINI MILLESIMO QVING

Der von Leuchtern erhellte Chor verbindet das Schiff mit der Trinity Chapel hinter dem Altar. Nach dem Brand 1174 wurde der Chor von dem Franzosen William von Sens wieder aufgebaut. 1178 folgte ihm William der Engländer, ein Mann »klein von Gestalt, aber in Handwerkskünsten aller Art gut beschlagen und ehrenhaft«.

becher und als wertvollste den »Régale de France«. Diesen riesigen, funkelnden Rubin hatte der französische König Ludwig VII. im Jahre 1179 gespendet. Der Legende nach sprang der Rubin ohne menschliches Zutun vom Ring des Königs, als dieser das Grab besuchte, und befestigte sich an dem Heiligtum, »als ob ihn ein Goldschmied dort angebracht hätte«.

Außer dem »Martyrium«, dem Hochaltar, dem Heiligtum selbst und der Corona Chapel, besuchten die Pilger auch den Brunnen des heiligen Thomas vor der Kathedrale. Dieser Brunnen, der heute nicht mehr auffindbar ist, war von Becket zu Lebzeiten benützt worden. Nach seinem Tod hatten die Mönche den mit seinem Blut getränkten Staub hineingeschüttet. Die Pilger drängten sich um den Brunnen und füllten ihre kleinen Bleiflaschen, die »Ampullae«, mit dem Wasser, um dann wieder in die Heimat zurückzukehren.

Moderne Gelehrte fragen sich immer wieder, wie ernst es den Pilgern einst mit ihrem Glauben an die Wunderkräfte von Heiligtümern gewesen sein mag. Manche Figuren Chaucers zeigen eine sehr zynische Lebenshaltung, die sich kaum mit dem Glauben an Wunder verträgt. Und als Anfang des 16. Jahrhunderts der große holländische Humanist Erasmus von Rotterdam und sein englischer Freund, Dekan John Colet, Canterbury besuchten, war eine rationalistische Skepsis unüberhörbar.

Ein Mönch zeigte Erasmus stolz den angeblichen Schuh des heiligen Thomas und forderte ihn auf, ihn zu küssen. Erasmus tat es, aber sichtlich ohne Begeisterung. Als man Colet schließlich auch noch ein Taschentuch des Heiligen zur Verehrung reichte, legte es dieser mit einer so unwirschen Gebärde wieder zurück, daß sogar der skeptische Erasmus bestürzt war.

Ob nun dieser Bericht stimmt oder nicht, jedenfalls wurde die Wunderkraft der Reliquien des heiligen Thomas schon zu diesem Zeitpunkt immer mehr in Frage gestellt.

In vollem Staat verlassen Pilger die Stadt Canterbury zu Pferde – englische Buchmalerei aus dem Anfang des 16. Jahrhunderts.

Die Reformation sprengte die religiöse Einheit Europas, und in Großbritannien erklärte sich Heinrich VIII. zum Oberhaupt der Church of England. Er säkularisierte die großen Klöster des Landes, und ließ 1538 das Heiligtum des heiligen Thomas mit der Begründung zerstören, dieser sei ein Verräter und Rebell gewesen. Gut 26 Wagenladungen brauchte man, um die Schätze des Heiligtums nach London zu schaffen, und der Régale de France, einst ein Weihgeschenk, wurde in einen Ring eingelassen, der Heinrichs irdischen Daumen schmückte. Doch die Erinnerung an den hl. Thomas konnte Heinrich nicht auslöschen. Dessen mutiges Auftreten gegen Heinrich II. blieb im Gedächtnis des Volkes haften, und noch heute strömen moderne Pilger nach Canterbury, auch wenn keine wundertätigen Reliquien oder ein von Gold und Edelsteinen strotzendes Grab mehr zu sehen sind. Der Umstand, daß sie in noch größeren Scharen als im Mittelalter kommen, zu einer Zeit, da in vielen Teilen der westlichen Welt das Christentum zu einem Schatten seiner selbst verkommen ist, ist vielleicht das letzte Wunder des hl. Thomas.

ZEITTAFEL

N. CHR.

602	ST. AUGUSTIN LEGT DEN GRUNDSTEIN ZUR CANTERBURY CATHEDRAL.
1162	THOMAS BECKET WIRD ERZBISCHOF VON CANTERBURY.
1164	FLUCHT BECKETS NACH FRANKREICH.
1170	VIER RITTER HEINRICHS II. ERMORDEN BECKET IN DER KATHEDRALE.
1174	HEINRICH LEISTET BUSSE AM SCHREIN. EIN BRAND ZERSTÖRT DEN CHOR DER KATHEDRALE.
1220	TRINITY UND CORONA CHAPEL WERDEN FERTIGGESTELLT.

PILGERLEBEN

Die Straßen des mittelalterlichen Europa waren bevölkert von Pilgern, die zu einem der großen Heiligtümer der damaligen Zeit unterwegs waren. Diese befanden sich häufig in den großen Kathedralen und enthielten Reliquien wie z. B. die Gebeine eines Heiligen, denen man übernatürliche Kräfte zuschrieb. Doch die Motive für eine Wallfahrt waren zahlreich. Manche Menschen machten sich nur aus Frömmigkeit auf, um einem bestimmten Heiligen die Ehre zu erweisen, andere wollten ihren Dank abstatten, vielleicht für eine wunderbare Heilung oder eine glückliche Fügung des Schicksals. Manche wanderten barfuß oder in Sackleinen gehüllt und büßten so für ihre Sünden, während wieder andere auszogen, den Heiligen um Genesung anzuflehen. Gewöhnlich begann eine Wallfahrt mit dem Segen des heimischen Priesters. Dann griffen die Pilger zum Wanderstab. Normalerweise reiste man zum Schutz vor Räubern

und wilden Tieren in Gruppen. Unterwegs rastete man in dafür vorgesehenen Pilgerherbergen. Am Bestimmungsort warteten zahlreiche Gasthäuser, Tavernen und Hotels in verschiedenen Preislagen auf Gäste.

Die Karte zeigt die Hauptpilgerrouten des mittelalterlichen Europa und die meistbesuchten Gnadenstätten. Bedeutende Heiligtümer mit Reliquien waren: die Kathedrale von Canterbury (die Gebeine Thomas Beckets), der Kölner Dom (die Gebeine der Heiligen Drei Könige) und Santiago de Compostela – deren romanisches Portal unten abgebildet ist – (die Gebeine des hl. Jakob). Andere Heiligtümer befanden sich in Rom, wo die Gebeine der Heiligen Petrus und Paulus aufbewahrt wurden, in Konstantinopel mit der Hagia Sophia und in Jerusalem, dessen Kirche vom Heiligen Grab nach der Überlieferung an der Stelle der Grablege Jesu nach dessen Kreuzigung steht.

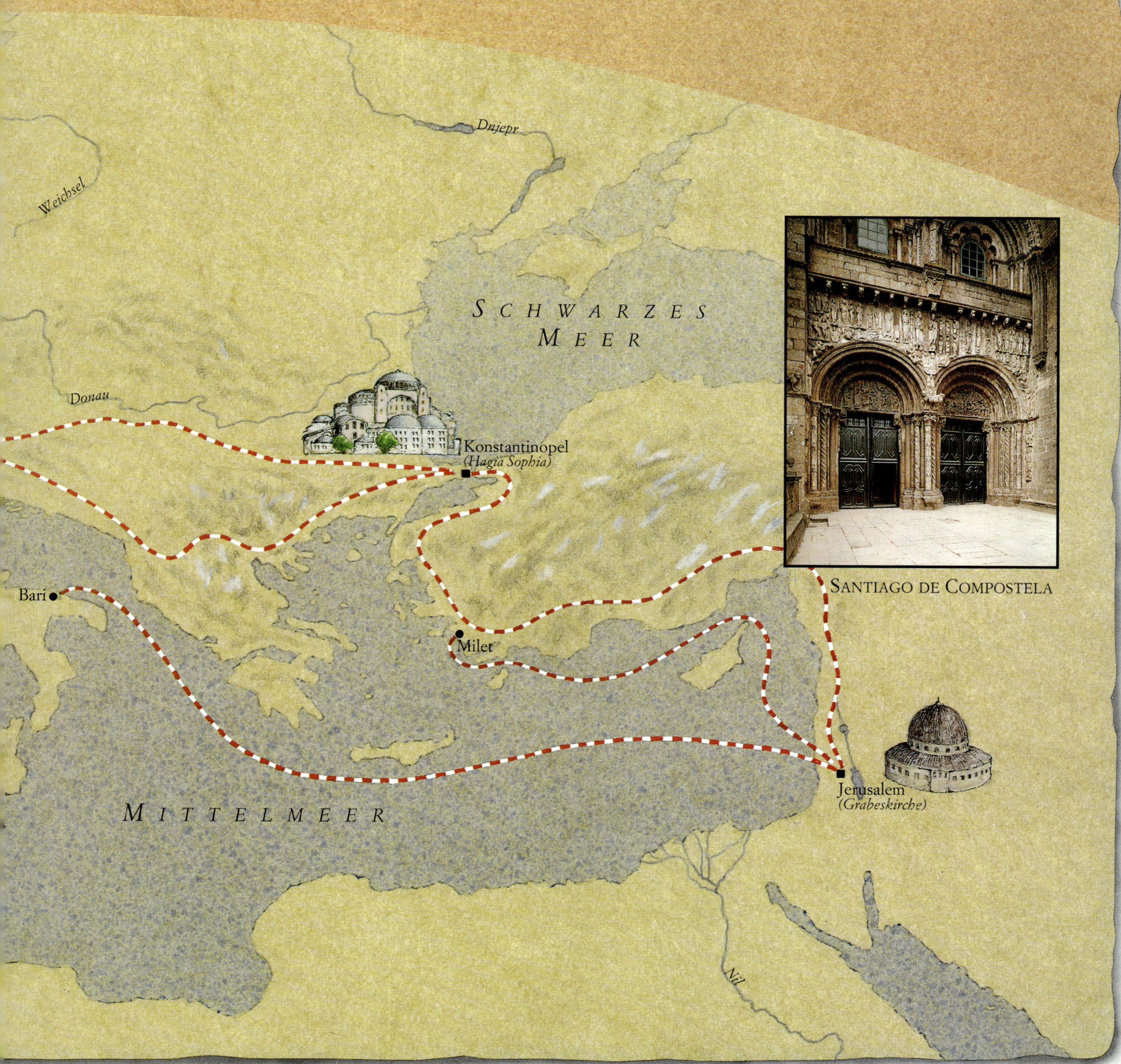

SANTIAGO DE COMPOSTELA

Praktische Tips

Im folgenden praktische Informationen zu den in diesem Buch beschriebenen heiligen Stätten. Über die Öffnungszeiten sollte man sich vor dem Besuch erkundigen.

Amritsar, Goldener Tempel (Indien)

Im Bundesstaat Panjab gelegen, ist Amritsar von allen Großstädten Indiens aus leicht erreichbar. Der Goldene Tempel steht jedem Touristen offen, der ordentlich gekleidet und sauber ist. Die Aussicht aus den oberen Geschossen ist herrlich. Besucher können rings um das Heilige Buch auf dem Fußboden Platz nehmen und im Sommer von 4.00 morgens bis 23.00 Uhr und im Winter von 5.00–22.00 Uhr den religiösen Gesängen lauschen oder selbst mitsingen.

Sikhpilger umwandern den Teich im Tempelbezirk, wo es Heiligtümer und Orte der Einkehr und Frömmigkeit gibt. Gästehäuser hinter dem Gebäude bieten Pilgern und Besuchern kostenlose Unterkunft für maximal drei Tage und Nächte.

Bodh Gaya (Indien)

Die Bodh Gaya nächstgelegene Stadt ist Gaya, 14 Kilometer im Norden, mit Bahn oder Flugzeug erreichbar. Taxis und Rikschas verkehren von Gaya zum Heiligtum. Es ist ratsam, den Fahrpreis im voraus zu vereinbaren und nicht nachts zu reisen. Die Klöster beim Mahabodhi-Tempel bieten von November bis Februar Unterkunft sowie Meditationskurse.

Das Betreten des innersten Heiligtums des Mahabodhi-Tempels ist auch Touristen gestattet. Darin steht eine riesige vergoldete Buddhastatue. Der Bodhi-Baum befindet sich im Westteil des Tempels. Das archäologische Museum zeigt Originalskulpturen und buddhistische Bilder aus dem Mahabodhi-Tempel.

Cahokia (USA)

24 Kilometer östlich von St. Louis, Missouri, gelegen, ist der Cahokia Mound State Historic Site täglich von 8 Uhr morgens bis Einbruch der Dunkelheit geöffnet, außer an gesetzlichen Feiertagen. Erhältlich sind Selbstführer-Kassetten und Broschüren. Eine Treppe führt den Besucher auf den Mönchshügel, den größten Hügel des Areals.

Das Informationszentrum, geöffnet täglich von 9.00–17.00 Uhr, außer an gesetzlichen Feiertagen, illustriert mit audiovisuellen Medien, unter anderem einer Rekonstruktion der Cahokia-Siedlung in Lebensgröße, die Kultur der amerikanischen Natives. Außerdem gibt es das ganze Jahr über Veranstaltungen mit audiovisuellen Ausstellungen, Vorträgen und Aufführungen der Zeremonien der amerikanischen Natives. Für Kinder ist in Cahokia gut gesorgt: Es gibt Spielplätze, Spielgelände und Aufenthaltsräume.

Canterbury, Kathedrale (Grossbritannien)

Besucher erreichen die Kathedrale auf der mittelalterlichen Pilgerroute, die von der Hauptstraße in die Mercery Lane abzweigt, wo früher Souvenirs wie Heilwässerchen und St. Thomas-Medaillons verkauft wurden. Im Innern der Kathedrale wird die Stelle im nordwestlichen Querhaus, an der Thomas Becket ermordet wurde, durch eine moderne Skulptur und die ursprüngliche Lage des Schreins durch einen Altar in der Trinity Chapel markiert.

Die Atmosphäre der Kathedrale erschließt sich am besten während der abendlichen Chorgesänge, die wochentags ab 17.30 Uhr und am Wochenende ab 15.15 Uhr stattfinden. Gottesdienste werden am Sonntag um 11.00 Uhr und 18.30 Uhr abgehalten.

Cashel, Felsen von (Irland)

Besucher des Felsens von Cashel sollten den Zug nach Tipperary nehmen, das neunzig Kilometer südwestlich von Cashel liegt, und den Rest der Reise mit dem Bus oder in einer Reisegruppe zurücklegen. Vom Zentrum ist der Fels zu Fuß in 10 Minuten zu erreichen.

Für den Zugang zum Gelände, das täglich bis 19.30 Uhr im Sommer (16.30 Uhr im Winter) geöffnet ist, wird eine kleine Eintrittsgebühr verlangt. Am Haupteingang findet man ein Informationszentrum und ein kleines, in der »Hall of the Vicars Choral« gelegenes Museum, wo das Originalkruzifix St. Patricks, ein hohes Kreuz aus dem 4. Jahrhundert, ausgestellt ist. In situ befindet sich eine Nachbildung. Mit Erlaubnis eines Aufsehers können Rundturm und Mauern bestiegen werden.

Córdoba, Grosse Moschee von (Spanien)

Córdoba verfügt über zwei Bahnhöfe und zahlreiche Busbahnhöfe. Unterkunftsmöglichkeiten gibt es reichlich in der näheren Umgebung. Die Große Moschee ist täglich zwischen 10.00 und 13.30 Uhr und winters von 16.00–17.30 Uhr geöffnet, im Sommer bis 19.00 Uhr. Eintritt wird verlangt für den herrlichen Mihrab (die Gebetsnische) und die christliche Kathedrale, die ab 11.00 Uhr morgens geöffnet sind. Der 100 Meter hohe Renaissanceturm über der Nordmauer,

der jetzt anstelle eines Minaretts aus dem 10. Jahrhundert dort steht, darf bestiegen werden.
Spuren maurischer Kultur finden sich in Córdoba auch in Gestalt der Wassermühlen und alten türkischen Bäder am Guadalquivir, sowie im Puente Romano, ursprünglich einer römischen Brücke, deren sechzehn Bögen aus der maurischen Periode stammen.

Delphi (Griechenland)

Eine Buslinie verbindet Athen mit Delphi, das etwa 160 Kilometer nordwestlich der Hauptstadt liegt. Als Alternative kann der Besucher den Zug nach Levadia nehmen und den Rest der Reise per Bus zurücklegen.
Man sollte mindestens zwei Tage einplanen, um die Fundstätte und das Museum gebührend in Augenschein zu nehmen. Es ist zwar auch möglich, das Gelände an einem einzigen Tag abzugehen, aber die Wege sind steil und ermüdend. Die bekanntesten Ausstellungsstücke im Museum sind der lebensgroße bronzene Wagenlenker und das Fries des Schatzhauses der Siphnier.

Ephesus (Türkei)

Die Ephesus nächstgelegene Stadt ist Selçuk, vier Kilometer entfernt. Das weitläufige Gelände ist täglich bis 18.00 Uhr geöffnet. Mit der Tour beginnt man am besten am Magnesiator. Von hier führt ein abschüssiger Pfad die »Straße der Kureten« und die »Marmorstraße« entlang und bietet Ausblicke auf die ganze Stadt. Die bedeutendsten Ruinen sind die »Bibliothek des Celsus« und das großartige Theater, von dem aus man den alten Hafen sieht. Die Grundmauern des Artemistempels liegen am Nordostrand des Terrains.
Das archäologische Museum Selçuk (geöffnet täglich von 8.30–18.30 Uhr) enthält neben anderen Ausgrabungsfunden die berühmte vielbrüstige Artemisstatue. Südlich führt die Hauptstraße zu dem sechs Kilometer entfernten »Haus der Jungfrau«.

Felsendom (Israel)

Der Tempelberg, auf dem der Felsendom steht, liegt an der Ostseite der Jerusalemer Altstadt. Nicht-Moslems dürfen den heiligen Bezirk nur durch zwei Tore betreten: das Bab el Haclid (eisernes Tor) und das Bab el Magharibeh (maurisches Tor). Verlassen können sie das Gebäude durch ein beliebiges Portal. Rucksäcke, Kameras und Schuhe sind am Eingang zurückzulassen. Unter dem Marmorfußboden befindet sich eine Höhle, die bei den Moslems Bir el Arwah (Brunnen der Seelen) heißt. Dort sprechen die Stimmen der Toten auf dem Weg zur Ewigkeit laut ihre Gebete.
Das Museum in der Südwestecke des Tempelberges enthält Kunstwerke aus dem Dom, besonders die Großen Portale mit reicher Ornamentverzierung aus dem ausgehenden 15. Jahrhunderts.

Gizeh, Pyramiden von (Ägypten)

Die Pyramiden von Gizeh, zehn Kilometer südwestlich vom Zentrum Kairos, erreicht man am besten mit dem Bus. Besucher zahlen Eintritt für die Pyramiden und die Sphinx und noch einmal für das Sonnenbarkenmuseum, in dem die hölzerne Begräbnisbarke, die im Süden der Großen Pyramide entdeckt wurde, ausgestellt ist. Eine Besichtigung des Pyramideninnern ist möglich, doch erfordern die steilen und engen Gänge eine gewisse Kondition. Das Besteigen der Pyramiden selbst ist nicht mehr erlaubt. Man betritt die Große Pyramide durch einen Eingang an der Nordseite, der zur Grabkammer des Pharao mit dem roten Granitsarkophag führt.
Nachts sind die Pyramiden und die Sphinx mit Scheinwerfern angestrahlt, und an mehreren Abenden der Woche finden eindrucksvolle Son-et-lumière-Veranstaltungen in englischer, französischer, deutscher und arabischer Sprache statt.

Höhlen der tausend Buddhas (China)

Dunhuang, die den Höhlen nächstgelegene Stadt, erreicht man am besten mit dem Bus, der vom Bahnhof Liuyuan zwei Stunden braucht. Die Entfernung von der Stadt zu den Höhlen der tausend Buddhas beträgt dann noch 26 Kilometer. Abfahrt der Busse täglich 7.00 Uhr und 13.00 Uhr, Rückfahrt 11.00 Uhr und 17.00 Uhr.
Die Höhlen können mit Führer besichtigt werden. Es empfiehlt sich, Taschenlampen mitzubringen, da das Innere nicht erleuchtet ist. Es gibt zwei Klassen von Eintrittskarten: Die eine berechtigt zum Besuch von 6 Höhlen, die andere von 40. Öffnungszeiten sind 8.30–11.30 Uhr und 14.00–16.00 Uhr.

Iona (Grossbritannien)

Der nächstgelegene Hafen zur Abfahrt nach Iona ist Fionnphort auf der Insel Mull, wo Fahrzeuge auf dem Parkplatz abgestellt werden müssen. Von hier geht Montags bis Samstags stündlich eine Fähre (Dauer der Überfahrt fünf Minuten), Sonntags und im Winter ist der Verkehr eingeschränkt.
Die Abtei liegt nur einen Steinwurf weit entfernt von dem malerischen

Fischerdorf, in dem es Unterkünfte gibt. Ein Museum in unmittelbarer Nähe beherbergt eine große Sammlung frühchristlicher Grabsteine und Bilder, unter anderem einen Stein, den man als »Columbans Kissen« bezeichnet – möglicherweise sein Grabstein. Die Abtei bietet von März bis Dezember Unterkunft sowie von der Iona-Community veranstaltete Wochenkurse zur Persönlichkeitsentwicklung. Für den Unterhalt der Abtei zeichnet die Kirche von Schottland verantwortlich.

ISE (JAPAN)

Der Innere und Äußere Schrein Ises liegen sechs Kilometer auseinander, eine regelmäßige Buslinie verbindet die beiden. Vom Bahnhof Ises kommend trifft man zunächst auf Geku, den Äußeren Schrein, der einen zehnminütigen Fußweg südlich von Ise-Stadt liegt. Der heilige Bezirk des Äußeren Schreins ist von vier Zäunen umgeben. Besucher dürfen nur hindurchschauen, müssen aber zuerst Kopfbedeckung und Mantel ablegen. Auf dem an den Geku anschließenden Gelände wird der Schrein alle zwanzig Jahre neu aufgebaut.

Die Uji-Brücke bildet den Eingang zum Bezirk des Inneren Schreins. Hier waschen Shinto-Pilger Hände und Mund im Fluß. Es ist ein Gebot der Höflichkeit für westliche Besucher, es ihnen gleichzutun. Auch hier darf die Umfriedung des Schreins nicht durchschritten werden. Ein Museum und ein kleines Modell des Inneren Schreins liegen gleich in der Nähe.

ISFAHAN (IRAN)

Seit 1990 hat sich der Iran westlichen Touristen wieder mehr geöffnet, und ein neuer internationaler Flughafen in zwanzig Kilometer Entfernung erleichtert den Besuch Isfahans.

Die Königliche Moschee steht am Südende des Maidan, des Großen Platzes. Es ist ein beliebter Brauch, auf den schwarzen Pflastersteinen unter der Kuppel im östlichen Sanktuarium mit dem Fuß aufzustampfen, was ein deutliches siebenfaches Echo erzeugt. Die nahe gelegene Lutfullah-Moschee ist heute ein Museum und täglich geöffnet. Isfahans riesiger Basar, auf dem man Teppiche, Schuhe, Samowars und andere Erzeugnisse des traditionellen persischen Handwerks kaufen kann, liegt am Nordende des Maidan. Im Norden des Basars befindet sich die Freitags-Moschee, deren älteste Teile im 11. Jahrhundert von den Seldschuken erbaut wurden. Sie ist täglich geöffnet.

KAILAS (TIBET)

Besucher sind gut beraten, mit der jeweiligen chinesischen Botschaft Kontakt aufzunehmen, da die Einreise nach Tibet Beschränkungen unterliegt. Es ist auf jeden Fall sinnvoll, sich einer organisierten Reisegruppe anzuschließen. Die Hauptstadt Lhasa erreicht man am besten mit dem Flugzeug. Von hier dauert die Reise über Land nach Burang – das dem Kailas nächstgelegene Dorf – mehr als eine Woche. Zum Fußmarsch von Burang zum Manasarovar-See am Südabhang des Berges, wo die Wallfahrt beginnt, braucht man weitere zwei Tage.

Die Pilger umwandern den See im Uhrzeigersinn, was zwei bis drei Tage dauert. Tibeter legen den Rundgang um den Berg an einem Tag zurück, doch untrainierte Europäer sollten mindestens drei Tage veranschlagen. Klöster bieten Unterkunft, aber selten Verpflegung.

KARNAK, TEMPEL VON (ÄGYPTEN)

Die Stadt Luxor (das alte Theben), wo die Tempel von Karnak und Luxor liegen, befindet sich etwa 670 Kilometer südlich von Kairo. Im Sommer sollte man die Tempelanlagen nur morgens und am späten Nachmittag besuchen, um die enorme Mittagshitze zu meiden. Zur Besichtigung der Tempelgebäude sind mindestens zwei Tage erforderlich. Den Höhepunkt bildet der Große Saal mit seinen 134 turmartigen Säulen. Jeden Abend finden mehrmals Son-et-lumière-Veranstaltungen in verschiedenen Sprachen statt.

Ein Museum in Luxor beherbergt Exponate vom Tempelgelände. Von hier aus fahren Boote zum Westufer, wo unter anderem das Tal der Könige zu besichtigen ist. Eintrittskarten sind bei der Ankunft am Westufer im Büro der Anlegestelle erhältlich.

KÖLNER DOM (DEUTSCHLAND)

Der Kölner Hauptbahnhof liegt dem Dom direkt gegenüber. Eintritt ist frei, doch sind Spenden zur Erhaltung des Gebäudes erwünscht.

Die drei Hauptattraktionen, Gerokreuz, Dreikönigsschrein und Dombild mit der »Anbetung der Könige«, sollte man sich nicht entgehen lassen. Doch gibt es noch viele andere Sehenswürdigkeiten, z. B. das geschnitzte eichene Chorgestühl und die frühgotischen Figuren an den Säulen des Chors, des ältesten Teils der Kathedrale. Einen prachtvollen Ausblick auf die Stadt gewährt der Südturm, der bis zur Aussichtsplattform unter der Spitze bestiegen werden kann.

LOURDES (FRANKREICH)

Der moderne Flugplatz in Tarbes, zwanzig Kilometer von Lourdes ent-

fernt, bietet den Millionen Pilgern, die während der Pilgersaison von Ostern bis Mitte Oktober die Gnadenstätte besuchen, die beste Anreisemöglichkeit. Besonders eng geht es in Lourdes während der wichtigsten Wallfahrt am 15. August zu, wenn nachts gewaltige Prozessionen mit Fackeln stattfinden.
Außer der Grotte, den Kirchen und Heiligtümern, die im Bezirk Unserer Lieben Frau liegen, gibt es ein kleines Museum mit Erinnerungen an die heilige Bernadette und einer illustrierten Geschichte der Wallfahrt. Viele Besucher wandern auch zum Geburtshaus der Heiligen, wo sie mit ihrer Familie lebte (im Sommer täglich von 9.30 bis 11.45 Uhr und 14.30–17.45 Uhr geöffnet.)

Mekka (Saudi-Arabien)

Nichtmohammedanern ist es strengstens verboten, Mekka zu betreten. Posten an den in die Stadt führenden Straßen gestatten den Zugang nur Moslems mit den entsprechenden Einreisevisa. Moslems brauchen entweder ein Hadsch-Visum (jährliche Wallfahrt) oder ein Umrah-Visum (einzelne Wallfahrt), mit denen auch An- und Abreisetickets zum jeweiligen Heimatland vorgewiesen werden müssen, sowie den Nachweis körperlicher Gesundheit und im Zweifelsfall der Zugehörigkeit zum Islam. Islamische Länder organisieren preisgünstige Wallfahrten, während Moslems aus nichtislamischen Ländern ihre Reise allein planen müssen. Die Unterkunft wird von besonderen Hadschiführern in Mekka und den anderen heiligen Stätten der Wallfahrt organisiert. Auch Zelte auf der Arafat-Ebene stehen zur Verfügung. Einzelpilger sollten ihr Hotel in Mekka lange vor der Hadschsaison buchen.

Mykene (Griechenland)

Von Athen aus verkehren Busse nach Mykene. Außerdem fahren Züge von der Hauptstadt zum in der Nähe des Dorfes Fikthia befindlichen Bahnhof Mykene, vier Kilometer vom eigentlichen Mykene entfernt. Mykene ist das ganze Jahr über geöffnet, und die Eintrittskarte zur Burg berechtigt auch zum Besuch des außerhalb gelegenen »Schatzhauses des Atreus«.
Viele der von Heinrich Schliemann gefundenen Schätze und Kunstwerke, unter anderem die »Maske des Agamemnon«, sind heute im archäologischen Nationalmuseum in Athen ausgestellt. Andere Funde, wie Waffen und Tonkrüge, sind in einem eigenen Museum in Argos, dreizehn Kilometer südlich von Mykene, untergebracht.

Newgrange (Irland)

Das Ganggrab Newgrange liegt elf Kilometer südwestlich Drogheda an der irischen Ostküste und ist das ganze Jahr über geöffnet. Um das Innere zu besichtigen, muß man sich einer Führung anschließen, die etwa 25 Minuten dauert. Die beste Zeit ist die Wintersonnenwende (21. oder 22. Dezember), wenn die Sonne durch das »Dachfenster« in die Passage einfällt. Doch die Öffentlichkeit ist nur während einiger Tage vor und nach der Sonnenwende zugelassen, und rechtzeitige Reservierung, entweder beim Newgrange-Büro oder dem »Office of Public Works« in Dublin ist ratsam. Bei der Führung wird der Lichteinfall im Wintersolstitium durch elektrisches Licht imitiert. Auch die nahegelegenen Hügel Dowth und Knowth lohnen einen Besuch, obwohl das Innere nicht öffentlich zugänglich ist. Führungen in Knowth werden von Mai bis Oktober angeboten.

Olgas (Australien)

Unterkunft und Campingplatz bietet die Stadt Yulara 35 Kilometer östlich der Olgas. Der nächste Flugplatz befindet sich in Comellan, fünf Kilometer im Norden. Von Alice Springs nach Yulara verkehren Busse, ebenso täglich von Yulara zum Uluru-Nationalpark, wo die Olgas und Uluru (Ayers Rock) liegen. Führungen können im Büro des Parkrangers vereinbart werden, wo man auch Besucherpässe (eine Woche gültig) kaufen muß.
Es gibt mehrere Fußwege durch die Olgas, wobei das Tal der Winde einer der beliebtesten ist. Auch vom Flugzeug oder Hubschrauber aus können die Olgas besichtigt werden. Die Besichtigungsflüge sind in Yulara zu buchen. Kinder zwischen drei Monaten und acht Jahren werden im Yulara-Kindergarten versorgt.

Olympia (Griechenland)

Das alte Olympia ist nur einen kurzen Fußweg von der gleichnamigen Stadt entfernt. Diese ist mit der Eisenbahn leicht zu erreichen, da sie an der Hauptlinie liegt, die von Athen aus den Peloponnes durchquert. Als Alternative bieten sich Busse an, die täglich bis 21.00 Uhr zwischen Olympia und der Hauptstadt verkehren.
Nichts beschwört die Atmosphäre der alten Spiele so lebendig herauf wie die Rennbahn im Stadion, an der noch die alten Start- und Ziellinien sowie die Sitze der Schiedsrichter und Zuschauer zu sehen sind.
Wie im 5. Jahrhundert v. Chr. wird auch heute noch die Altis vom Zeustempel beherrscht, auch wenn davon nur noch einige dorische Säulen übrig sind. Die besterhaltene Ruine ist die des Heratempels im Nordwestteil der Altis, von dem noch über dreißig

Säulen mehr oder weniger gut erhalten sind. Im archäologischen Museum, etwa 200 Meter nördlich, sind das herrliche Haupt der Hera aus dem 4. Jahrhundert und mit dem Hermes des Praxiteles eine der bedeutendsten Marmorstatuen der Antike zu besichtigen, dazu andere Gegenstände wie Gewichte, Diskusse und Steine für Gewichtheber.

Oseberg (Norwegen)

Der Oseberghügel, unter dem das besterhaltene Wikingerschiff die Zeiten überdauerte, liegt nordöstlich von Tonsberg und 65 Kilometer im Süden der norwegischen Hauptstadt Oslo. Zwischen Oslo und Tonsberg bestehen gute Zug- und Straßenverbindungen.

Das Osebergschiff ist neben dem in Gokstad gefundenen Boot im Wikingerschiffsmuseum ausgestellt, das sich auf der Halbinsel Bygdøi, sechs Kilometer westlich von Oslo, befindet. Die Buslinie Nr. 30 fährt von Oslo zur Halbinsel, und im Sommer legt alle halbe Stunde eine Fähre ab. Das Museum zeigt auch andere in den Gräbern gefundene Artefakte, und von speziellen Aussichtstürmen kann man direkt in den Schiffsrumpf hinunterschauen. Das Museum ist im Sommer täglich bis 18.00 Uhr und im Winter bis 15.00 geöffnet.

Pagan (Myanmar/Birma)

Für Reisen in Myanmar braucht man ein Visum. Es wird für maximal 14 Tage ausgestellt, ist aber relativ billig. Zum Flughafen Pagan gibt es nur unregelmäßige und schwer zu buchende Flüge. Der nächstgelegene Bahnhof ist Thazi, rund 130 Kilometer südlich Pagan. Von hier kann man den Rest der Anfahrt per Bus oder Boot bewältigen.

Das historische Pagan liegt inmitten einer Anzahl von Dörfern und stellt die größte Konzentration von Tempeln und Pagoden in Südostasien dar. Der bedeutende Ananda-, Dammayangyi- und Gawdawpalin-Tempel stehen dem Touristen offen. Treppen führen zu herrlichen Aussichtspunkten. Ein Museum bietet anhand von Exponaten aus allen Stilepochen einen Überblick über die birmesische Sakralkunst.

Rom, Katakomben (Italien)

Busse aus dem Stadtzentrum bringen den Besucher zur Via Appia, einer mit schattigen Bäumen gesäumten altrömischen Straße, an der die wichtigsten Katakomben liegen. Die guterhaltene St. Callistus-Katakombe ist im Sommer von Donnerstag bis Dienstag 8.30–12.00 Uhr und 14.30–18.00 Uhr geöffnet. Kustoden-Mönche führen Besucher in die Papstkrypta, wo fünf Päpste aus dem 3. Jahrhundert bestattet wurden. In der Nähe befindet sich die Kirche San Sebastiano aus dem 4. Jahrhundert, deren unterirdische Katakomben im Sommer von Freitag bis Mittwoch, 9.00–12.00 Uhr und 14.30 – 17.00 geöffnet sind. Im Westen schließen sich die weitläufigen Katakomben der Domitilla, einer Verwandten Kaiser Domitians, und deren Privatfriedhof an. Erstere bergen bedeutende frühchristliche Wandmalereien und sind im Sommer täglich von 8.00–12.00 Uhr und 14.30–17.30 Uhr geöffnet.

San Vitale (Italien)

Ravenna ist von allen Großstädten Italiens aus mit der Eisenbahn erreichbar. San Vitale ist im Sommer täglich von 8.30–19.00 Uhr und im Winter von 9.00–16.30 Uhr geöffnet, ebenso das Mausoleum der Galla Placidia, das die ältesten Mosaike Ravennas enthält. In der Eintrittskarte für diese beiden historischen Stätten sind auch vier andere Sehenswürdigkeiten inbegriffen, z. B. das Baptisterium des Neon aus dem 5. Jahrhundert (nach Bischof Neon benannt), mit seinem Taufbecken aus dem 13. Jahrhundert, das auch für Erwachsene groß genug ist, und das erzbischöfliche Museum mit dem Thron des Bischofs Maximian.

Die Mosaike in der Kirche Sant' Apollinare Nuovo aus dem 6. Jahrhundert sind ebenso bedeutend wie jene in San Vitale. Man sollte sie sich nicht entgehen lassen. Im Sommer ist die Kirche von 9.30–17.30 Uhr geöffnet.

Shi Huangdi, Grabkomplex (China)

Die dem Grabkomplex zunächstgelegene größere Stadt ist Xi'an mit Flughafen und Bahnhof. Von Xi'an-Stadt verkehren täglich Busse zu der historischen Stätte, die 27 Kilometer östlich liegt. Der vierzig Meter hohe Grabhügel des Kaisers am Fuß des Berges Li kann über einen Stufenpfad erstiegen werden, an dem sich Souvenirbuden befinden.

Die Gruben mit der Terrakotta-Armee liegen etwa zwei Kilometer östlich des Hügels. Nur Grube 1 ist durchgehend geöffnet. Sie ist heute von einer Halle geschützt. Den Grubenrand entlang sind Wege angelegt, von denen aus der Besucher die gewaltige Armee von allen Seiten betrachten kann. In den Seitenflügeln finden sich Landkarten, Fotografien der Ausgrabungsarbeiten und andere Exponate, unter anderem in der Halle rechts von der Grube zwei herrliche Bronzestreitwagen.

Sinai, Berg (Ägypten)

Es gibt regelmäßige Flüge von Kairo zum Berg-Sinai-Flughafen, der etwa 20 Kilometer östlich Dschebel Musa liegt. Besucher können sich im St. Katharinen-Touristendorf aufhalten, zwei Kilometer vom Kloster entfernt.

Das St. Katharinen-Kloster ist von Montag bis Donnerstag und Samstags von 9.00–13.30 Uhr geöffnet. Der älteste Teil ist die »Kapelle des Brennenden Busches«, wo eine Silberplatte die Stelle kennzeichnet, an der Mose seine Vision hatte. Die Bibliothek enthält mehr als 2000 seltene Hand-

schriften, und die Schätze des Museums stammen aus dem 6. bis zum 15. Jahrhundert.
Mehrere Wege führen auf den Dschebel Musa. Der berühmteste ist der »Pfad unseres Herrn Mose«, mit mehr als 3000 Stufen. Ein anderer Weg hat nur 800 Stufen, doch auf jedem braucht man hin und zurück drei Stunden.

SULAIMANIJA (TÜRKEI)

Die Moschee Sulaimans des Prächtigen ist leicht vom Stadtzentrum Istanbuls erreichbar. Sie steht inmitten eines Gebäudekomplexes, der auch vier Madrasen – theologische Hochschulen –, eine medizinische Hochschule, ein Hospiz und ein riesiges Imaret, eine öffentliche Küche, enthält. In der Moschee finden Gottesdienste statt. Zu diesen Zeiten sollten sich Besucher besonders rücksichtsvoll verhalten.
Im Friedhof an der Ostseite der Moschee liegen die mit herrlichen Kacheln verkleideten achteckigen Türbes (Mausoleen) Sulaimans und Roxelanes. (Geöffnet Mittwoch bis Sonntag von 9.30–16.30 Uhr.)

TEOTIHUACAN (MEXIKO)

Touristenbusse bringen den Besucher die fünfzig Kilometer von Mexico City nach Teotihuacán, das von 8.00–17.00 Uhr geöffnet ist. Sonntags ist der Eintritt frei. Im Museum am Haupteingang verschafft man sich einen ersten Überblick über das Gelände.
Die Stadt mißt etwa 2,5 Kilometer im Durchmesser, kann also an einem Tag besichtigt werden. Die Besteigung der wichtigsten Bauten, auch der Sonnen- und Mondpyramide, ist erlaubt. Bilder und Skulpturen sind im Anthropologischen Museum in Mexico City untergebracht.
Jeden Abend außer Montag finden Son-et-lumière-Veranstaltungen statt, in Englisch um 19.00 und in Spanisch um 20.15 Uhr, wobei alte Mythen vorgetragen werden, umrahmt von traditioneller indianischer Musik.

VARANASI (INDIEN)

Varanasi (Benares) im Bundesstaat Uttar Pradesh in Nordindien ist per Flugzeug, Bahn oder Straße erreichbar. Die Stadt ist ein einziges großes Heiligtum. Immer wieder tauchen in den labyrinthartigen Gassen der Altstadt unerwartet Tempel auf, z. B. der Vishvanata-Tempel, dessen Sanktuarium mit dem Lingam gegen ein kleines Trinkgeld von Nichthindus aus dem benachbarten Haus heraus besichtigt werden kann. Die Ghats besichtigt man am besten in der Morgendämmerung von Mietbooten aus der Flußperspektive. Auf den Bestattungs-Ghats Manikarnita und Harishchandra ist das Fotografieren nicht erlaubt.
Einen Besuch wert ist auch Sarnath, zehn Kilometer von Varanasi entfernt, wo der Buddha seine erste Predigt hielt. Der Platz wird von dem gewaltigen Dhamekh-Stupa überragt, der in den Ruinen des alten Klosters von Sarnath steht.

WAT PHRA KEO (THAILAND)

Bangkoks königlicher Palast, der auch den Wat Phra Keo umschließt, ist täglich, außer an buddhistischen Feiertagen, von 8.30–15.30 Uhr mit einer einstündigen Mittagspause geöffnet. An Wochenenden ist der Wat Phra Keo geschlossen. Die Eintrittskarte zum königlichen Palast berechtigt auch zur Besichtigung des Wat Phra Keo. Für Besucher des Königspalastes ist eine angemessene Bekleidung – lange Hosen oder Kleider – vorgeschrieben. Vor dem Betreten des Heiligtums des Smaragd-Buddha, das im Herzen des Wat Phra Keo liegt, sind die Schuhe auszuziehen, und Fotografieren ist verboten.
An der Westseite des Königspalastes liegt das Wat Phra Keo-Museum mit dem prachtvollen Manangalisa-Thron und einem maßstäblichen Modell des Königspalastes und des Wat Phra Keo-Komplexes.

Register

BILDNACHWEIS

Design:
Karine Bai, Vicky Holmes

Zeichnungen:
David Atkinson (Karten); Debbie Hinks (Symbole); Sue Sharples (Grundrisse); Stephen Conlin (Rekonstruktionen).

Fotos
(l. = links; r. = rechts; m. = Mitte; o. = oben; u. = unten)
1 A. Abbas/Magnum Photos; 2/3 Sarah Stone/Tony Stone Images; 6 Jean Kugler/ Spectrum Colour Library; 10 S. H. & D. H. Cavanaugh/Robert Harding Picture Library; 12 Robert Harding Picture Library; 12/13 Erich Lessing/Magnum Photos; 14 o. Spectrum Colour Library; 14 u. The Bridgeman Art Library; 15 Ann & Bury Peerless; 17 The Bridgeman Art Library; 18 Ann & Bury Peerless; 19 J. H. C. Wilson/ Robert Harding Picture Library; 20 o. Picturepoint; 20 u. Ann & Bury Peerless; 21 Jean-Louis Nou/Explorer; 22 Erich Lessing/ Magnum Photos; 22/23 Robert Harding Picture Library; 24 Images Colour Library; 25 l. Michael Short/Robert Harding Picture Library; 25 r. E. T. Archive; 26 Adam Woolfitt/Robert Harding Picture Library; 27 D. Lennon/Spectrum Colour Library; 28 Picturepoint; 30 G. L. Carlisle/Spectrum Colour Library; 31 Spectrum Colour Library; 32 James Harpur; 33 Ghigo Roli/Robert Harding Picture Library; 34 o. The Bridgeman Art Library; 34 u. James Harpur; 35 The Mansell Collection; 36/37 Zefa Picture Library; 38 o. Fred Mayer/Magnum Photos; 38 u. Zefa Picture Library; 39 Robert Harding Picture Library; 40/41 The Bridgeman Art Library; 41 Michael Holford; 42 The Mansell Collection; 42/43 Fred Mayer/Magnum Photos; 44 David Hamilton/The Image Bank; 46/47 Adam Woolfitt/ Robert Harding Picture Library; 48 Office of Public Works, Dublin; 49 Bob Hobby/ Impact Photos; 51 Louis Salou/Explorer; 52/53 Robert Harding Picture Library; 54 Zoe Dominic; 55 o. The Mansell Collection; 56 F. H. C. Birch/Sonia Halliday Photographs; 57 Images Colour Library; 58 o. Trevor Wood/Robert Harding Picture Library; 58 u./59 National Archaeological Museum, Athens/The Bridgeman Art Library; 60 G. & P. Corrigan/Occidor; 61/62 Robert Harding Picture Library; 63 Mauro Carraro/Colorific!; 64/66 l. Robert Harding Picture Library; 66 r. John G. Ross/Robert Harding Picture Library; 67 E. T. Archive; 68 F. Jack Jackson/Robert Harding Picture Library; 69 James Harpur; 70 Mary Evans Picture Library; 71 R. K. Pilsbury; 72 University Museum of Oslo/The Bridgeman Art Library; 72/73 David Hurn/Magnum Photos; 74 The Image Bank; 75 o. Knudsens Fotosenter; 75 u. University Museum of National Antiquities, Oslo; 78/81 Scala; 82 Tom Owen Edmunds/The Image Bank; 84 Spectrum Colour Library; 84/85 Zefa Picture Library; 86 Telegraph Colour Library; 87 David Tokeley/Robert Harding Picture Library; 88 Chris Haigh/ Tony Stone Images; 89 Richard Passmore/ Tony Stone Images; 91 l. James Harpur; 91 r. E. Chalker/Spectrum Colour Library; 92 Hugh Sitton/Tony Stone Images; 93 Mary Evans Picture Library; 94 Michael Holford; 95 Friedrich Damm/Zefa Picture Library; 98/99 Spectrum Colour Library; 100 o. Nick Saunders/Barbara Heller Archive; 100 u. National Museum of Anthropology, Mexico/ Werner Forman Archive; 102 Colorific!; 103 Tony Morrison/South American Pictures; 104 Michael Holford; 104/105 Sonia Halliday Photographs; 106 Spectrum Colour Library; 107 l. Michael Holford; 107 r. Images Colour Library; 108 o. James Harpur; 108 u. British Museum; 109 Archiv für Kunst und Geschichte; 110 James Harpur; 111 Mary Evans Picture Library; 112 Werner Forman Archive; 112/113 David Muench; 114 Otis Imboden/National Geographic Society; 116 Museum of the American Indian, Heye Foundation, New York/Werner Forman Archive; 117 Joslyn Art Museum, Omaha, Nebraska. Gift of the Enron Art Foundation; 118 Dr. Georg Gerster/Comstock; 120/122 Robert Harding Picture Library; 123 Spectrum Colour Library; 124 Nigel Blythe/Robert Harding Picture Library; 125 o. J. J. Augustin Incorporated Publisher; 125 u. Zaw Lwin; 126/127 Dallas & John Heaton/Spectrum Colour Library; 128 Hulton Deutsch Collection; 129 Mick Sharp; 131 James Harpur; 132 Chris Fairclough Colour Library; 133 British Museum/Robert Harding Picture Library; 134 Tom Nebbia/ Aspect Picture Library; 135 Chris Fairclough Colour Library; 136 Simon Wescott/Robert Harding Picture Library; 138 Mika Kansas/ The Image Bank; 140 Roland Michaud/The John Hillelson Agency; 141 Picturepoint; 142/143 o. Robert Harding Picture Library; 143 u. Museum für Islamische Kunst/ Bildarchiv Preußischer Kulturbesitz; 144 Frank Spooner Pictures; 145 Picturepoint; 146/147 Luca Tettoni/Photobank Photolibrary; 148 l. Ann & Bury Peerless; 148 r./ 149 Luca Tettoni/Photobank Photolibrary; 150 Hackenberg/Zefa Picture Library; 150/152 Arxiu Mas; 153 l. Robert Harding Picture Library; 153 r. E. T. Archive; 154 Biblioteca Apostolica Vaticana; 155 George Wright/Comstock; 156 The Image Bank; 157 Jake Rajs/The Image Bank; 158 l. Mary Evans Picture Library; 158 r. The Bridgeman Art Library; 159/160 Robert Harding Picture Library; 161 A. Abbas/Magnum Photos; 162 The Bridgeman Art Library; 163 J. H. C. Wilson/Robert Harding Picture Library; 166/167 Spectrum Colour Library; 168 Raghu Rai/Magnum Photos; 169 Ann & Bury Peerless; 170/173 Scala; 174 Michael Holford; 174/175 Orion Press; 176 Pan-Asia Newspaper Alliance; 177 Orion Press; 178/179 British Museum/The Bridgeman Art Library; 180 Erich Lessing/Magnum Photos; 181 Terry Williams/The Image Bank; 182 Friedrich Damm/Zefa Picture Library; 183 l. Hulton Deutsch Collection; 183 r. Erich Lessing/Magnum Photos; 184 P. & G. Bowater/The Image Bank; 185 Erich Lessing/Magnum Photos; 186 Russell Johnson; 188 Robert Harding Picture Library; 188/189 Tim Bieber/The Image Bank; 190 Adam Woolfitt/Robert Harding Picture Library; 191 o. W. R. Davis/Spectrum Colour Library; 191 u. Adam Woolfitt/ Robert Harding Picture Library; 192 Raghubir Singh/Colorific!; 193 Ross Greetham/ Robert Harding Picture Library; 194/195 K. Kerth/Zefa Picture Library; 196 l. James Harpur; 196 r. Dave Longley/Mick Sharp; 198 l. Bildarchiv Preussischer Kulturbesitz; 198 r. Images Colour Library; 199 K. Kerth/Zefa Picture Library; 200 o. James Harpur; 200 u. Sandra Lousada; 201 Sonia Halliday Photographs; 202 Mohamed Amin/ Camerpix; 202/203 Nabeel Turner/Tony Stone Images; 204 l. Edinburgh University Library; 204 r. Sonia Halliday Photographs; 205 Mohamed Amin/Camerpix; 206 l. A. Abbas/Magnum Photos; 206 r. Mohamed Amin/Camerpix; 210/211 Russell Johnson; 212 The Bridgeman Art Library; 213/214 Russell Johnson; 215 Allan Bramley/Tony Stone Images; 216 Superstock; 217/218 l. Steve McCurry/Magnum Photos; 218 r. Hulton Deutsch Collection; 219 Steve McCurry/Magnum Photos; 220/221 A. F. Kersting; 222 Picturepoint; 223 David Lomax/Robert Harding Picture Library; 224 Images Colour Library; 225 Spectrum Colour Library; 226 George Rodger/Magnum Photos; 227 Michael Holford; 229 Scala.